从零开始学看盘：

看盘入门两星期

韩雷◎著

KAN PAN RUMEN
LIANG XINGQI

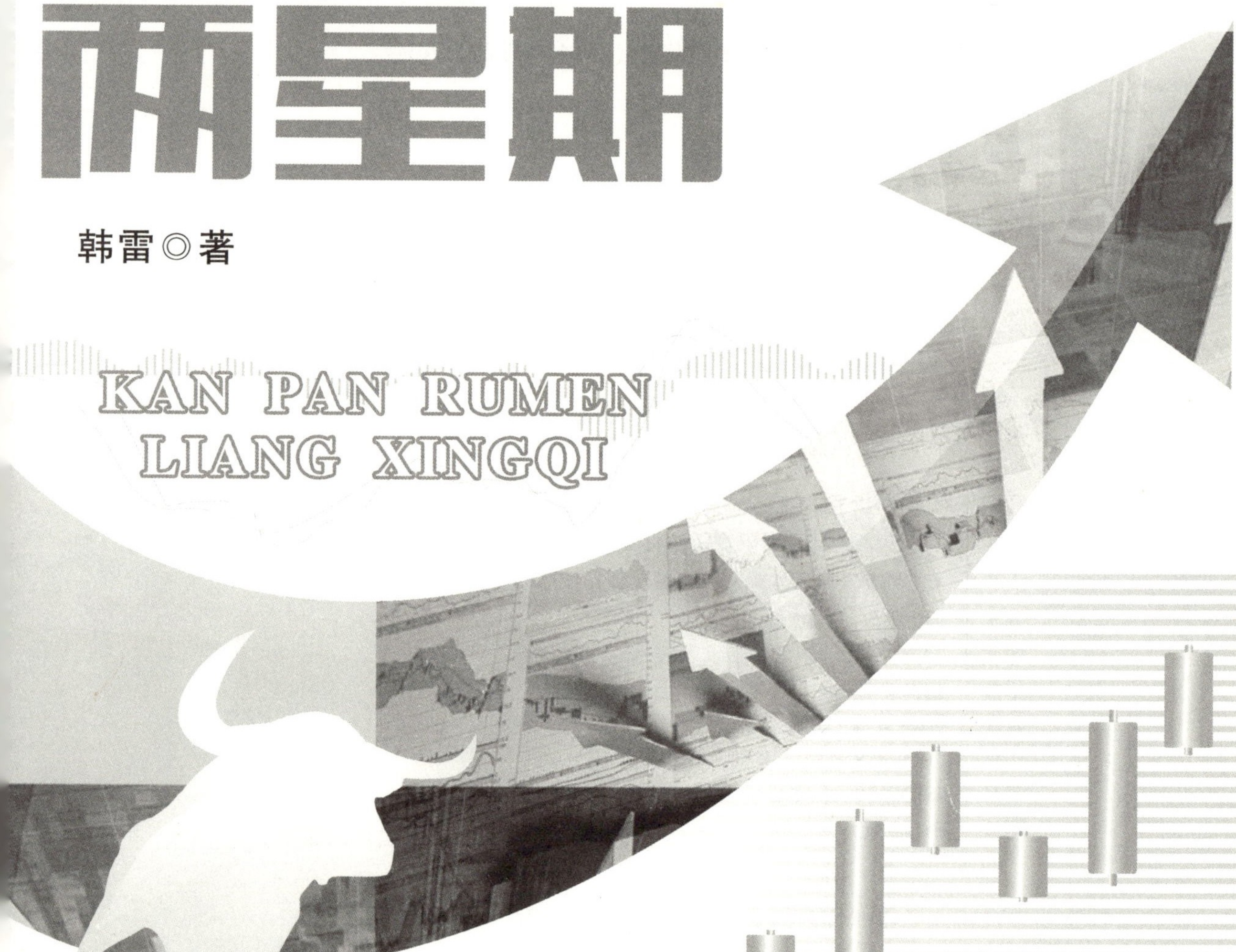

SPM
南方出版传媒
广东经济出版社
·广州·

图书在版编目（CIP）数据

从零开始学看盘：看盘入门两星期／韩雷著．—广州：广东经济出版社，2015.4（2015.8重印）

ISBN 978-7-5454-3731-7

Ⅰ．①从… Ⅱ．①韩… Ⅲ．①股票交易-基本知识 Ⅳ．①F830.91

中国版本图书馆CIP数据核字（2014）第296576号

出版发行	广东经济出版社（广州市环市东路水荫路11号11～12楼）
经销	全国新华书店
印刷	广东天鑫源印刷有限责任公司 （广州市海珠区工业大道南瑞宝路）
开本	787毫米×1092毫米 1/16
印张	14.5
字数	275千字
版次	2015年4月第1版
印次	2015年8月第2次
书号	ISBN 978-7-5454-3731-7
定价	38.00元

如发现印装质量问题，影响阅读，请与承印厂联系调换。

发行部地址：广州市环市东路水荫路11号11楼

电话：（020）38306055 37601950 邮政编码：510075

邮购地址：广州市环市路水荫路11号11楼

电话：（020）37601980 邮政编码：510075

营销网址：http：//www·gebook.com

广东经济出版社常年法律顾问：何剑桥律师

序

每一个炒股的人，其进入股市的最根本目的就是获利，基于这一目的，投资者往往采用各种不同的方法预测股价的走势，但从总体来说，预测股价走势的方法无非是两种：一种是基本面分析法，一种是技术面分析法。基本面分析法就是对上市公司未来发展情况进行分析的方法，上市公司发展得好，则股价就会走好，上市公司发展得不好或业绩难以实现高增长，则股价往往也难有起色。技术面分析法，则更侧重于从股市交易的结果来判断股价走势，读者都知道这样一个原理，当供大于求时，价格会下降，反之，当供小于求时，价格会上涨。基于这一基本原理，技术分析法通过统计市场交易过程中产生的各种数据，进而预测股价在短期内或未来一段时间内的走势。无论基本面分析法，还是技术面分析法，其最终目的就是预测股价的走势，对于普通投资者来说，预测上市公司的未来发展已远远超出了投资者的能力，任何企业的发展都存在极大的不确定性，即使投资者在上市公司中工作，也未必一定能准确判断出它的发展前景好坏，更何况远在千里之外的广大投资者呢？对于我们普通投资者来说，更应该注意技术面分析，因为无论公司基本面如何，只要我们能准确地把握股市交易中的供求情况，就可以准确地预测此股在随后一段时间、甚至在相当长的一段时间内的走势。

打开技术分析之门，成功应用技术分析进行股价走势预测是我们看盘的根本目的！我们介入股市后，遇到的第一件事就是“看盘”，在看盘的过程中，我们会通过股票行情软件看到各式各样的数据、图形、表格，只有将这些交易数据结合一定的分析方法才能得出有效分析结论，一些常见的分析方法有：量价关系、技术指标、K线形态、涨跌停板等等。对于新股民来说，看盘的重要性毋庸置疑，虽然影响股价的因素有很多，但是这些因素都会通过盘面体现出来，无论是K线、成交量、分时线，还是筹码分布图、均线、趋势线等盘面信息，它们都从各个不同侧面向我们展示了市场整体或个股的运行情况。盘面是投资者观察个股动向最为直接的方式，因为其它一切技术分析相对于盘口信息来说都具有滞后性，它们永远跟在盘面后面。“盘面信息”就是买卖双方在交易过程中所产生的全部痕迹，这些痕迹以数据的方式向投资者显现出来，例如：个股在当日交易过程中会通过分时线、均价线、买1—5、卖1—5的挂单情况、资金流向、成交细节等方式体现出信息；个股在多日交易过程中会通过成交量形态、K线形态、技术指标等方式体现出信息，各式各样的盘面数据、盘面形态详尽勾画出个股完整的交投过程，这是我们分析市场供求变化及预测股价走势的出发点，也是我们看盘的目的所在。

如何系统性地去研判盘面信息？如何从盘面信息中获取对我们有用的信息？如何根据盘面信息来进行实盘操作？解决好上述问题，对每一个股民来说至关重要。正确地解读出这些信息可以让我们准确预测个股的未来走势，但是我们应该如何解读这些信息呢？通过看盘解读盘口信息，从而准确预测股价走势，帮助新入市的股民提高看盘能力，这正是本书的核心内容，也是我们写作本书的初衷。

本书由浅入深地讲解了看盘过程中的方方面面，在篇章的结构安排上，我们既遵循了由易到难的过程，也遵循了系统性的原则，力图使读者通过本书打开看盘之门、深入盘口背后，并能真真正正应用到实战中去获取利润。

大盘指数是市场的风向标，也是我们看盘的出发点，了解指数可以让我们对市场整体运行有一个更为清晰直观的理解，在第一天中，我们首先介绍了指数的概念；第二天，我们简要介绍了看盘的八大要素，读者在此可以全面了解看盘要看哪些，如何去看，这些内容在随后的各天中还将深入讲解，随着对八大看盘要素的理解加深，读者的看盘能力将会得到显著的提高；量价结合永远是股价技术分析中最为经典的内容之一，它的经典既体现在实盘操作时的准确性上，也体现在它所阐释的股市原理上，在第三天与第四天的学习中，我们结合实例进一步讲解了K线与成交量的知识，使读者可以真正理解“量价结合”的深刻含义，看似简单一买一卖的操作却蕴含着深厚的技术分析能力，只有会买股才能掌握主动权；如何在看盘中选出合适的目标股，这是我们第五天的学习内容，国内股市最大的特点就是，主力是常胜将军、是趋势的引导者与制造者，它的一举一动都影响着股价的走势；第六天我们将认识主力的控盘过程与操盘手法，加深了对主力的了解后，我们就可以更准确地分析主力的意图、预测主力的行为，从而搭主力的顺风车、分享主力拉升带来的诱人利润；涨跌停板是国内股市的特有制度，也是我们操作短线时的重点内容之一，第七天的内容是关于涨跌停板的内容，我们结合实例介绍了如何运用涨跌停板去捕捉短线机会、规避风险；早盘、中盘、尾盘是个股当日的运行轨迹，也决定了个股的短期走势，在实际看盘中，早盘、中盘、尾盘有不同的侧重观察点，如何去看早盘、中盘、尾盘是我们在第八天至第十天中将要讲到的；随后几天，我们着重讲解了如何依据不同的因素去着手买卖，这是关于买卖时机的讲解，也是可行的实战策略，是我们学会看盘后应能掌握的目标。通过这十四天的学习，读者将能全面系统地学会看盘、理解看盘、深入看盘，笔者也希望读者能通过本书真真正正提高看盘本领，在本书学习中，如有疑问，可登录网站 www.caopanxue.com 留言，笔者将尽力为读者答疑解惑。

韩雷

2009 年 12 月

Contents 目录

第十三天　看均线和趋势线买股卖股

第十四天　积累经验，提高盘感

第一天　打开软件，开始看盘

◆第一节　看盘常见术语解析
◆第二节　认识股票指数

第一节　看盘常见术语解析

1. 集合竞价与开盘价

上午 9:15～9:25 为集合竞价时间，在集合竞价期间内，沪深证交所开始接受股民有效的买卖指令，在 9:30 正式开盘的一瞬间，沪深证交所的电脑主机开始撮合成交，以每只股票最大成交量的价格来确定每只股票的开盘价格。

2. 收盘价

沪市收盘价为当日该证券最后一笔交易前一分钟所有交易的成交量加权平均价（含最后一笔交易）。当日无成交的，以前收盘价为当日收盘价。深市收盘价是通过最后三分钟集合竞价的方式产生。收盘集合竞价不能产生收盘价的，以当日该证券最后一笔交易前一分钟所有交易的成交量加权平均价（含最后一笔交易）为收盘价。当日无成交的，以前收盘价为当日收盘价。

3. 最高价与最低价

最高价：是指当日所成交的价格中的最高价位。有时最高价只有一笔，有时也不止一笔。最低价：是指当日所成交的价格中的最低价位。有时最低价只有一笔，有时也不止一笔。

4. 涨（跌）停板

涨跌停板制度源于国外早期证券市场，是证券市场中为了防止交易价格的暴涨暴跌，抑制过度投机现象，对每只证券当天价格的涨跌幅度予以适当限制的一种交易制度。我国证券市场现行的涨跌停板制度是 1996 年 12 月 13 日发布，1996 年 12 月 26 日开始实施的，制度规定，除上市首日之外，股票（含 A 股、B 股）、基金类证券在一个交易日内的交易价格相对上一交易日收市价格的涨跌幅度不得超过 10%，超过涨跌限价的委托为无效委托，股价达到涨跌停板后，不是完全停止交易，在涨跌停价位或之内价格的交易仍可继续进行，直到当日收市为止。

5. 买盘与卖盘

在股票行情软件中，我们会看到有“买盘”与“卖盘”的窗口，买盘与卖盘各包含了五档价位，每一档的买盘对应的这一价位处委托买入数量，即委买手数（以“手”为单位，1 手＝100 股），每一档的卖盘对应的这一价位处委托卖出数量，即委卖手数（以“手”为单位，1 手＝100 股），它们均指那些已委托而未成交的数量。随着交易的进行，买盘与卖盘的价位、每一价位处的委托数量也会变动，由于交易所服务的限制，目前我们只能看到离实时成交价格最近的五档买卖盘信息，对于高于卖 5 或低于买 5 的委托单数量，只有随着交易的进行、成交价的变动，当它们进入五档买档盘后，我们才能看到。

6. 内盘与外盘

内盘是指委托方主动卖出的成交数量，即卖方向买盘中事先已挂出来的买入价格直接砸出去成交的交易数量，内盘越大则主动性抛盘越多；外盘是指委托方主动买入的成交数量，即买方向卖盘中事先已挂出来的卖出价格直接砸出去成交的交易数量，外盘越大则主动性买盘越多；外盘和内盘相加即为成交量。内盘、外盘这两个数据大体可以用来判断买卖力量的强弱。若外盘数量大于内盘，表示多数卖的价位都有人主动去接，这意味着买方力量较强；若内盘数量大于外盘，表示大多数的买入价位都有人主动去砸，这意味着卖方力量较强。

7. 委比与委差

委比是衡量某一时段买卖盘相对强度的指标。它的计算公式为委比＝（委买手数－委卖手数）÷（委买手数＋委卖手数）×100％。委比的取值范围从－100％至＋100％。若委比为正值，说明场内买盘较强，且数值越大，买盘就越强劲。反之，若“委比”为负值，则说明市道较弱。委差则是代表了大盘或个股的当前买量之和减去卖量之和，反映买卖双方的力量对比。正数为买方较强，负数为抛压较重。

8. 多头、多头市场

多头也称多方，是指对股市或个股的后期走势看涨的投资者，这些投资者预计股价将会看涨，于是趁低价时买进股票，待股票上涨至某一价位时再卖出，以获取差额收益，是股市或个股上涨的力量。多头市场也称牛市，一般来说，人们通常把股价长期保持上涨势头的股票市场称为多头市场，多头市场股价变化的主要特征是一连串的大涨小跌。

9. 空头、空头市场

空头也称空方，是指对股市或个股的后期走势看跌的投资者，这些投资者预计股价将会下跌，因而会抛出手中的股票，是导致股市或个股下跌的力量。实头市场也称熊市，人们通常把股价长期呈下跌趋势的股票市场称为空头市场，空头市场股价变化的特征是一连串的大跌小涨。

10. 板块

所谓板块就是指那些由于有相同或类似行业背景，或者有相同的概念题材，或者由于地处同一区域等原因，因而被划到了一起。

通常可将股市中的所有股票按不同的标准分成不同的板块。有时，一只股票因同时具有两个或两个以上的特征而被划进多个板块，这时板块的划分就出现重叠，即同一只股票按不同的标准可归属不同的板块。板块的划分标准虽然五花八门，但基本上可归纳为两大标准，即行业特征划分标准与市场特征划分标准。

11. 大盘股、小盘股、中盘股

在股市中我们常听到的“大盘股、小盘股、中盘股”这一称呼以个股的总股本数来区分，大盘股的总股本数可能达到几十亿股甚至上百亿股，比如：中国石油的总股本达到千亿股、流通股本也达到几十亿股，而中盘股的总股本数多在10亿股左右，小盘股则多在5亿股以下。大盘、中盘、小盘只是一个相对的概念，投资者没必要详细区分它们，只要了解这一概念即可。

12. 绩优股、垃圾股、ST类股

顾名思义，绩优股就是业绩优良公司的股票，其公司拥有资金、市场、信誉等方面的优势，对各种市场变化具有较强的承受和适应能力，绩优股具有较高的投资回报和投资价值。与绩优股相对应的垃圾股指的是业绩较差的公司的股票，这类上市公司或者由于行业前景不好，或者由于经营不善等，有的甚至进入亏损行列。ST股就是业绩连续2年亏损的股票，而连续3年亏损的则要在ST前面再加一个星号，表示有退市风险。

13. 净资产

净资产即公司资本金、资本公积金、资本公益金、法定公积金、任意公积金、未分配盈余等项目的合计，它代表全体股东共同享有的权益，也称股票净值。净资产的多少是由股份公司经营状况决定的，股份公司的经营业绩越好，其资产增值越快，股票净值就越高，因此股东所拥有的权益也越多。

14. 市净率

市净率指的是股价与每股净资产之间的比值，比值越低意味着风险越低。

15. 市盈率

市盈率是某只股票每股市价与每股盈利的比率（市盈率＝普通股每股市场价格÷普通股每年每股盈利）。上式中的分子是当前的每股市价，分母可用最近一年盈利，也可用未来一年或几年的预测盈利。市盈率是估计普通股价值的最基本、最重要的指标之一。一般认为该比率保持在20～30之间是正常的，过小说明股价低，风险小，值得购买；过大则说明股价高，风险大，购买时应谨慎。但高市盈率股票多为热门股，低市盈率股票可能成为冷门股。

16. 停牌

股票由于某种消息或进行某种活动引起股价的连续上涨或下跌，由证券交易所暂停其在股票市场上进行交易。待情况澄清或企业恢复正常后，再复牌在交易所挂牌交易。

第二节　认识股票指数

一、指数的定义

股票指数，即我们通常所说的大盘指数，简称股指。是由证券交易所或金融服务机构编制的表明股票行市变动的一种供参考的指示数字，描述股票市场总的价格水平变化的指标。

股票价格指数是描述股票市场总的价格水平变化的指标，它是选取有代表性的一组股票，通过某种计算方法而得到的。一般来说，计算股票指数，要考虑三个因素：一是抽样，由于上市股票种类繁多，计算全部上市股票的价格平均数或指数是复杂而且是没有必要的，只要在众多股票中抽取具有代表性的少数成分股，并计算这些成分股票的价格平均数或指数即可；二是加权，按单价或总值加权平均，或不加权平均；三是计算程序，计算算术平均数、几何平均数，或兼顾价格与总值。

二、上证指数与深成指数

上证指数是由上海证券交易所编制的股票指数，1990 年 12 月 19 日正式开始发布，用以反映在上海证券交易所上市交易的股票总体走势情况，随着上海证券交易所交易股票数量的不断增多，于 1992 年 2 月 21 日，增设上证 A 股指数与上证 B 股指数，以反映不同股票（A 股、B 股）的各自走势。1993 年 6 月 1 日，又增设了上证分类指数，即工业类指数、商业类指数、地产业类指数、公用事业类指数、综合业类指数，以反映不同行业股票的各自走势，此外还有各个板块的指数。

深证成指即深证成分股指数，是深圳证券交易所编制的一种成分股指数，是从上市的所有股票中抽取具有市场代表性的 40 家上市公司的股票作为计算对象，并以流通股为权数计算得出的加权股价指数，综合反映深交所上市 A 股、B 股的股价走势。

面对这些纷繁复杂的指数，我们该从何入手呢？一般来说，投资者大可不必浪费精力去关注所有的这些指数，由于对国内的投资者而言，我们买卖股票时的交易品种仅仅局限于上证交易所的 A 股与深证交易所的 A 股，因而我们只需关心上证 A 股指数（即通常所说的上证指数，或大盘指数），以及深成 A 股指数（即通常所说的深成指数）这两种，如果投资者还对板块感兴趣的话，那么也可以对反映某一板块总体走势的相应板块指数加以关注。

如图 1—1 为上证 A 股指数示意图，在一般的股票行情分析软件中，投资者只需要敲击数字键盘上的“03”或者按“F3”就可以看到这个画面，左边部分是当日的指数走势图，右边部分是反映当日指数运行及市场总体概况的信息窗口。对于深证成指来说，我们可以通过敲击数字键盘上的“04”或者按“F4”来得到指数运行窗口。

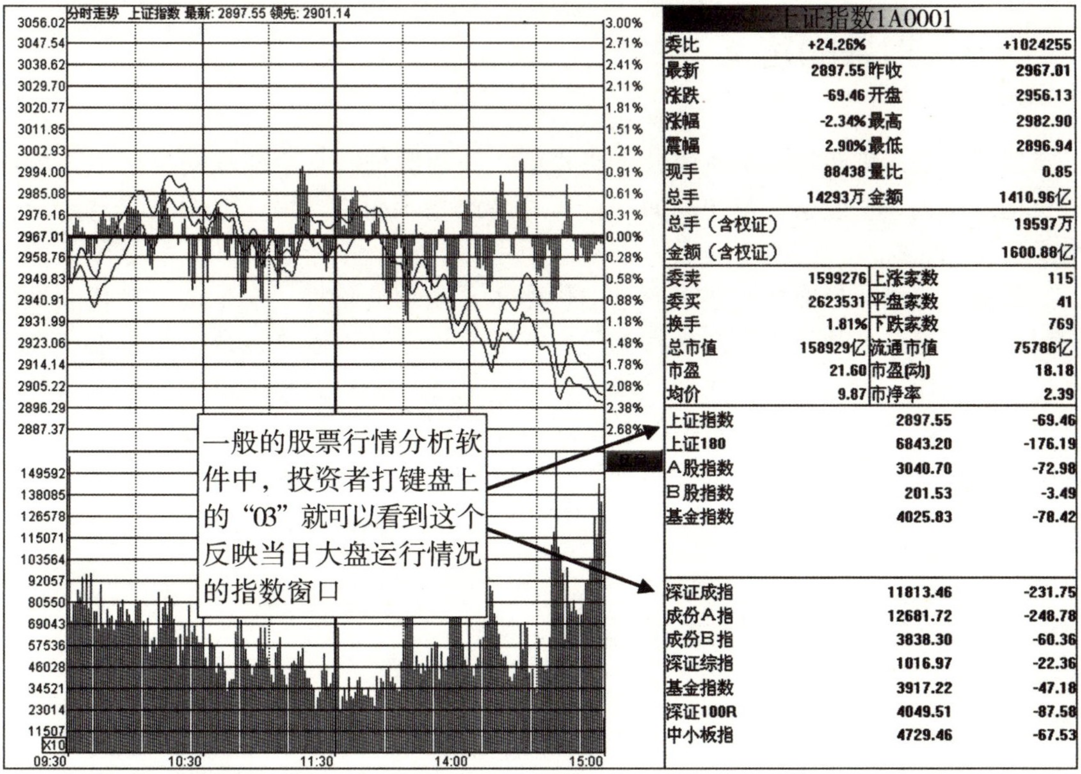

图 1—1　上证指数示意图

注：上证指数系列及深证成指系列从总体上和各个不同侧面反映了沪深两市上市证券品种价格的变动情况，可以反映不同行业的景气状况及其价格整体变动状况，从而给投资者提供不同的投资组合分析参照系，随着证券市场在国民经济中的地位日渐重要，上证指数与深证成指也将逐步成为观察中国经济运行的“晴雨表”。

第二天　盘前点评，八大看盘要素

第一节　看盘重点关注要素 1——K 线与成交量

K 线又被称为蜡烛图、日本线、阴阳烛、阴阳线、棒线等，K 线图有极强的直观性，通过 K 线图，我们能够把每日市况表现完全记录下来，一根 K 线记录的是股票在一天内价格变动情况，将每天的 K 线按时间顺序排列在一起，就组成了股票价格的历史变动情况，这就是我们常说的 K 线图。K 线是一种特殊的市场语言，不同的形态有不同的含义。

单根 K 线由开盘价、收盘价、最高价、最低价四个价位组成，中间的矩形称为实体，开盘价高于收盘价称当日的 K 线为阴线，中部的实体以黑色或绿色表示（投资者在股票行情软件中可自行设定）；开盘价低于收盘价称当日的 K 线为阳线，中部的实体以空白或红色表示；实体以上细线叫上影线，实体以下细线叫下影线，实体的长短代表收盘价与开盘价之间的价差。

根据单根 K 线所反映的时间长度，我们可以把 K 线分为日 K 线、周 K 线、月 K 线，在动态股票分析软件中还常用到分钟线和小时线。日 K 线是根据股价（或大盘指数）一天的走势中形成的四个价位即：开盘价、收盘价、最高价、最低价绘制而成的；周 K 线是根据股价（或大盘指数）周一的开盘价、周五的收盘价、一周最高价和一周最低价绘制而成的。在实际使用时，我们用得最多的是日 K 线图，本书在下面的讲解中，如不作特殊说明，我们所说的 K 线形态、K 线图等词语均默认指代日 K 线图。

如图 2—1 为 K 线形态构成示意图，我们可以看到阳线中的收盘价在开盘价之上，代表了股价的上涨；而阴线则相反，是开盘价在收盘价之上，代表了股价的下跌。

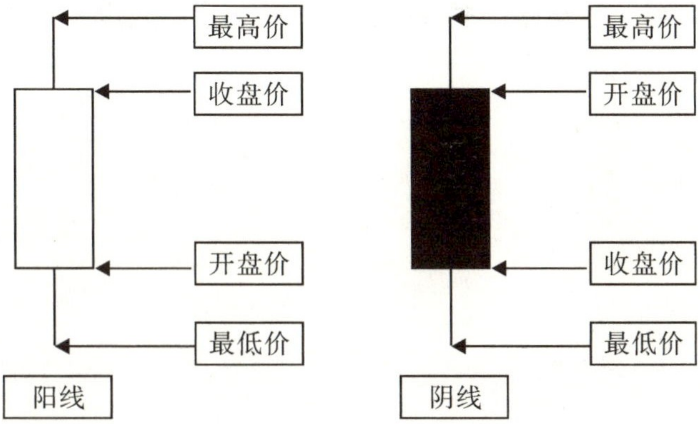

图 2—1　K 线形态构成示意图

在股票行情软件中，出现在成交量下方并且其每一日的颜色均与当日 K 线图一致的柱形图，所代表的是成交量，柱形越长则当日的成交量越大。

所谓成交量，就是指一个时间单位内对某项交易成交的数量，它既可以反映某只股票的交易数量，也可以反映市场总体的交易数量。成交量以单边的交易来计算，通俗地讲就是买方买进了多少股（或者说是卖方卖出了多少股）。例如，某只股票当日成交量显示为 9000 股＝90 手（其中 1 手＝100 股），这是表示买卖双方达成协议共交易了 9000 股，即：买方买进了 9000 股，同时卖方卖出了 9000 股。在计算成交量时按 9000 股来统计。

K 线形态（或者称 K 线走势）及成交量形态，都是技术分析中的重中之重，它们能够反映出丰富的市场信息，是投资者预测后期走势不可或缺的工具，我们将在后面的学习中来逐步深化对于它们的认识。如图 2—2 为 K 线及成交量示意图。

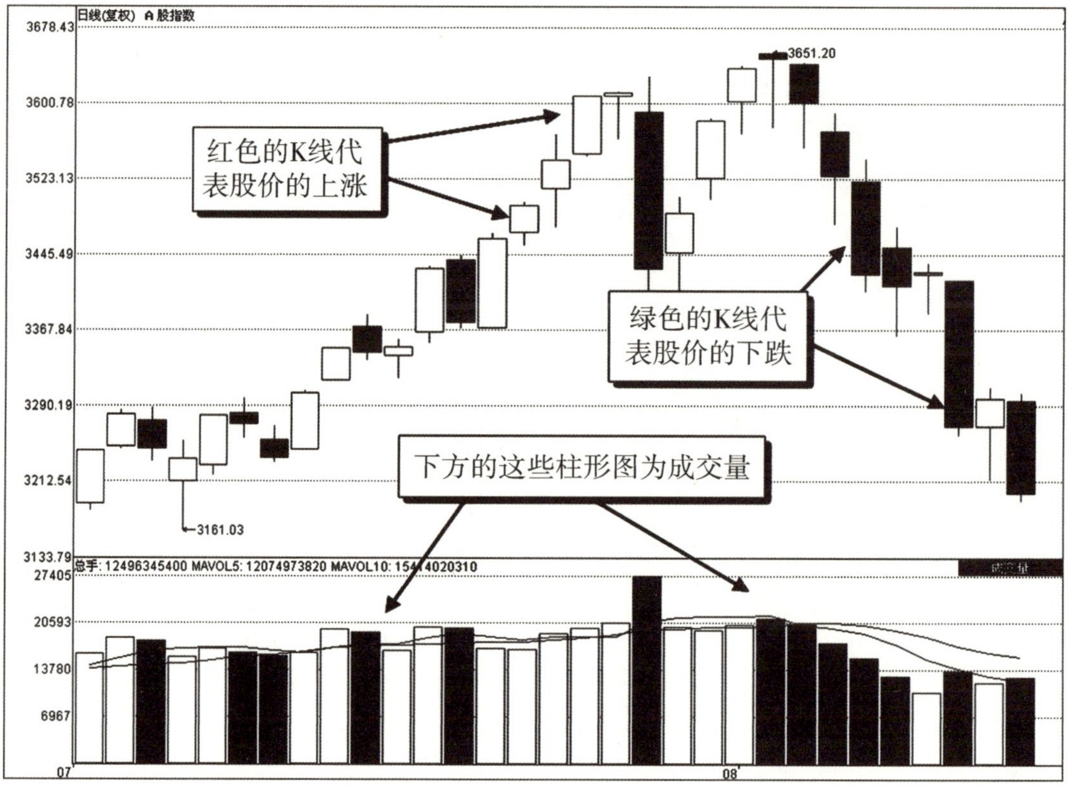

图 2—2　K 线及成交量示意图

第二节　看盘重点关注要素 2——分时线与分时量

在每日的看盘过程中，最能触动我们神经的恐慌就是股价的变化了，分时线直观地反映了当日内大盘或个股从 9:30 开盘到 15:00 收盘时的股价或指数的运行情况。

分时线也称分时图，以分钟为计量单位，通过将每分钟交投的数据取其平均值并连接成平滑的曲线就构成了我们在盘中看到的分时线，个股分时线详细描绘了个股价格的当日波动情况，大盘分时线详细描绘了大盘指数的当日指数波动情况。分时线的上扬或下跌牵动着股民的神经，它是市场中多空力量的直接体现，当分时线上扬时，是由多方买入股票从而推动股价上涨导致的，当分时线下跌时，则是由空方抛售股票从而带动股价下跌导致的。下面我们就来详细了解一下大盘指数的分时线与个股的分时线。

一、认识大盘指数分时线

如图 2—3 为上证指数分时线示意图，图中的蓝色曲线表示大盘加权指数的实时走势图（注：一般来说股票行情软件中用白色曲线表示，为了有直观的印刷效果，我们用红色曲线表示），这一指数也称为上证综合指数，即：媒体对外公布的大盘指数；蓝色曲线是不含加权的大盘指数实时走势图（一般行情软件中为黄色曲线），这一指数也称为上证领先指数。

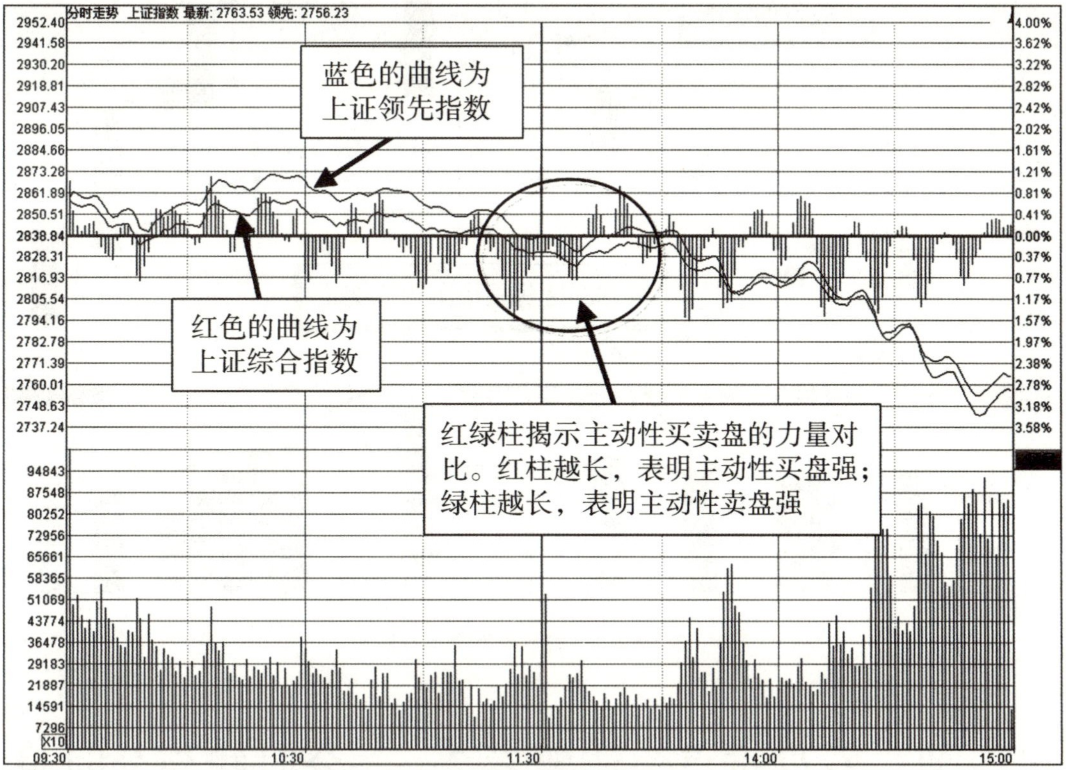

图 2—3　上证指数分时线示意图

1. 了解红蓝两条分时线的位置关系

下面我们先来看看上证综合指数与上证领先指数的区别：

某一日上证综合指数的计算方法是，“当日的上证综合指数＝当日股票总市值÷基期股票总市值 × 基期指数（100）”，其中，总市值 ＝∑（个股市价×总股本数），总市值公式中符号“∑”的意思是将所有股票的总市值相加，即所有股票的总市值（注意不是流通市值）的和，这就是所谓的“加权”，即：在个股价格相同的情况下，如果盘子越大则它的权就越大。因上证指数是以各上市公司的总股本为加权计算出来的，故盘子大的股票较能左右上证指数的走势，如：中国石油的总股本数为1800亿股，它的一涨一落无疑牵动着上证综合指数的神经。

上证领先指数的计算方法是在不考虑股票盘子的大小的情况下，将所有股票对指数影响看作相同而计算出来的大盘指数，各股票的权数都相等，所以价格变动较大的股票对蓝线的影响要大一些，这种计算方法就是我们所说的“不加权”或“不含权”。在计算指数的时候加权与不加权所得到的结果是不同的，举一个简单例子：假设上证交易所只有A、B、C三种股票组成，总股本分别是500股、600股、700股，今日收盘价分别是5.00元、6.00元、7.00元，并且我们假设基期股票总市值及基期指数都是100，则A、B、C三只股票的股本平均数为：（500＋600＋700）÷3＝600，那么按照加权（红色曲线）的算法得出的上证综合指数为：（5.00×500＋6.00×600＋7.00×700）÷100×100＝11000（点），而按照加权（蓝色曲线）的算法得出的上证领先指数值则为：

（5.00×600＋6.00×600＋7.00×600）÷100×100＝10800（点）

在红蓝两条曲线的实际运行过程中，我们可以参考它们之间的相互位置关系得到市场信息：①当大盘指数上涨时，蓝线在红线之上，表示流通盘较小的股票涨幅较大；反之，蓝线在红线之下，说明盘小的股票涨幅落后大盘股。②当大盘指数下跌时，蓝线在红线之上，表示流通盘较小的股票跌幅小于盘大的股票；反之，盘小的股票跌幅大于盘大的股票。

2. 了解红绿柱线的市场含义

在红蓝两条分时线的附近，我们可以看到红绿柱状线（如图2—3），它们实时反映了大盘中（沪市或深市）所有股票的买盘数量与卖盘数量两者的比例。当红色柱线出现时，表示目前市场中总体买盘数量大于卖盘数量，大盘指数目前处于上涨状态；当绿色柱线出现时，表示目前市场中总体卖盘数量大于买盘数量，大盘指数处于下跌状态；红柱线的长短变化表示了上涨买盘力量的增减，绿柱线的长短变化表示下跌卖盘力量的增减。

二、认识个股分时线

在认识大盘指数分时线的基础之上，对于个股分时线我们就容易理解了。如图2—4为个股分时线示意图。其中红色曲线就是我们常说的个股分时线，它的变化速度较快，反映了个股股价的实时变化情况；蓝色的曲线称为均价，用来表示从当日开盘到目前为止的市场平均持仓成本，计算方法是用到目前这一时刻的当天成交总金额除以到目前这一时刻的当天成交总股数。

一般来说，蓝色均价线往往会对红色分时线形成支撑或构成阻力，当红色分时线在蓝色均价线上方运行时，表明市场买盘力量强，股价处于上涨状态，此时，均价线对分时线形成了有力的支撑；当分时线在均价线下方运行时，表明市场卖盘力

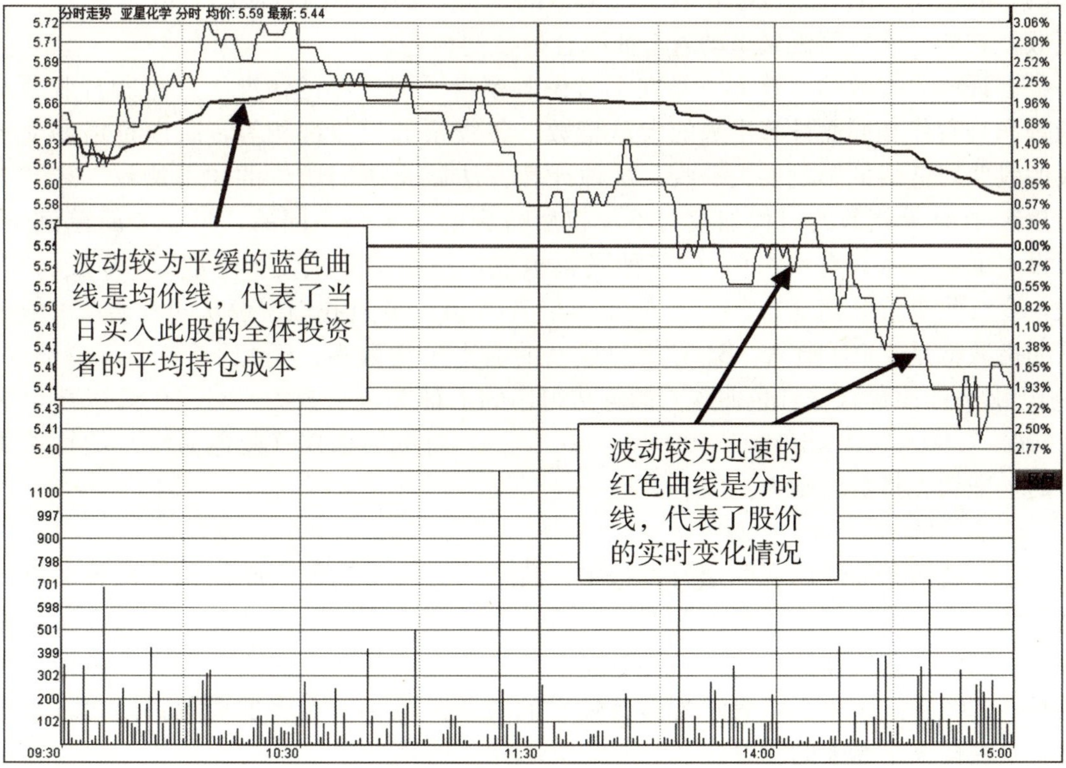

图 2—4 个股分时线示意图

量强，股价处于下跌状态，此时均价线对分时线构成了有效的阻挡。

红色分时线与蓝色均价线两条线还具有相互缠绕的特性。均价线代表了当日内的市场平均持仓成本，当分时线在短期内大力度的买盘介入下使得分时线短期内向上快速脱离均价线，在随后买盘力度减弱的情况下，分时线有向下靠拢均价线的倾向；当分时线在短期内大力度的卖盘涌出，使得分时线短期内向下快速脱离均价线，在随后卖盘力度减弱的情况下，分时线有向上靠拢均价线的倾向。

三、分时量能

如图 2—5 标注所示，出现在分时线下方的柱形图，其中每一根柱形代表了那一分钟的成交量，这就是我们所说的分时量。在日常看盘过程中，分时量也是我们应关注的重点因素，因为通过它的变化情况再结合分时线的涨跌，我们可以得到更多的市场信息，特别是关于市场主力的信息。

在运用分时量时，我们以常用的量价关系准则入手，如：当分时线上扬时，但分时量却出现缩小或没有出现放大形态，这是上涨时的量价背离关系，一般我们认为这是涨势可疑的表现，股价仍会跌回来；当分时线下跌时，但分时量却没有出现放大，这是下跌时的量价背离情况，一般我们认为这是跌势不强的信号，股价仍能

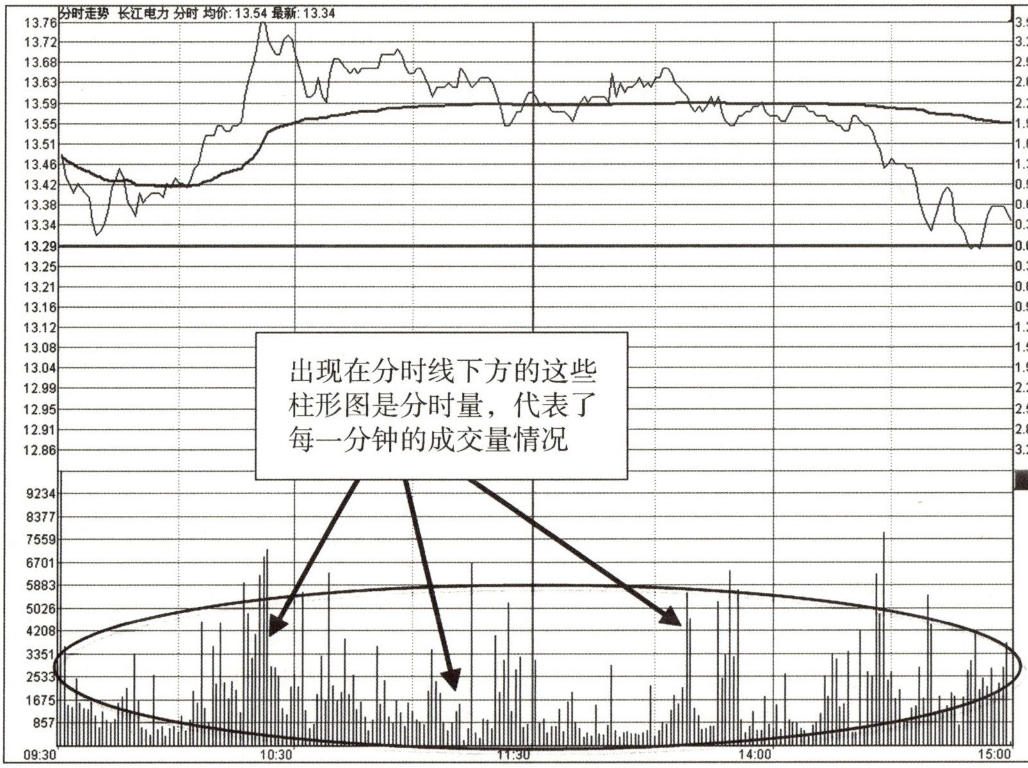

图 2—5 分时量示意图

涨回来。但在实际运用过程中，我们还要考虑很多因素，比如：主力的参与、股价的位置、市场环境等多方面因素，否则就很容易出现以偏概全、本末倒置的情况。

第三节 看盘重点关注要素 3——内盘与外盘

在第一节中，我们提到过内盘和外盘的概念，内盘代表了主动性卖盘的数量，而外盘则是代表主动性买盘的数量。一般来说，仅从内外盘的直观意义上，我们可以认为：外盘大于内盘，股价看涨；外盘小于内盘，股价看跌。

但在实际的操盘过程中，如果仅凭内外盘数据，我们的买卖难免出现错误，因为这两个数据也是主力经常造假的数据，此时，我们还要结合股价所处位置进行综合分析。

（1）在股价上涨途中，更多的情况是：外盘大，表示主动性买盘较多；内盘小，表示主动性卖盘较少。正是由于外盘经常性地大于内盘，才保证了股价的持续上涨，我们可以认为这种上涨时所出现的内外盘数据是正常的市场交投所产生的数据。

但也有的时候会出现内盘大、外盘小的情况，这种情况并不表示股价一定会下跌。出现这种情况，往往与主力的参与有关（关于主力的内容，我们会在第五天进行详细讲解），主力在股价上涨过程用几笔买单将股价拉至一个相对的高位，然后停止拉升，让市场的获利盘涌出，一些投资者看到股价上升势头已不再，多认为股价会跌，纷纷以叫买价抛出，而主力则在买1、买2挂买单，通过分步挂单的方式，将抛单通通接走。这种先拉高后低位挂买单的手法，常会显示内盘大、外盘小，主力待吸足筹码后才会继续推高股价。

（2）在股价下跌途中，更多的情况是：内盘大，表示主动性卖盘较多；外盘小，表示主动性买盘较少。正是由于内盘经常性地大于外盘，才保证了股价的不断下跌，我们可以认为这种上涨时所出现的内外盘数据是正常的市场交投所产生的数据。

但也有的时候会出现内盘小、外盘大的情况，这种情况并不表示股价一定会上涨。出现这种情况，也多是与主力的参与有关，由于在股价持续阴跌过程时的成交量很小、买盘数量极少，主力难以出货，为了达到出货的目的，主力很可能会用几笔抛单将股价打至较低位置，然后主力会在卖1、卖2上挂卖单，并自己买自己的卖单，造成股价暂时横盘或小幅上升，此时的外盘将明显大于内盘，由于市场抄底盘的不安与躁动，会使投资者认为有新主力在吃货，而纷纷买入，殊不知这是主力制造出买盘气氛活跃的盘面假象，其目的就是引诱空仓不坚定的投资者入局接盘。

（3）当个股前期经历了巨大的累计涨幅后，出现滞涨并有构筑底部的趋向时，这往往是趋势即将向下的预示。由于这时股价重心有不断下移的趋向，因而正常的市场交投结果本应是内盘大于外盘，但有时情况却不是这样，若某一交易日内外盘数量显著大于内盘数量，但股价却滞涨或者出现了尾市拉升的情况，这往往是主力假拉升真出货的操作手法，是主力的一种诱多手法，投资者要提高警惕。

（4）当个股出现了深幅下跌后，股价处于低位区横盘震荡或已有止跌向上的趋向，此时市场上很多绩优股都处于相对低估的状态，若某一交易日内出现内盘数量显著大于外盘数量，但股价却不跌或是出现尾盘的快速打压走势，特别是这种走势出现在连续小阳线的攀升之后，这很可能是主力假出货、真买入的表现，是主力的一种诱空手法，投资者要坚定持股、不为所动。

（5）外盘大、内盘小这一组合多在以下情况中反映了大资金入场、后市看涨这一信号。第一种情况是，股价经历了较长时间的下跌后且处于低位震荡区，这时的外盘大、内盘小是主力吸筹的表现；第二种情况是，股价处于低位区刚刚启动时，这时的外盘大、内盘小仍是主力吸筹的表现；第三种情况是，个股或大盘在上升趋势已完全形成，处于主升浪且趋势并无任何反转迹象时，这时的外盘大、内盘小是主力拉升的表现。

（6）内盘大、外盘小这一组合多在以下情况中反映了大资金出局、后市看跌这一信号。第一种情况是，股价经历了较长时间的上涨后且处于高位震荡区，这时的内盘大、外盘小是主力出货的表现；第二种情况是，股价处于高位区刚刚出现反转向下走势时，这时的内盘大、外盘小是主力加速出货的表现，由于主力的加速出货，这时很可能出现大阴线的K线形态；第三种情况是，个股或大盘在下跌趋势已完全形成，处于主跌浪且趋势并无任何反转迹象时，这时的内盘大、外盘小是主力出货的表现。

第四节　看盘重点关注要素4——换手率与资金流向

一、什么是换手率

“换手率”也称“周转率”，指在一定时间内市场中股票转手买卖的频率，换手率的计算方法是单位时间内某只股票的累计成交量与其流通股本之间的比率，即：换手率＝（某一段时期内的成交量÷流通股总股数）×100%。换手率是反映股票流通性强弱的指标之一，对于投资者实战看盘具有重要意义。我们先通过实例来看一下，换手率的计算方法，以加深投资者对于这一概念的理解。

例如，某只股票在某一交易日内成交了100万股，假设该股票的流通股数量为1亿股，那么，此股当日的换手率＝（100万÷1亿）×100%＝1%，即此股当日换手率为1%。值得注意的：计算换手率时我们是以流通股的数量为基数的，而不是以总股本数为基数，这样的计算结果可以更真实和准确地反映出股票的流通性，一般的股票行情分析软件中也都是这样计算的。

二、如何看待高换手率

个股的换手率是高是低并无统一标准，一般来说，大盘股的换手率达到2%就可以算是较高的水平，而小盘股、题材股的换手率一般要超过5%，我们才可以将其称作是高换手率。投资者在研判个股的换手率情况时，可以结合此股历史走势中的换手率大小来分析，做到具体个股具体分析。

换手率低说明交投不活跃，多发生在市场观望气氛较重或主力高度控盘的情况下；换手率高一般意味着股票流通性好，进出市场比较容易，不会出现想买买不到、想卖卖不出的现象，此时市场交投气氛活跃，多发生在行情的行进阶段，股票通过持续的换手，市场持有成本在不断地增加或减少，这有利于行情的发展。

此外，若个股在较长一段时间内处于高换手率的状况下，这说明资金的流入流出速度较快，若这时是主力资金流出、散户资金流入，则往往蕴藏着较大的风险；若这时是主力资金流入、散户资金流出，则往往预示着机会的到来。可以说，能在较长一段时间内维持高换手率的股票极具实战价值，因为较长时间的高换手率说明资金进出量大，持续性强，增量资金充足，这样的个股才具可操作性。而仅仅是一两天换手率突然放大，其后便恢复平静，这样的个股操作难度相当大，如没有长期的个股跟踪经验，很难识别主力意图。

三、哪些情况下会出现高换手率

1. 持续下跌后出现高换手率

一般来说，当个股处于持续下跌通道中时，其换手率及成交量均会保持较低水平，这是市场交投清淡、观望气氛浓重的表现，也是场外资金迟迟没有介入的体现。若在长期下跌之后，个股开始出现放量并且换手率增大的，这时投资者就要注意了，因为这很可能是场外资金或是主力资金介入导致的，若较高的换手率能够在连续多个交易日内维持下去，此时的高换手率代表了筹码在低位区充分换手，此时的高换手率可信度较高，一般可以看作是新增资金介入较为明显的一种迹象，随着新增资金的积极介入，股价会止跌企稳，一旦大盘配合，此类个股未来的上涨空间会相对较大，并且成为强势股的可能性也很大。

如图 2—6 为杭萧钢构（600477）2008—02—27 至 2008—12—29 期间走势图，从图中标注中，我们可以看到此股在持续下跌之后，出现了高换手率的情况，伴随高换手率而来的股价走势是：此股走出的下跌趋势，开始了盘整向上运行，这与高换手率下的持续资金流入密不可分，由此图可知，高换手率出现在持续下跌后的低位，所带给我们的信息是：场外资金的持续流入，个股下跌趋势的结束，后期个股将步入上升通道。

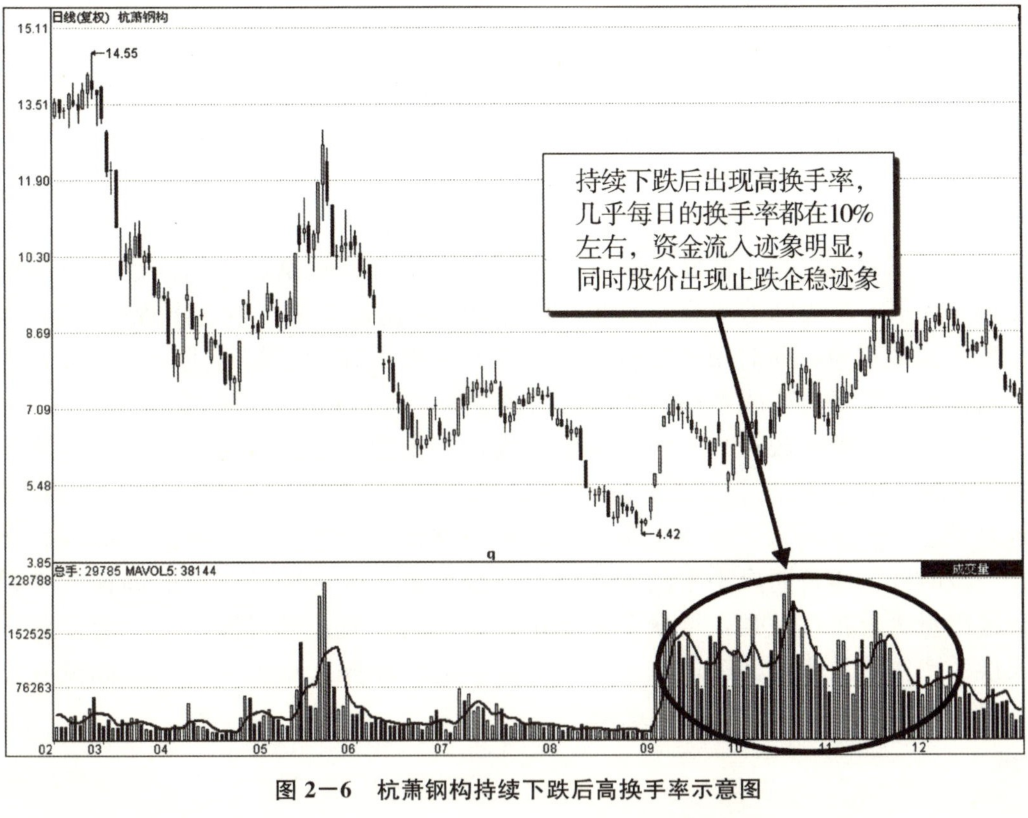

图 2—6　杭萧钢构持续下跌后高换手率示意图

2. 持续上涨后出现高换手率

当个股经历了持续上涨后，市场会积累大量的获利盘，一旦获利盘开始大量涌出，则往往意味着上涨趋势的结束后下跌趋势的开始，体现在换手率这一指标上就是：当个股在持续上涨后的相对高位突然出现高换手率而且成交量开始放大时，如果这时股价出现滞涨情况，则这一般就是下跌的前兆。

在个股涨至高位后，之所以还有很多买盘涌入从而出现高换手率的情况，这与大众的狂热情绪密不可分，一般来说，在高位区的主要出货压力来自于大幅获利的主力资金，因为主力资金的控盘策略就是低位买入布局，然后将股价拉至高位后完成派发并获利出局，可以说，主力在高位派发的意图是很明显的，当股价上了一个台阶后，此时市场大众的情绪都被调动了起来，如果这时再辅以政策利好、公司传闻等等真假不定的消息来迷惑市场，主力往往可以快速地完成出货任务，体现在盘面上就是高位区的股价上下大幅波动、成交量放大、换手率增大。因而，对于这种持续上涨后的高位区出现的高换手率，投资者应保持足够的警觉。

如图 2—7 为双良股份（600481）2007—03—29 至 2007—10—09 期间走势图，从图中我们可看到此股在经历了大幅上涨之后，于高位区出现成交量放大、换手率增加、横盘滞涨的走势，高换手率出现在高位区是主力资金出逃、市场获利盘集中涌出的标志，多意味着上涨趋势的结束，是趋势反转的信号，此时的高换手率是风险的象征，投资者应引起高度警觉。

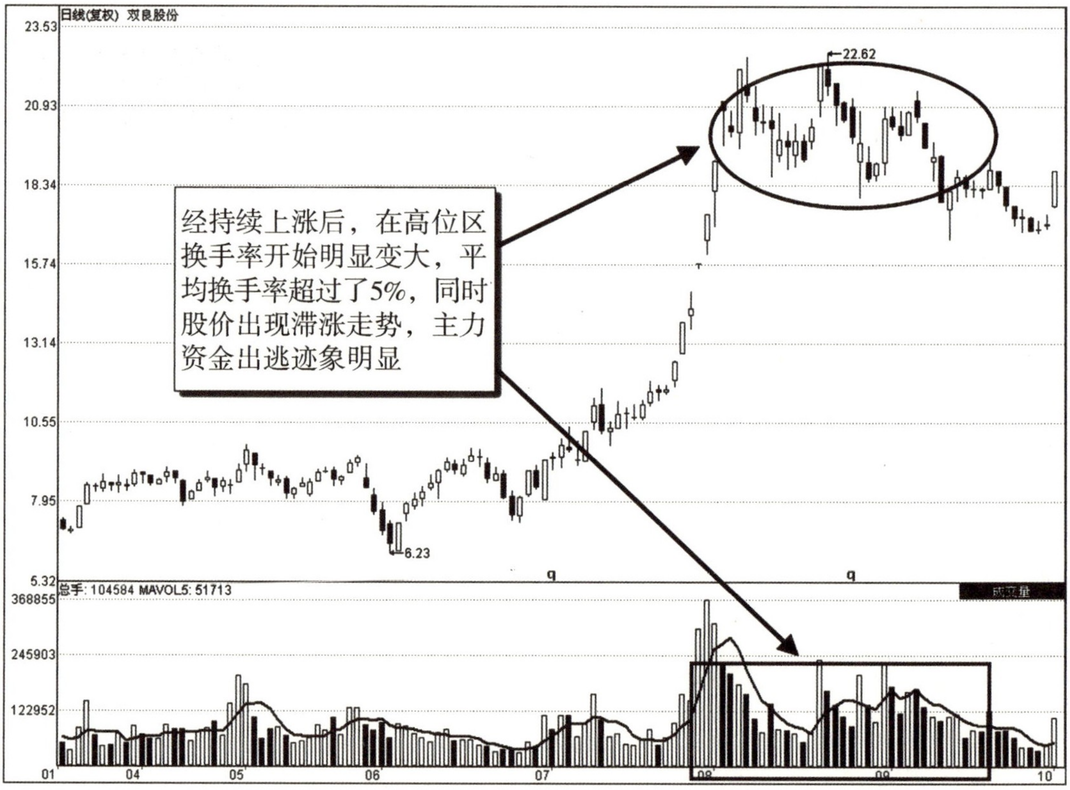

图 2—7　双良股份持续上涨后高换手率示意图

3. 新股上市出现高换手率

新股上市后的前几个交易日内必然会出现高换手率，这种高换手率来源于一级市场中申购资金获利出局及二级市场中看好此股上市后走势的买盘资金介入。

一般来说，新股上市首日换手率大多在40%以上，中小企业板个股换手率有的甚至达到了80%以上。

我们常常看到不少新股在上市后的一段时间内，走势极为强劲，如果查看它们在上市后前几个交易日的换手率就会发现，这些走势强劲的新股在前几个交易日内就可能出现了累计100%以上的换手率。极高的换手率说明新股上市后的二级市场价位受到普遍认可，场外资金认为股价仍有上升空间而敢于大量承接。但高换手率绝非新股上市后暴涨的唯一原因，也有不少新股在上市后出现高换手率但股价却在数日内掉头向下，出现巨大的跌幅。

投资者在炒作新股除了要关注换手率是否够大外，还应注意以下三个方面：①关注新股上市后的市场价与发行价相差多少，若新股在上市当日开盘价过高或盘中出现了暴涨，导致此新股相对于其他新股来说，其上市首日涨幅过大，透支了未来的上涨空间，则其在随后很难有上佳的表现；②关注市场运行趋势，良好的市场氛围是主力炒作新股的必要条件，大盘暴跌时新股也往往会随波逐流，难有好的行情；③关注新股是否有炒作题材，主力炒作新股的原因绝非仅仅是因为它是新上市的股票，更大的原因在于它有题材，即：相对于其他上市公司而言，它在某一方面独具优势，这样炒作起来，可以获得市场共鸣，方便炒高股价，也方便主力后期出货。一般来说，如果以上三个条件均较理想，且新股上市首日换手率还能超过50%，则投资者可积极关注，一旦累计换手率超过100%，并表现出较为强劲走势（即股价的K线图中阳线多阴线少，且收阳线的当天往往成交量相对放大，整体出现资金净流入的迹象），则可采取积极买进的策略。

如图2－8为＊ST张铜（002075，原名：高新张铜）2006－10－25至2007－05－18期间走势图，此股于2006－10－25日作为新股上市交易，上市首日换手率达到了53.98%，前三个交易日累计换手率达到100%，资金介入迹象明显，但高换手率不是我们买入此股的唯一理由，通过此股后期的走势我们可以看到，此股始终保持着强势运行的格局，股价重心缓缓上移，明显有主力资金在积极运作此股，但这时总体涨幅并不大，主力资金积极运作此股，必将会使此股在未来走出好的行情，此时股价出现的回调就是我们介入的好时机。如图标注所示，在经过了长时间的蓄势待发后，在大盘行情向好的背景下，主力就开始大幅拉升此股，此股后期的涨幅极为惊人。通过＊ST张铜这一例子，我们可以看到此股明显有主力运行，而主力是在此股刚上市交易时就介入了此股，前三个交易日累计换手率达到100%以及随后强势运行格局就是最好的盘面信息。

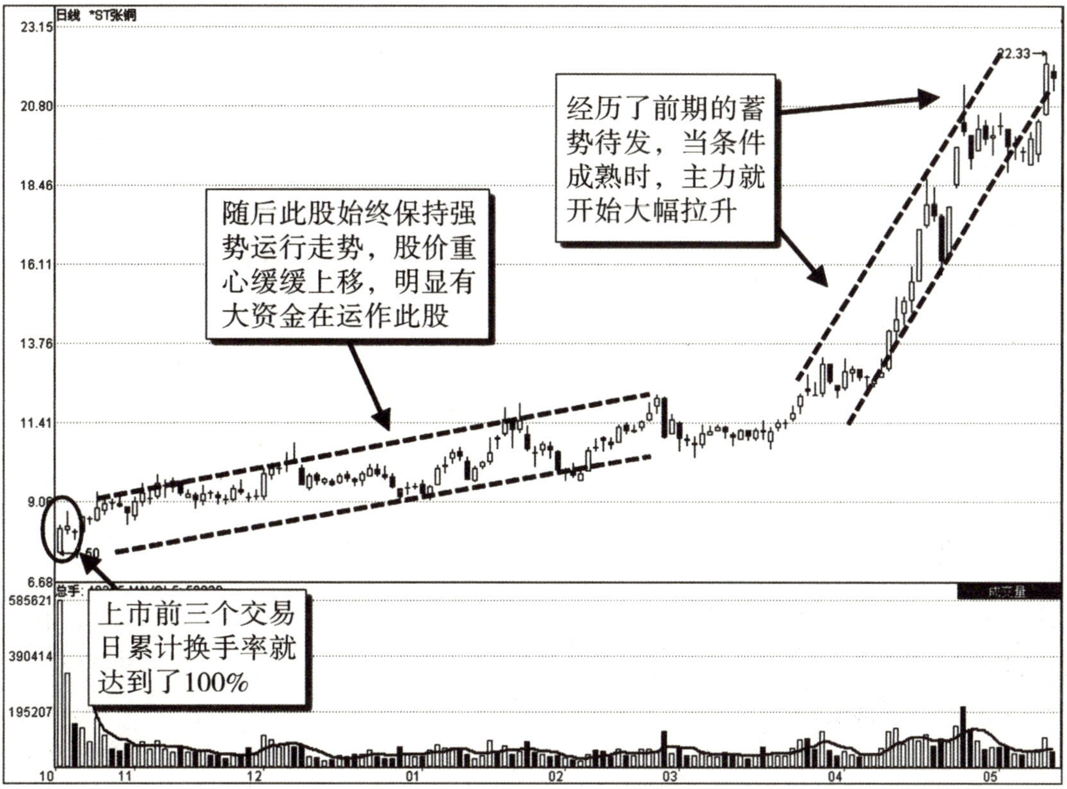

图 2—8　＊ST 张铜新股上市高换手率示意图

四、资金流向

我们常常听到这样的说法："资金流入量最大的板块是房地产"、"近几个交易日钢铁板块资金流出迹象明显"等等，可以说"资金流向"这个概念是我们炒股必然要接触的概念，也是我们在看盘时值得重点关注的内容之一，现在很多股票类网站都提供资金流向查询服务，那么什么是资金流向，它对我们买卖股票有什么意义呢？

资金流向这一技术指标，既可以用于统计个股，也可以用于统计板块或大盘，其原理很简单。下面我们以银行板块来说明资金流向这一概念：假设在 13:01 这一分钟里，银行板块指数较前一分钟是下跌的，则将 13:01 这一分钟的成交额计作资金流出，反之则计为资金流入，每分钟计算一次，全天交易结束后，通过对全天的资金流入与流出加行加总统计，并计算它们的差额，就得出了当日银行板块的资金流入或流出数量。对于个股及大盘指数而言，其计算方法是相同的。

一般来说，当个股或大盘处于资金流入状态时，会出现上涨走势；处于资金流出状态时，会处于下跌走势。

资金流向的原理是：指数处于上升状态时产生的成交额被认为是推动指数上涨的力量，因而将其定性为资金流入；指数下跌时的成交额被认为是推动指数下跌的力量，因而将其定性为资金流出。可以说，资金流向这一概念较为准确地反映了市场上资金的流入、流出情况，因为它在计算过程中既考虑了指数（或股价）的涨跌，也考虑了涨跌过程中的成交额，因而能够较准确地反映市场真实交投情况。换句话说，资金流向测算的是推动指数涨跌的力量强弱，这反映了人们对该板块看空或看多的程度到底有多大。其方法可同理应用在个股及大盘上。

在实际操作中，我们可以对那些在多个交易日内持续出现资金流入且股价处于相对低位的个股或是近期资金流入量较大的板块给予关注；而对于那些处于高位且经常出现资金流出的个股或是近期资金流出量较大的板块则应予以回避。

第五节　看盘重点关注要素 5——市盈率与市净率

在看盘过程中，技术面信息无疑是我们关注的重点，但在关注技术面的时候，我们也应对此股的基本面情况有所了解，而市盈率与市净率无疑是我们了解当前此股股价估值是否合理的最为重要的指标。当个股处于高位且市盈率与市净率均处于明显高估状态时，一般我们认为这种股票是高风险、低利润的股票，投资者应积极回避；反之，若个股处于相对低位，且市盈率与市净率均处低估状态时，我们认为这是低风险、高利润的机会象征，此时我们若能再结合技术面的分析，就很有可能捕捉到翻倍黑马。下面我们就来具体看一下什么是市盈率、什么是市净率。

一、市盈率

1. 什么是市盈率

市盈率（PE）是投资者所必须掌握的一个重要财务指标，也称本益比，指在一个考察期（通常为 12 个月的时间）内，股票的价格和每股收益的比例，其计算公式为：市盈率＝普通股每股市场价格÷普通股每年每股盈利。

市盈率反映了在每股盈利不变的情况下，当派息率为 100%时及所得股息没有进行再投资的情况下，经过多少年我们的投资成本可以通过股息全部收回。例如：某只股票当前价格为 10 元，其去年的每股收益为 0.50 元，则此时的市盈率为 20 倍，如果我们以现价 10 元买入此股，此公司在未来 20 年内每股收益情况不变，并且此公司在未来 20 年内的派息率均为 100%，那我们可以在 20 年后通过股息将我们现在的投资成本全部收回。市盈率越低意味着我们收回本金的时间越短，投资的风险就越小。

我们前面所讨论的市盈率方法是以静态的眼光出发的，即：以上市公司去年的每股收益情况为标准，计算当前股价同过去一年每股盈利的比率；由于上市公司的业绩往往处于波动状态中，有的上市公司可能会实现高速成长，有的公司则会出现衰退，静态市盈率不能反映股票因本年度及未来每股收益的变化而使股票投资价值发生变化这一情况，因而具有一定滞后性，因而在关注市盈率时，我们更应关注上市公司的动态市盈率，即：以未来一定时间内的每股收益作为研究市盈率的标准，它反映了股票现实的投资价值，因此，如何准确估算上市公司当年的每股盈利水平，就成为把握股票投资价值的关键。

2. 合理的市盈率是多少

从国外成熟市场看，上市公司市盈率分布大致有这样的特点：稳健型、发展缓慢型企业的市盈率低，比如我国目前的煤炭石油、公路桥梁、供水供气、银行、工程建筑等；增长性强的企业市盈率高，比如目前的消费、旅游、新能源、汽车、医药、电子信息等行业，这是因为投资者对这些企业未来预期很乐观，愿意付出更高的价钱购买企业股票；周期起伏型企业的市盈率介于两者之间，比如：钢铁、电力周期性较强的行业。并且，不同的股票市场由于所处国度不同、政策不同、投资者群体不同等因素的影响，市盈率也会出现较大的差别。

对于中国的股市而言，市场整体的平均市盈率多少才算合理呢？我们不妨看看大盘历史走势中的一些数据。历史统计数据显示：上证指数平均市盈率最高的两次为：出现在 2001 年的 60 倍市盈率，当时上证指数为 2245 点；以及出现在 2007 年 10 月 16 日的 68 倍市盈率，当时上证指数为 6124 点；上证指数平均市盈率最低的三次为：出现在 1994 年的 23 倍市盈率，当时上证指数最低为 998 点；出现在 1996 年 1 月 19 日的 20 倍市盈率，当时上证指数为 512 点；出现在 2005 年 6 月 6 日的 16 倍市盈率，当时上证指数为 998 点；出现在 2008 年 10 月 28 日的 19 倍市盈率，当时上证指数为 1664 点。

通过以上的统计，我们可以看出，在 A 股的历史中，16 倍平均市盈率是上证综指低估的极限位，68 倍是高估的极限位。一般我们可以认为，上证综指平均市盈率在 25 倍以下时为低估区域，在 40 倍以上时为高估区域。价值投资者应在低估区域买进，高估区域抛出。

如图 2—9 为 2005 年 5 月到 2007 年 10 月期间的大盘走势图，从图中可以看到，这期间股指不断上扬，涨幅巨大，是一轮大牛市行情，这一轮牛市行情体现在市盈率身上就是一个从 16 倍涨到 68 倍的过程。

如图 2—10 为 2007 年 10 月到 2009 年 2 月期间的大盘走势图，从图中可以看到，这期间股指不断下跌，跌幅巨大，是一轮大熊市行情，这一轮熊市行情体现在市盈率身上就是一个从 68 倍回归到 19 倍的过程。

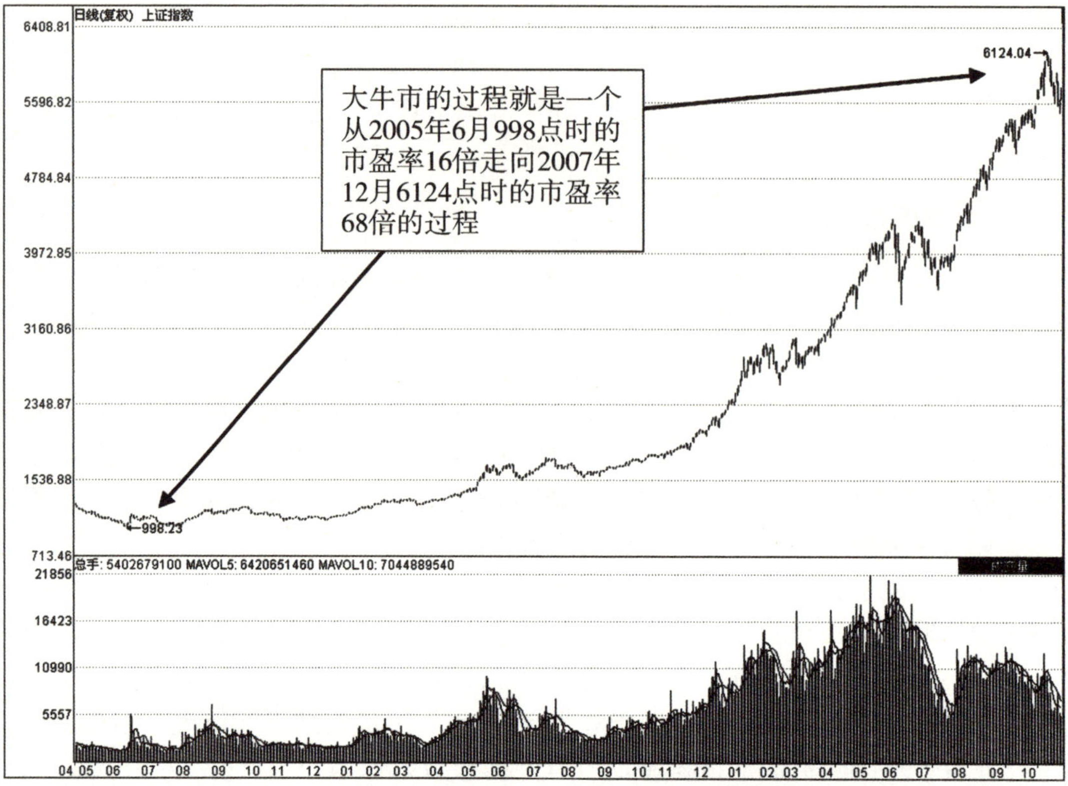

图 2—9 牛市行程的市盈率变化过程示意图

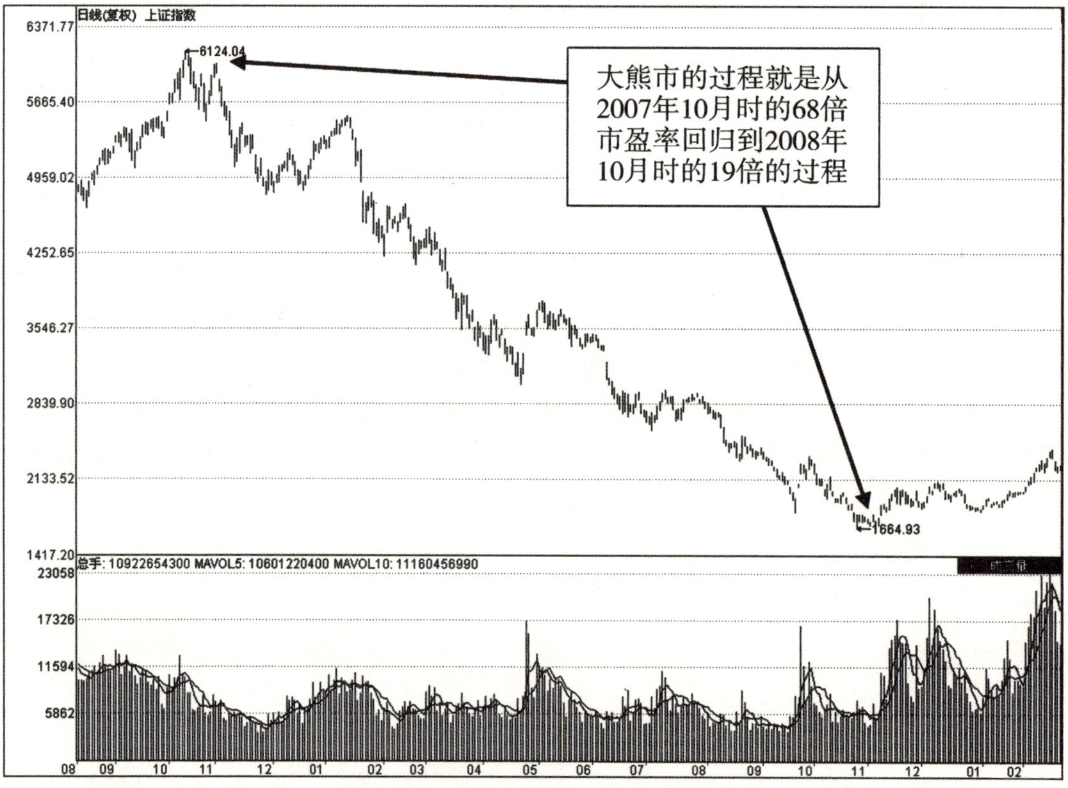

图 2—10 熊市行程的市盈率变化过程示意图

二、市净率

市净率（PB）指的是股票市价与每股净资产之间的比值，比值越低意味着风险越低。市净率的计算公式为："市净率＝股票市价÷每股净资产"。每股净资产代表全体股东共同享有的权益，主要包括：公司资本金、资本公积金、资本公益金、法定公积金、任意公积金、未分配盈余等项目。一般来说，公司经营情况越好，资产增值速度就会越快，每股净资产也会提高得更快。

市净率能够帮助投资者寻求买哪家上市公司的股票能以较少的投入得到较高的产出，一般来说市净率较低的股票，投资价值较高，相反，则投资价值较低。但在判断投资价值时还要考虑当时的市场环境以及公司经营情况、盈利能力等因素。

对于专业的投资者而言，他们更注重对于市净率的分析，由于经济情况的变幻无常，上市公司业绩的不确定性，因而在牛市中当大家齐往上看时，市盈率会给市场提供无限想象空间，静态市盈率不行就用动态市盈率，今年的不行，还能推出明年、后年市盈率，总能给市盈率找到一个"合理"的数值。而市净率这种指标则不会因牛市或熊市中的极端情绪被大幅扭曲，因而它更能体现股票的安全边际，投资者可以先假设最悲观状况下上市公司停产，按照净资产来变现。对于投资者来说，按照市净率选股标准，市净率越低的股票，其风险系数越小一些。

第六节　看盘重点关注要素6——筹码分布图

一、什么是筹码分布图

"筹码分布图"也叫"流通股票持仓成本分布"，它是我们在看盘过程中经常要接触到的一个内容，通过筹码分布图，我们可以清晰直观地对于当前市场的持仓成本情况有一个大致的了解。下面我们就来详细了解一下筹码分布这个概念。

"筹码"这个概念是国人对股票的形象化说法，由于股市中的股票与赌场中的筹码有着极为相似的功用（即：需要的时候，只可以从别人那里买来，不需要的时候，只能将其转手卖给别人），因而将其指代为筹码。可以说，筹码是持有人证明自己拥有某种权利的文书和凭证，股市中的"筹码"指用于投机的股票。

所谓的筹码分布，就是在某一时间点上，某只股票的流通盘在不同价格位置上的股票数量分布情况。由于个股走势处于持续运动状态，价格也变化不定，因而筹码分布并不是一个静态的概念，它会随着个股的走势而发生转变，这就是所谓的筹码转移。在日K线图上，随着光标的移动，系统在K线图的右侧便会显示出随着股价的变化，筹码是如何发生转移的。

如图 2—11 为中金黄金 2009—01—22 的筹码分布图，此股在经历了前期的暴跌和底部的横盘震荡后，我们发现这时此股的筹码基本已全部转移至 30 元价位的低位区了，随后此股出现了持续上涨，到 2009—09—01 时，可以看到这时的股票筹码绝大多数已转移至 100 元以上的高位区了（如图 2—12 中金黄金 2009—09—01 的筹码分布图）。股价持续运动的过程就是筹码转移的过程，当股价从底部向上运动时，筹码会从低位区向高位区转移，当股价从顶部向下运动时，筹码会从高位区向低位区转移。

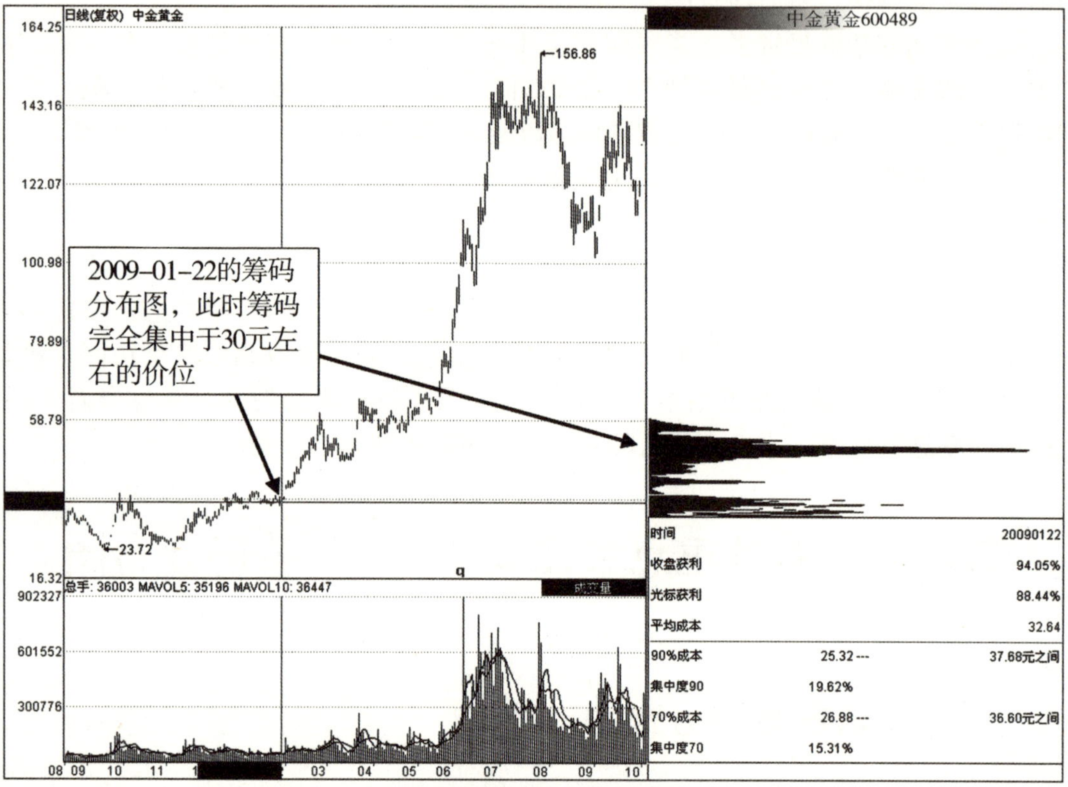

图 2—11　中金黄金 2009—01—22 的筹码分布图

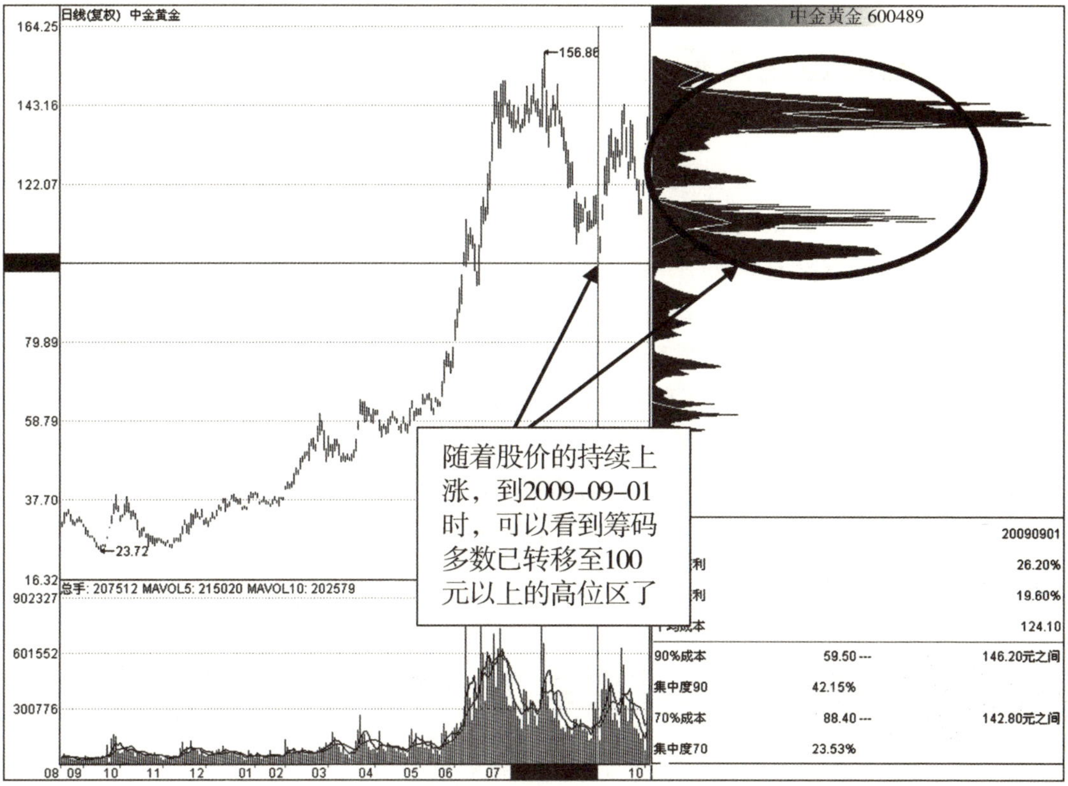

图 2－12　中金黄金 2009－09－01 的筹码分布图

二、筹码分布形态有哪些

当大量的筹码堆积在一起的时候，筹码分布看上去像一个侧置的群山图案。这些山峰实际上是由一条条自右向左的线堆积而成，每个价位区间拥有一条代表持仓量的横线。持仓量越大则线越长，这些长短不一的线堆在一起就形成了高矮不齐的山峰状态，也就形成了筹码分布的形态。一般来说，筹码分布形态可以统分为两种，一种是密集形态，另一种是发散形态。而密集形态可以根据密集峰的数量分为单峰密集、双峰密集、多峰密集，也可以根据所处位置分为高位密集和低位密集（如图 2－11 中金黄金 2009－01－22 的筹码分布图就是低位密集状态）。

一轮行情发展都是由筹码转移开始的，又因筹码转移而结束。筹码转移不仅仅是股价的转换，更重要的是持仓筹码数量的转换。牛市行情就是一个由于筹码的低位密集形态向高位密集形态转移的过程，而熊市过程则刚好相反，是一个由筹码的高位密集形态向低位密集形态转移的过程，在这两种转移过程中的上涨途中及下跌途中会出现筹码发布形态。

三、如何运用筹码分布图

运用筹码分布图进行看盘时，我们主要关注筹码的分布形态及所处价位区间。一般来说，处于低位区的筹码密集形态，是主力吸筹、市场筹码在底部充分换手的标志，意味着后势看涨；而处于高位区的筹码密集形态，是主力出货、市场筹码在高位区充分换手的标志，意味着后势看跌。筹码在低位区或高位区的密集程度越高，则说主力吸筹越充分或主力出货越干净，则此股后势的涨幅或跌幅也往往越大。

可以说，筹码分布图是我们捕捉主力行踪的好工具，但是投资者也应注意，筹码分布反映的只是市场交易情况，并不能区分主力的筹码和大众投资者的筹码，也无法统计出主力的持仓比例为多少，通看筹码分布图也无法明确某只股票的背后是否一定有主力运作，因而我们在应用筹码理论时还结合其他因素来分析主力动向，来分析个股后期走势。

第七节　看盘重点关注要素 7——板块分类与个股特性

一、什么是板块

投资者在股市常看到这样的情形：某一行业或某一地域的股票往往出现齐涨共跌的走势，其相互之间的联动性特别大。这些齐涨共跌的股票，往往就是同一板块中的个股，股票板块指的是这样一些股票组成的群体，这些股票因为有某一共同特征而被人为地归类在一起，而这一特征往往是被所谓股市主力用来进行炒作的题材。

二、板块如何划分

对所有股票进行划分，既是为了统计分析上的需要，也是为了向投资者提供更详细的市场运行情况。一般来说，划分板块的标准主要有三个：行业、地域、概念。例如：依据行业为标准，我们可以把板块分为：银行类、钢铁类、房地产类、券商类、电力、计算机、汽车、医药、有色金属，等等。按行业来划分板块，便于大家选股，进而进行跨行业的投资组合，这种划分方法是我们最为常用的。例如：我们在看评股、网站评论时，常常会听到“电力板块表现良好”、“钢铁板块持续低迷”的字句。依据地域为标准，我们可把板块划分为：上海、北京、黑龙江，等等，国家往往出台一些针对某一区域的经济政策，例如：20 世纪 90 年代的上海浦东被定为经济技术开发区，就会为身处这一地区的公司带来发展机遇，而且身处相同地区的上市公司，由于相互存在着一定影响，因而往往呈现出齐进共退的情况。依据概念为标准，我们可以把板块划分为：奥运、高送转、航天军工、节能环保，等等。随着市场的变化、市场热点转换，概念也会常常发生转变，例如：在奥运会开幕前，奥运概念是市场的热点，但是随着奥运会的结束，这一概念就消失了，当新的市场热点形成时，新的概念也会应运而生，一般来说，股票行情软件是很难快速地反映出这些热点概念的，这就需要投资者多关注网站新闻、社会事件，等等。

三、怎样分析板块

分析板块就是分析市场热点，一般我们可以从两方面来捕捉哪些板块是当前市场热点。一是从盘面上捕捉，这是最直接、最有效的方法，当主力欲炒作某一板块时，此板块必然会出现明显强于大盘的走势，盘面上经常出现板块涨幅靠前的情况（投资者可以利用股票行情软件中的“板块指数排行榜”来了解），而且此板块中会出现一只或几只涨幅巨大的领涨股出现；二是从市场中捕捉，例如：2007 年在全国出现的房地产热就是导致房地产板块大幅上涨的原因所在，奥运会申办成功后，奥运板块就出现了持续的资金流入、主力资金炒作明显的痕迹。

此外，在分析板块时，我们还可以应用“横向分析法”与“纵向分析法”，所谓横向分析法，就是指分析与当前热点板块相关的行业及相关的上市公司，如果这家企业的所处行业是热点“板块”的上、下游行业，并有正相关关系，而股价相去甚远，则这类股票极可能成为后续的热点板块。这种方法在强势市场中较为有效，但是在弱势市场中一般用处不大。

所谓纵向分析法，就是将处于同一热点板块中的上市公司按主营业务、业绩、股本等进行排列，如果发现某只股票的主营业务与当前板块中的领涨股基本一致，但其总体涨幅较小，则可以考虑买入，这类股票极可能在稍后的时间启动，这可以称之为“补涨”，有些补涨股可能因当时的市场环境良好，会出现“后来者居上”的情况，即：补涨股的上涨幅度高于领涨股的上涨幅度。同样，这种方法越是在强势市场中越有效。

如图 2－13 为中国软件（600536）2009－03－31 前的走势图，从图中可以看到此股在 2009－03－31 之前出现的翻倍行情，而股价上涨的原因是此股所具有的核高基概念。如图 2－14 为浪潮软件（600756）2009－04－22 前的走势图，从图中可以看到此股在 2009－03－31 之前仍处于低位区的盘整走势之中，随后此股因同样具有“核高基”概念，而且是盘小、绩优股，因而吸引了场外主力的介入，在中国软件的领涨示范下也出现了翻倍的行情。值得注意的是，我们没有办法从股票行情软件中的“概念”板块中找到“核高基”这一概念，因为一般的股票行情软件只能给出那些极为常见的概念：如高送转、军工、新能源，等等。对于那些不太常见的概念，因热点性持续较短也较难划分，往往不会给出。这就需要投资者自己去积极发掘了，一旦发现某只股票大幅上涨，就要关注它所具有的概念，再去挖掘其他个股是否也具有同类概念，只有通过自己的分析才有可能骑上黑马。

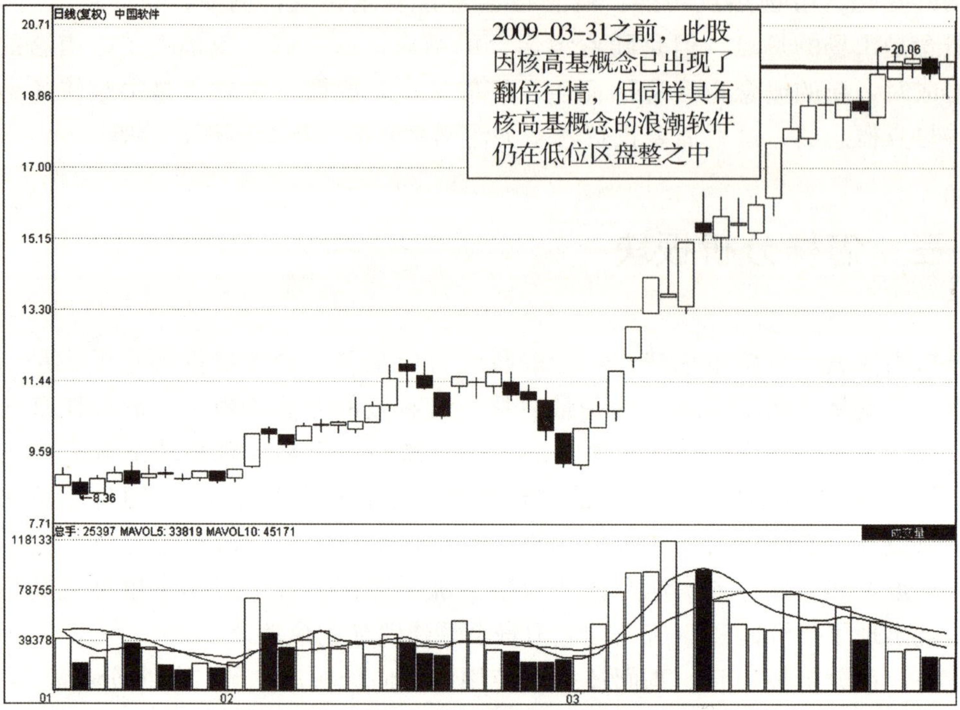

图 2—13　中国软件因核高基概念领涨示意图

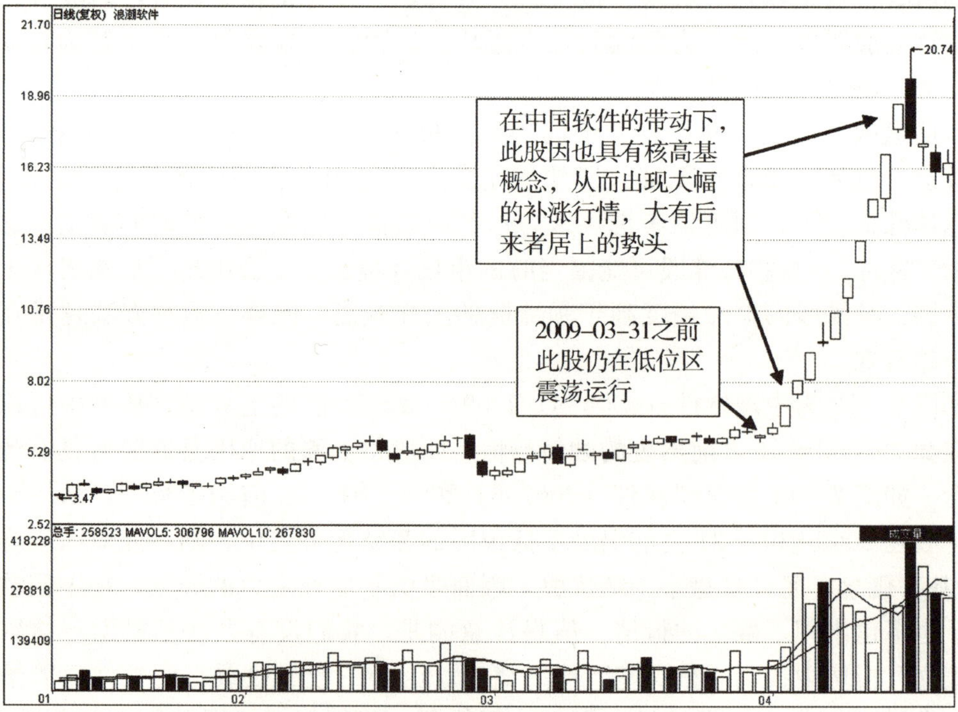

图 2—14　浪潮软件因核高基概念补涨示意图

第八节　看盘重点关注要素 8
——十大流通股东进出情况

季报、年报中所公布的“前十名无限售条件股东持股情况表”（即所谓的十大流通股东），是投资者判断“主力”进出的重要窗口，它能较为实时地反映出市场中哪些大资金在吸纳此股、哪些大资金在卖出此股。当十大流通股东情况出现变化时，我们就要格外注意此股的走势了，因为它既可能预示着机会的到来，也可能预示着风险的到来。

那么，我们如何依据最新的“前十名无限售条件股东持股情况表”来判断个股后期的可能走势呢？一般来说，可以从三方面入手：①个股所处位置区间；②十大流通股东的持有筹码数量；③十大流通股东的构成情况。当个股经过较长时间的上涨且累计涨幅较大，处于明显的高估区间时，此时的趋势运行必将会进入到一个由盛转衰的阶段，此时我们就不必去查看十大流通股东的持筹情况及构成情况了，因为任何主力资金都是难与市场大趋势抗衡的；当个股处于相对的低位区且处于估值合理区间时，我们可对十大流通股东的情况给予关注。前十大流通股东的持筹数量增加（称为筹码聚集），意味着主力低位区的吸筹力度好，此股后期的上涨动能充足，后期很可能会面临着较好的走势、远强于大盘；反之，若筹码出现了分散，则很可能意味着散户充当了此股的“主力”，后期此股的走势随大盘的可能性更大，甚至不如大盘。若十大流通股东中出现了很多新面孔，我们就要分析这些新面孔的来路了，若只是基金的转换，一般实战意义不大，若这些新面孔与上市公司身处同一地区，则要引起我们的警觉，这很可能意味着上市公司或将有重大利好公布，或将有炒作题材，总而言之，此股票要大涨的可能性较大，是我们通过十大流通股东发掘黑马的重要方法之一。下面我们以中炬高新（600827）为例，看看十大流通股东信息是如何提示黑马信号的。

表 2—1 至表 2—4 分别为中炬高新 2008—09—30 前、2008—12—31 前、2009—03—31 前、2009—06—30 前的前十大流通股东情况。图 2—15 为中炬高新在此期间的走势图，在图中我们对相应的这四个日期进行了标注。下面我们将结合表中股东变化情况及同期的股价走势来分析。中炬高新这一上市公司地处广东省中山市中山火炬高技术产业开发区，从表 1 中此股 2008—09—30 前十大流通股东情况，我们可以发现除了个人持股外，有四家投资公司地处广东省中山市，“近水楼台先得月”，这四家投资公司敢于大规模买进本地的上市公司，必有其深层的原因。我们从图 2—16 中可以看出，此股这时正处于大幅下跌后的低位盘整区，但这种低位盘整走势与大盘关系很大，并不代表它后期一定能出现多大幅度的上涨。

再来看一下表 2—2，时间到了 2008—12—31 日，我们发现流通股东情况又有了新的变化，原来的“中国工商银行广东省信托投资公司”减持了 1030 万股，而“中国工商银行广东省信托投资公司中山市办事处”却增持了1030万股，筹码再一次向地处中山市的投资公司聚集，且这时新增加了两个自然人股东，并无机构资金介入。从图2—15中可以看到，此时股价仍处于低位盘整区，并没有大幅上涨。

时间到了2009—03—31期间，在2008—12—31至2009—03—31这段时间内，股价一路上涨，出现了翻倍行情，这一波的上涨是源于此股所具有的“新能源电池与土地增值”题材，当然就只是主力炒作此股的一个理由而已。实际上，中炬高新电池业务的子公司已连续三年亏损。对于某些机构强调的中炬高新在轻轨中山站出口处的土地增值及相关房地产的项目开发，中炬高新证券部人士证实，“房子现在还没盖起来，相关项目尚不会产生收益。”从表2—3中可以看到中山市的那些投资者公司已在一轮上涨后大幅减仓出局了，取而代之的是公募基金的高位“积极”接盘，可以说，若无公募基金的主动接盘，这些投资者公司是无法完成高位出货任务的，但中山市的这些投资者公司毕竟还没有出完货，因而股价也没停止上涨。在此股涨到2009—06—30时，股价出现了见顶迹象，通过表2—4我们可以看到，那些原来位列于前十大流通股东之内且地处中山市的投资公司已悉数出货完毕，取而代之的是公募基金的疯狂接盘。

通过本例我们可以看出，当个股处于低位震荡时区，如果出现大量的本地投资者公司买本地的上市公司股票，则此股未来的走势很可能十分惊人。而对那些公募基金聚集的股票，则要区分对待，像中炬高新这种高位区出现公募基金大量聚集的现象就不是好现象，我们要格外提防公募基金的高位砸盘，因为公募基金的资金来源于基民，能否对广大基民的资金善加使用，与基金经理的能力与品质密切相关。

表2—1　中炬高新2008—09—30前十大流通股东情况

中炬高新前十名无限售条件股东　　　　截止日期：2008—09—30

名称	持股数（万股）	占流通股（%）	增减情况	股本性质
1. 信达投资有限公司	2569.83	3.89	未变	流通A股
2. 中山农村信用合作社联合社	2569.83	3.89	未变	流通A股
3. 中山市实业集团有限公司	2064.22	3.12	—1.16	流通A股
4. 中国工商银行广东省信托投资公司	1610.00	2.44	1030.00	流通A股
5. 中山市东河实业有限公司	919.51	1.39	73.41	流通A股
6. 王士明	700.08	1.06	新进	流通A股
7. 中山市建设实业公司	435.00	0.66	未变	流通A股
8. 深圳市冠油化工有限公司	218.89	0.33	未变	流通A股
9. 郁永军	216.83	0.33	新进	流通A股
10. 詹培华	216.24	0.33	13.71	流通A股
总计	11520.43	17.44		

表 2—2　中炬高新 2008—12—31 前十大流通股东情况

中炬高新前十名无限售条件股东　　　　截止日期：2008—12—31

名 称	持股数（万股）	占流通股（%）	增减情况	股本性质
1. 信达投资有限公司	2569.83	3.89	未变	流通 A 股
2. 中山农村信用合作社联合社	2569.83	3.89	未变	流通 A 股
3. 中山市实业集团有限公司	2060.93	3.12	—3.29	流通 A 股
4. 中国工商银行广东省信托投资公司中山市办事处	1030.00	1.56	新进	流通 A 股
5. 中山市东河实业有限公司	770.00	1.17	—149.51	流通 A 股
6. 中国工商银行广东省信托投资公司	580.00	0.88	—1030.00	流通 A 股
7. 中山市建设实业公司	435.00	0.66	未变	流通 A 股
8. 詹培华	239.93	0.36	23.69	流通 A 股
9. 王文义	165.10	0.25	新进	流通 A 股
10. 王洪江	154.06	0.23	新进	流通 A 股
总 计	10574.67	16.00		

表 2—3　中炬高新 2009—03—31 前十大流通股东情况

中炬高新前十名无限售条件股东　　　　截止日期：2009—03—31

名 称	持股数（万股）	占流通股（%）	增减情况	股本性质
1. 信达投资有限公司	2302.83	3.48	—267.00	流通 A 股
2. 中邮核心成长股票型证券投资基金	2130.97	3.22	新进	流通 A 股
3. 中山农村信用合作社联合社	1971.83	2.98	—598.00	流通 A 股
4. 中山市实业集团有限公司	1911.64	2.89	—149.29	流通 A 股
5. 天弘精选混合型证券投资基金	670.23	1.01	新进	流通 A 股
6. 中国工商银行广东省信托投资公司中山市办事处	660.08	1.00	—369.92	流通 A 股
7. 泰信先行策略开放式证券投资基金	510.00	0.77	新进	流通 A 股
8. 华夏行业精选股票型证券投资基金(LOF)	499.49	0.76	新进	流通 A 股
9. 中山市建设实业公司	435.00	0.66	未变	流通 A 股
10. 中山市东河实业有限公司	350.00	0.53	—420.00	流通 A 股
总 计	11442.06	17.32		

表 2—4　中炬高新 2009—06—30 前十大流通股东情况

中炬高新前十名无限售条件股东　　　　　　　　截止日期：2009—06—30

名称	持股数（万股）	占流通股（%）	增减情况	股本性质
1. 中山火炬集团有限公司	7765.95	10.72	新进	流通 A 股
2. 信达投资有限公司	2087.43	2.88	−215.40	流通 A 股
3. 中邮核心成长股票型证券投资基金	1978.56	2.73	−152.41	流通 A 股
4. 广州金骏投资控股有限公司	1368.88	1.89	新进	流通 A 股
5. 中国太平洋人寿保险股份有限公司—分红—个人分红	754.14	1.04	新进	流通 A 股
6. 金鹰成分股优选证券投资基金	683.15	0.94	新进	流通 A 股
7. 金鹰中小盘精选证券投资基金	651.00	0.90	新进	流通 A 股
8. 中国太平洋人寿保险股份有限公司—传统—普通保险产品	628.99	0.87	新进	流通 A 股
9. 华商领先企业混合型证券投资基金	399.99	0.55	新进	流通 A 股
10. 海通—中行—PORTIS—BANK—SA/NV	396.32	0.55	新进	流通 A 股
总计	16714.41	23.08		

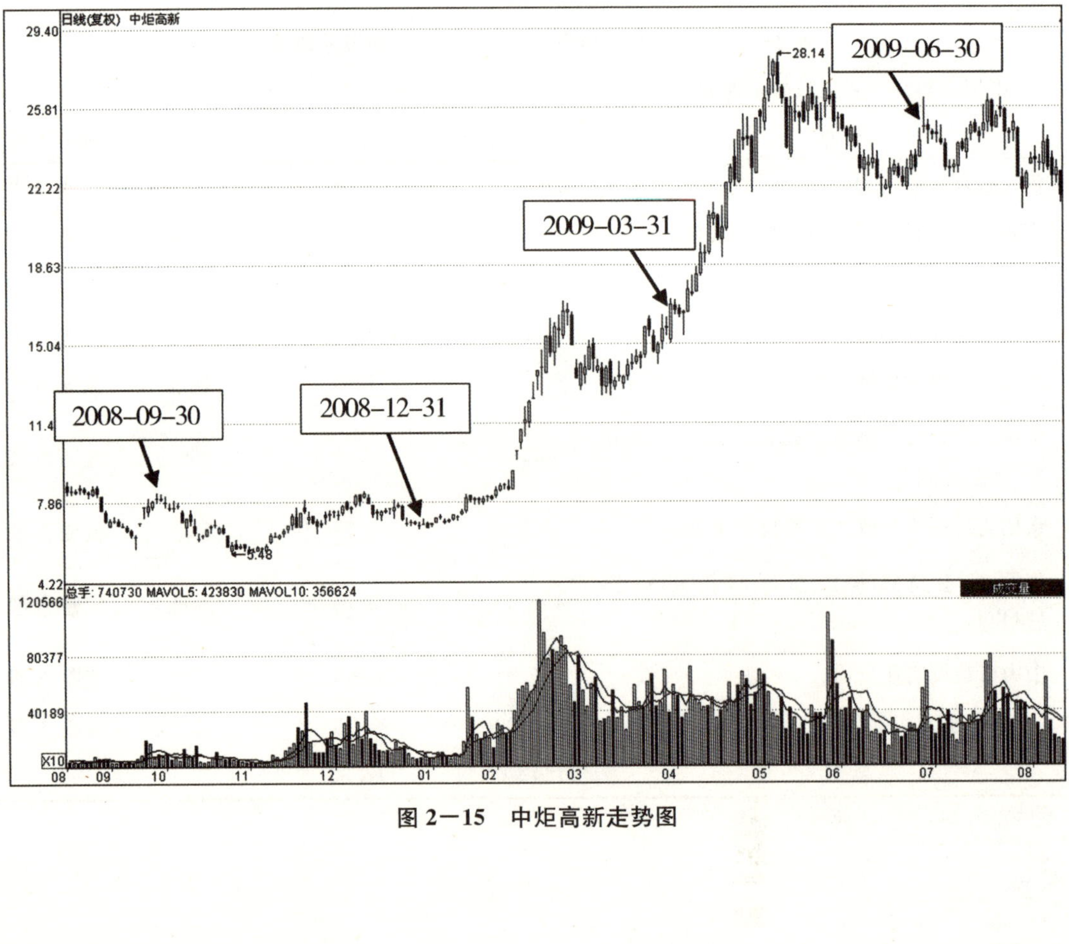

图 2—15　中炬高新走势图

第三天　认识 K 线，识别趋势

◆第一节　K 线与价格运行的三种趋势
◆第二节　理解 K 线的类型
◆第三节　认识单根 K 线的多空含义
◆第四节　常见底部与顶部 K 线形态

第一节　K 线与价格运行的三种趋势

在股市中，我们常听到这样的说法："永远顺着趋势交易"、"绝不可逆趋势而动"等等，这里面所说的"势"即指"趋势"，由此可见趋势的分量，那么，究竟什么是趋势呢？根据汉语字典，趋势（Trend）的意思是"事物或者局势发展的动向"，并且，当人们用"趋势"这个词来表示一个事物状态时，目的是"对一种模糊的、不够明确的、遥远的"运行方向采取行动。可以说，趋势是明确的、可预见的发展方向，它描述的是一种渐进的、连续发生的线性规律。研究趋势是去发现一系列连续发生的事件，从中归纳出线性的发展方向。而预测趋势是去分析未来某段时间内，某个趋势将会产生什么样的方向性变化。

同样，在股市中也有趋势可言。一般来说，股市中的趋势有两种不同的划分方法：一种依据时间长短来划分，另一种依据价格运动方向来划分。在实际运用时，我们常说的"趋势"主要是指依据运动方向划分而来的趋势。

我们来看一下道氏理论对于趋势的划分方法。依照道氏理论，股价运动的趋势可以按时间周期长短来划分为三个类型：主要趋势（或称为基本趋势）、次要趋势、短期趋势。

主要趋势是趋势的主要方向，也是股价波动的大方向，这种变动持续的时间通常为一年或一年以上，并导致股价增值或贬值 20%以上。主要趋势既可以是牛市中的主升浪，也可以是熊市中的主跌浪。主要趋势一般可以有三种运动方向，即上升方向、下降方向、水平方向，与此对应的是三种基本趋势，即上升趋势、下跌趋势和震荡趋势。

次要趋势经常与基本趋势的运动方向相反，是在主要趋势过程中进行的调整，并对其产生一定的牵制作用。次要趋势可以是在一个牛市中发生的中等规模的下跌或"回调"，也可以是在一个熊市中发生的中等规模的上涨或"反弹"。这种趋势持续的时间从几日到几周不等，其对原有主要趋势的修正幅度一般为股价在一波上涨中的 1/3 或 2/3。

短期趋势，反映了股价在几天之内的变动情况，多由一些偶然因素决定。

下面我们再来看看什么是上升趋势、下跌趋势及横盘震荡趋势。上涨趋势，顾名思义，是指股价向上运动的趋势，它具体体现在股价上的走势是：后期出现的波峰及波谷要分别高于前期出现的波峰及波谷，当然这也并非是绝对的，只要股价总体走向是向上的，我们就可以将其称为上涨趋势；与上涨趋势运行方向相反的则称为下跌趋势，而横盘震荡趋势则指股价呈现出横向运行，并无大的起落。

如图 3－1 为上证指数 2006－01－07 至 2009－03－18 期间的 K 线走势图，如图标注，我们可以看到在 2007 年 10 月之前，上证指数持续走高，这是上涨趋势，代表了牛市行情；随后，趋势出现了反转，在 2007 年 10 月至 2008 年 10 月期间，指数一路走低，下跌幅度巨大，这是下跌趋势，代表了熊市行情。

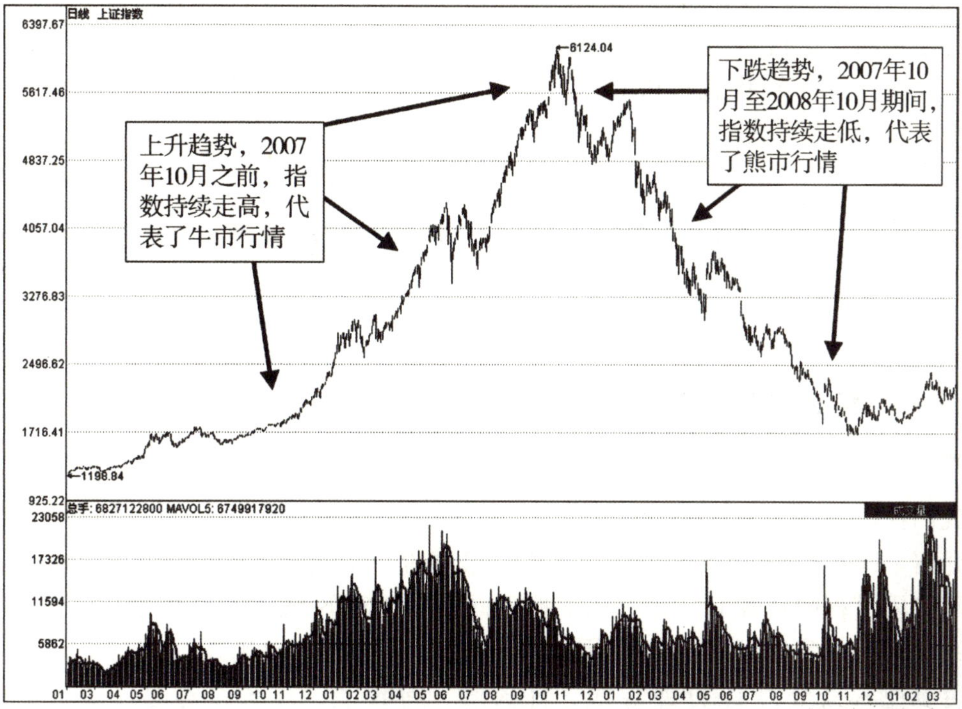

图 3—1　上升趋势与下跌趋势 K 线走势示意图

如图 3－2 为熊猫烟花（600599）2008－08－29 至 2009－08－26 期间走势图，从图中可以看到此股在前期处于上涨趋势中，随后当股价停止上涨后，出现横盘震

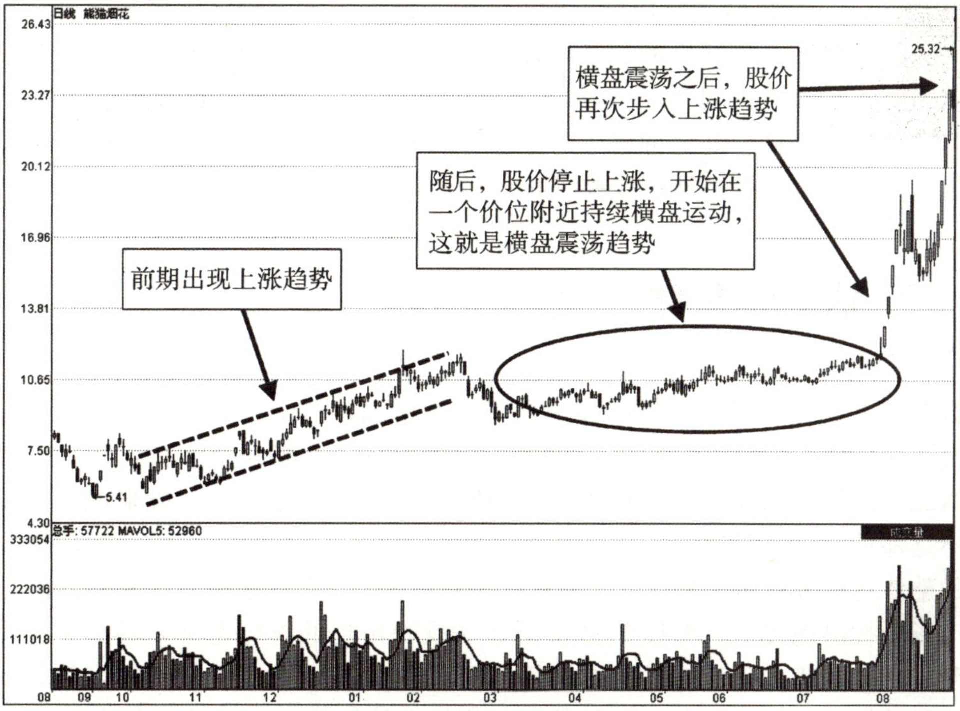

图 3—2　熊猫烟花横盘震荡趋势示意图

荡走势，一般来说，横盘震荡走势的出现多是股价运行方向面临选择的表现（即向上运行还是向下运行），多是一种暂时的市场平衡表现，一旦随后多方发力或空方发力，这种横盘震荡趋势就将被打破，从此股的后期走势可以看出，横盘震荡之后，此股再次步入上涨趋势之中。

第二节 理解 K 线的类型

一、K 线的分类

我们在前面的“看盘重点关注要素 1—K 线与成交量”中已对单根 K 线的构成有所介绍，即：单根 K 线包括四个要素：最高价、最低价、开盘价、收盘价。那么，在实际使用过程中，我们又是如何根据不同的需要对 K 线进行划分呢?

一般来说，我们可以从 K 线周期和 K 线数量这两方面出发。依据 K 线的周期，我们可以把 K 线分为 15 分钟 K 线、日 K 线、周 K 线、月 K 线等等，投资者可以在股票行情软件中自行定义这些周期。通常来说，我们最为常用的是日 K 线图，本书余下的章节中提到的“K 线”这一词语，如没有特别强调的话，均一律默认指代“日 K 线”。日 K 线，顾名思义，是依据每日的最高价、最低价、开盘价、收盘价画出的 K 线图，而周 K 线则是以周一的开盘价，周五的收盘价，全周最高价和全周最低价来画的 K 线图。用同样的方法，我们可以得到时间周期较短的 15 分钟 K 线、30 分钟 K 线及时间较长的月 K 线、年 K 线图。在实际运用中，最为常用的是日 K 线图，其次是周 K 线图，相对而言，时间过短的分钟 K 线及时间跨度过长的月 K 线实战价值不大。下面我们主要来看看周 K 线的用途有哪些。

二、认识周 K 线

日 K 线反映了市场上当日的多空双方交投情况，对于个股短期内的走势能起到反映及预测作用，但是，我们也应看到，市场的短期走势易受干扰，比如：外围股市的情况、政策消息面、主力行为、公司所发布的消息等等，一般来说，只要这些消息不是那种可以对股价原来趋势起到“转折性”作用的消息，就不能破坏个股或市场的整体运行大趋势，因为大趋势一旦形成，其力量十分强大，并不会因为短期内的市场干扰出现转变。单日 K 线形态无法反映市场的整体走势，甚至无法反映出市场阶段性的走势，此时如果我们仅凭日 K 线就难以作出正确的决断，很容易出现一叶障目的情况。相对而言，周 K 线对于市场大趋势的反映就要准确得多。

因为股市的走势是讲趋势的，一个趋势一旦形成，短时间内无法一下子改变，而周K线由于反映的是一周的交易状况，短期K线上出现的较大波动在周K线上一般都会被过滤或烫平，有的时候当市场走势在日K线中难以判断时，利用周K线就会一目了然，所以在判断趋势的时候，投资者一定要多注意周K线形态。

三、如何运用周K线

虽然周K线的好处多多，但在实战应用时，投资者最好还是将周K线与日K线结合运用，才能收到最好的效果。在实际运用时，我们主要从两点入手：一是看日K线与周K线是否出现了共振现象；二是看日K线与周K线是否出现了相悖现象。所谓共振就是指，两者发出了相同的买卖信号，即当日K线发出买入信号时，周K线也同样发出买入信号，此时买入时机最好；或者是当日K线发出卖出信号时，周K线也同样发出卖出信号，此时卖出时机最好。所谓相悖就是指，两者发出了相反的信号，一般来说，如果投资者对后市无足够的把握，此时应尽量在场外持币观望。

周K线是分析大趋势的一把利剑，就实战的盈利角度来看，只有那些看对大的趋势并且按照这种趋势操作的投资者，才有望获得真正的大利润。这就要求投资者在牛市中要不为小幅回调而动，耐心持有并等到周K线出现趋势转向信号时，方可使利润最大化；而在熊市中则要不为反弹所动，耐心持币并等到周K线出现趋势转向信号时，方可最大限度地回避暴跌之下的风险。

第三节　认识单根K线的多空含义

一、K线构成要素的市场含义

在单根K线形态中，主要包括实体线、上影线、下影线这三部分，下面我们就来分别看它们都代表了什么样的市场含义。

1. 实体线

实体线是开盘价与收盘价之间的一段矩形区域，它主要用以衡量多空双方经一天交战后所取得的实际成果，阳实体说明多方获胜，而阴实体则说明空方获胜；实体越大，则说明相应的一方优势越大。在上涨行情中，一般来说阳实体居多，且阳实体线较长，是多方力量在此阶段明显强于空方力量的表现；在下跌行情中，一般来说阴实体居多，且阴实体线较长，是空方力量在此阶段明显强于多方力量的表现。

2. 上影线

上影线无论是出现在阳线中还是出现在阴线中，它更多地体现了多方在当日的拉高股价过程中所受到的挫败程度，上影线越长则说明当日多方受挫力度越大，如果长上影线出现在个股一波较为明显的上涨之后，则多意味着多方已无力继续拉升股价，个股短期的回调即将展开；如果上影线出现在个股一波较为明显的杀跌之后且当日又收出阳线，则多意味着空方力量衰竭，个股短期将迎来反弹的可能性较大。上影线较短时，则实战意义不大。

3. 下影线

下影线无论是出现在阳线中还是出现在阴线中，它更多地体现了空方在当日打压股价的过程中所受到的反抗程度，下影线越长则说明当日空方受反抗力度越大，如果长下影线出现在个股一波较为明显的下跌之后，则多意味着空方已无力继续杀跌股价，个股短期的反弹即将展开；如果下影线出现在个股一波较为明显的上涨之后且当日又收出阴线，则多意味着多方力量衰竭，个股短期展开下跌的可能性较大。下影线较短时，则实战意义不大。

二、大阳线与大阴线的多空含义

单根K线的表现方式有许多种，比如：大阳线、大阴线、小阳线、小阴线、下影阳线、下影阴线、上影阳线、上影阴线、十字星等等，其中最为重要的当数大阳线与大阴线，这两种形态可以很好地反映趋势、预警趋势，其他的形态或多或少地可以看做是这两种形态的变形，投资者只要理解了大阳线与大阴线的多空含义，再结合上面我们讲到的“实体线、上影线、下影线”所代表的市场含义，就不难理解其他形态的多空含义了。因此，本节中，我们重点讲解大阳线与大阴线的多空含义。

1. 大阳线

大阳线即实体较长的阳线，它代表了多方力量强大，是个股看涨的信号。日K线图中的大阳线，代表了多方在当日取得完胜；而周K线图中的大阳线，则代表多方在这一周取得了完胜。在上涨趋势中，我们会更多地看到日K线及周K线形态上的大阳线，比较而言，周K线的大阳线更能反映趋势，预警趋势。虽然大阳线代表了多方占优的情况，但在实战中，我们还要分析多方能在多长的时间内占优，如果只是几日内或几周内占优，此时市场或个股很可能正处于下跌通道之中，这种局部优势是无法改变市场的整体运行格局的。因而，在分析大阳线时我们应该结合当前的趋势运行特点来进行。

如图3－3为爱使股份（600652）2009－03－20至2009－07－22期间走势图，从图中我们可以看到，此股在横盘之后出现了连续的大阳线，这是多方发起攻击的信号，也是多方力量强大的表现，在大阳线出现后，股价也上涨到了一个新的台阶上。其实只要我们仔细观察，就会发现这种上涨是有预兆的，在此股拉升前，我们可以看到它处于横盘震荡之中，但是这种震荡并非是水平运行，而且出现了股价重心缓慢上移的迹象，这期间阳线数量要显著多于阴线数量，这是多方力量强于空方力量的表现，而这种横盘震荡走势也可以说是多方力量积聚能量继续上涨的中继整理走势，一旦多方力量能量积聚完毕，就会出现上攻行情。

图 3—3 爱使股份大阳线示意图

如图 3—4 为上证指数 2006—08—25 至 2007—04—27 周 K 线走势图，大盘在此期间处于牛市行情，而周 K 线可以极好地反映趋势的运行，上涨趋势的典型表现方式就是经常性出现的周 K 线大阳线，这一形态在本图中得到了表现，我们可看到在这一波牛市行情中，大阳线数量极多且实体较长，极少有阴线出现，且阴线实体相对较小。

2. 大阴线

大阴线即实体较长的阴线，它代表了空方力量强大，是个股看跌的信号。日 K 线图中的大阴线，代表了空方力量在当日取得完胜；而周 K 线图中的大阴线，则代表空方力量在这一周取得了完胜。在下跌趋势中，我们会更多地看到日 K 线及周 K 线形态上的大阴线，比较而言，周 K 线的大阴线更能反映趋势，预警趋势。虽然大阴线代表了空方占优的情况，但在实战中，我们还要分析空方力量能在多长的时间内占优，如果只是几日内或几周内占优，此时市场或个股很可能正处于上涨通道之中，这种局部优势是无法改变市场的整体运行格局的。因而，在分析大阴线时我们也应该结合当前的趋势运行特点来进行。

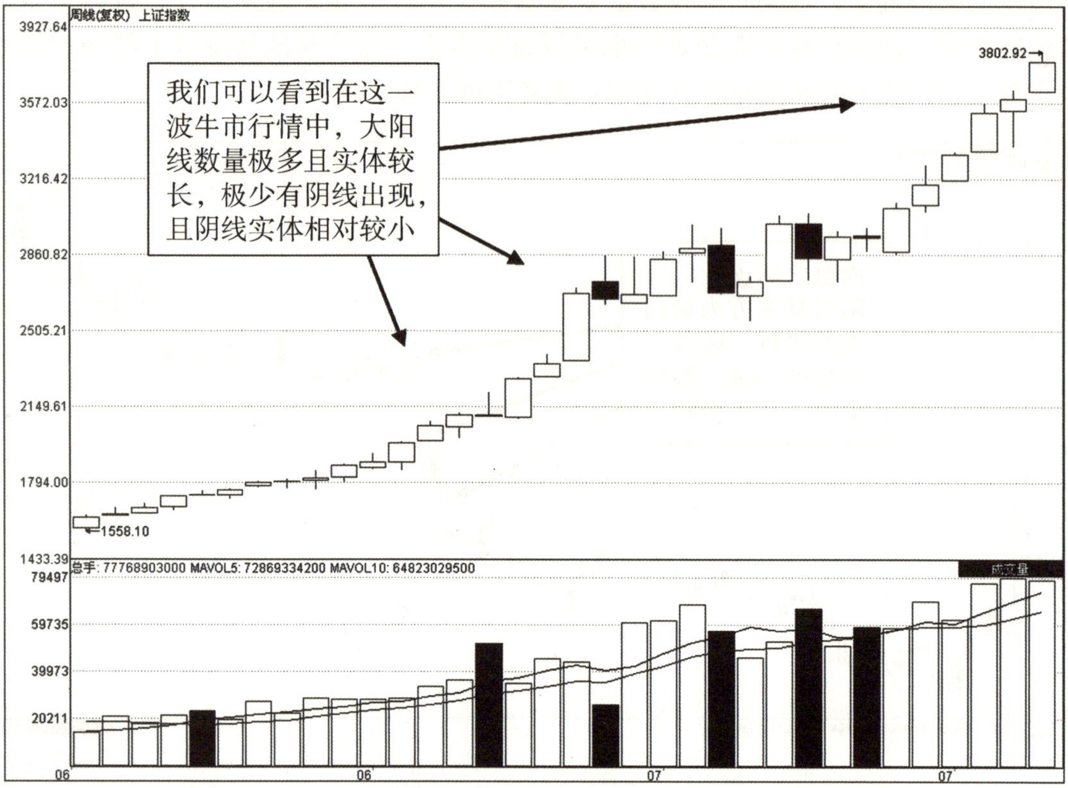

图 3—4　上证指数 2006—08—25 至 2007—04—27 周 K 线走势图

如图 3—5 为中海海盛（600896）2008—04—28 至 2008—09—09 期间走势图，从图中我们可以看到，此股在高位横盘之后出现了连续的大阴线，这是空方发起攻击的信号，也是空方力量强大的表现，在大阴线出现后，股价也下跌了一个台阶。在连续的大阴线出现前，股价处于高位横盘走势之中，这种横盘震荡走势是空方积累能量的过程，一旦空方能量积累完毕，个股就会走出下跌行情。

如图 3—6 为 2007—07—20 至 2008—10—31 周 K 线走势图，大盘在此期间处于熊市行情，周 K 线可以极好地反映趋势的运行，也可以预警趋势的反转。上涨趋势走势见顶的显著信号之一就是：周 K 线连续收出大阴线，股价重心开始下移；下跌趋势的典型表现方式就是经常性出现的周 K 线大阴线。这一形态在本图中得到了表现，我们可看到在 2007 年这一波牛市行情的末期，指数在高位区连续出现大阴线，这是上涨趋势见顶的信号；随后当指数步入下跌通道时，阳线少且实体短，而阴线则经常性出现且实体较长，这是空方力量充足、下跌趋势明确的信号。

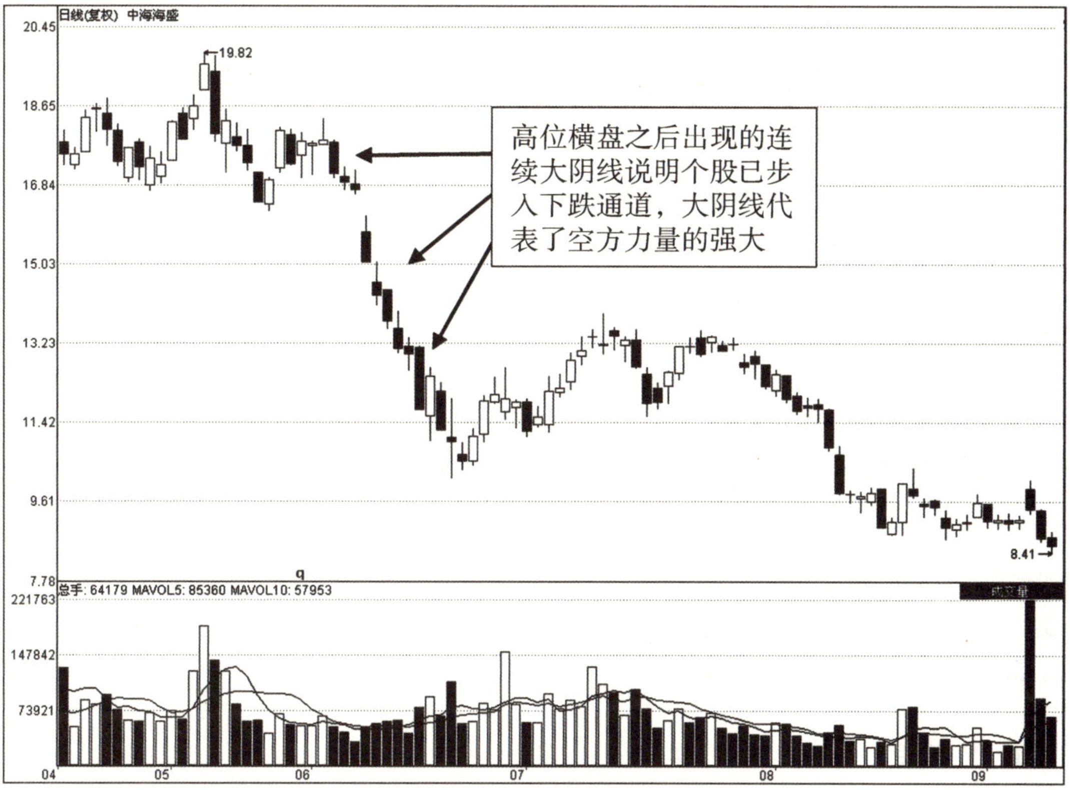

图 3—5　中海海盛大阴线示意图

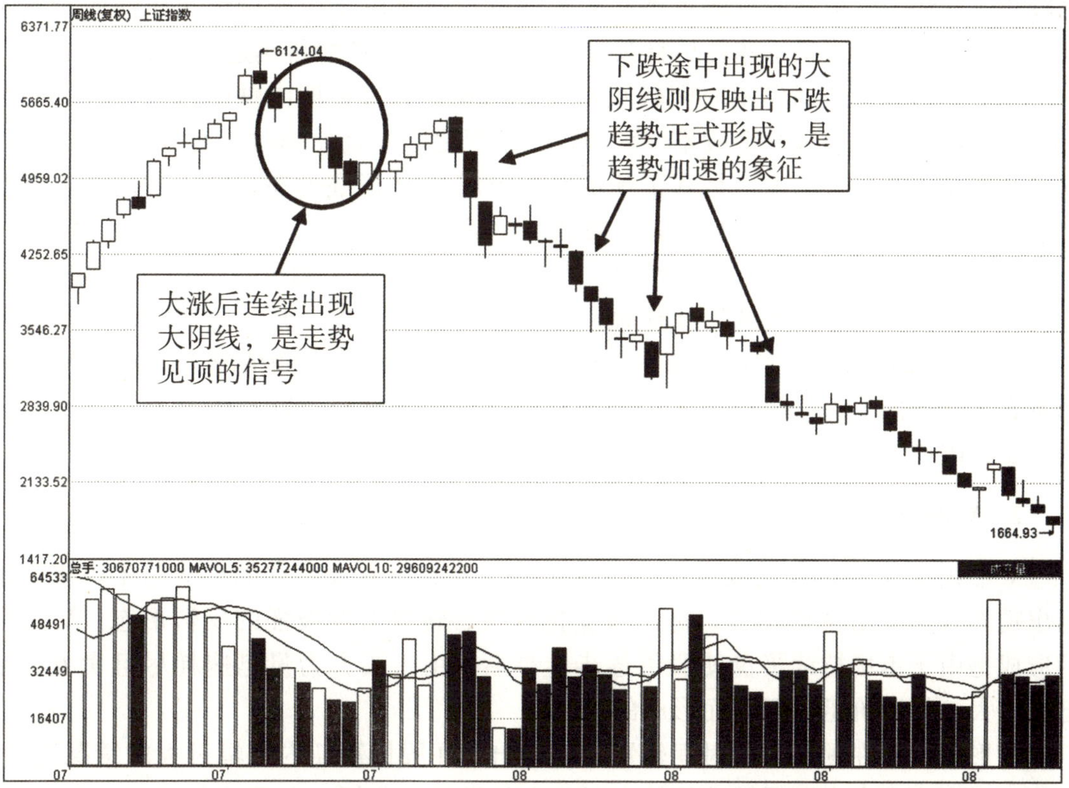

图 3—6　上证指数 2007—07—20 至 2008—10—31 周 K 线走势图

第四节　常见底部与顶部K线形态

底部，顾名思义，出现在下跌趋势的末期，代表市场走势已经见底，不会再次出现深度套牢的情况，底部的出现既是机会的预示，也是我们买入的好时机，但投资者要如何把握底部买入时机呢？通过底部经常出现的典型K线形态来买入，无疑是一个上策。

与底部相对应的是顶部，它出现在上涨趋势的末期，代表市场走势已经见顶，不会再次出现大幅上涨的情况，顶部的出现既是风险的预警，也是我们卖出的好时机，但投资者要如何把握顶部卖出时机呢？通过顶部经常出现的典型K线形态来卖出，无疑是一个上策。本节中，我们将介绍典型的底部与顶部形态有哪些。

一、V形底与V形顶

1. V形底

V形底又称尖底，其形成与熊市末期市场出现的恐慌情绪密切相关，是一种变化较快、转势力度极强的反转形态。V形底的形成是由于市场持续卖压使股价逐步走低后，由于卖方力量迅速耗尽且买方力量迅速增大，使股价迅速上涨而形成的。

V形底形态在底部停留时间较短，一般出现在股价短期内跌幅过快、过大的情况之下，这一形态出现在个股累计跌幅较大情况之下，且反弹时伴有放大的成交量，则多意味着下跌趋势结束，是真正预示底部形成的V形底形态，如果它出现在下跌途趋势之初或下跌途中，则只代表个股的一次反弹。

如图3－7为上海电力（600021）2008－07－14至2008－12－15期间走势图，此股在前期已出现了巨大的累计跌幅，如图标注所示，在一波急速下跌之后出现了一个V形底的形态，由于这一形态出现在个股累计跌幅巨大的情况下，且在V形底形态右半部分的上涨过程出现了较为明显的持续放量情况，这是资金开始持续流入的迹象，因而这一形态预示了底部的到来，是一个典型的V形底形态。

2. V形顶

V形顶又称V形反转或尖顶，与V形底形态正好相反，它的形成与牛市末期市场出现的狂热情绪密切相关，是一种变化较快、转势力度极强的反转形态。V形顶的形成是由于市场持续买盘使股价逐步走高后，由于买方力量迅速耗尽且卖方力量迅速增大，使股价迅速下跌而形成的。

V形顶形态在顶部停留时间较短，一般出现在股价短期内涨幅过大的情况之下，当这一形态出现在个股累计涨幅较大时，它是风险的象征，多意味着上涨趋势结束，

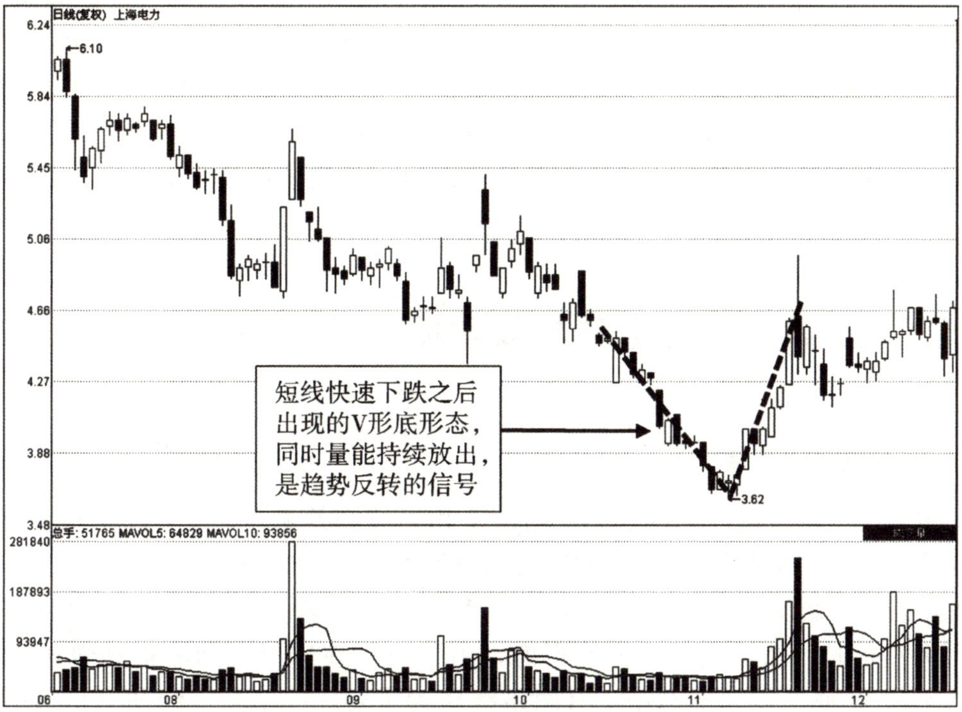

图 3—7　上海电力 V 形底形态示意图

下跌趋势开始。一般来说，V 形底形态多会伴随着放量的出现，但 V 形顶却不一定会出现放量情形，这一点是投资者要格外注意的。

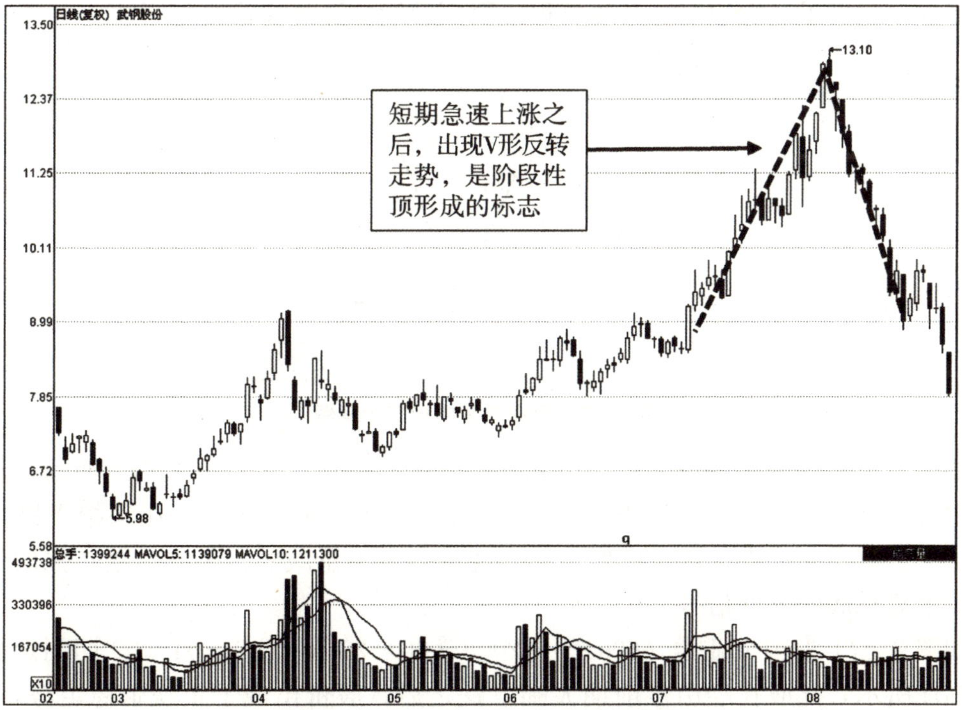

图 3—8　武钢股份 V 形顶形态示意图

如图 3—8 为武钢股份（600005）2009—03—17 至 2009—08—31 期间走势图，此股股价在前期出现稳步上涨的走势，相对底部最低点而言，累计涨幅达到 80%左右，对于一只大盘股来说，可以说累计涨幅不小，如图标注所示，在一波急速上涨之后出现了一个 V 形顶的形态，由于这一形态出现在个股累计涨幅较大的情况下，因而我们可以预测这一形态预示了此股阶段性顶部的到来，是一个典型的 V 形顶形态。

二、双重底、三重底与双重顶、三重顶

1. 双重底及三重底

双重底是一种常见的底部形态，由两个相同或相差无几的低点所构成，其形成过程是这样的：当个股持续下跌到某一位置后，出现技术性反弹，但回升幅度不大，时间亦不长，股价又再下跌，当跌至上次低点时获得支撑，没有再进一步下跌，当股价再次回升时，就构成了双重底形态，由于股价在这段时间的移动轨迹就像 W 字，故又称 W 底。双顶形态中，有两条线较为重要，一个是连续两个低点的支撑线，另一个就是颈线，如图 3—9 标准双重底形态所示。双重底形态显示强烈的转势信号，该形态形成后的上涨规律是：颈线以上的上涨幅度，至少为双重低点到颈线垂直距离的一倍。三重底形态相比双重底形态而言，由于多了一次股价探底的过程，导致多方力量多了一次积聚能量的过程，因而后期的涨势往往要更好。

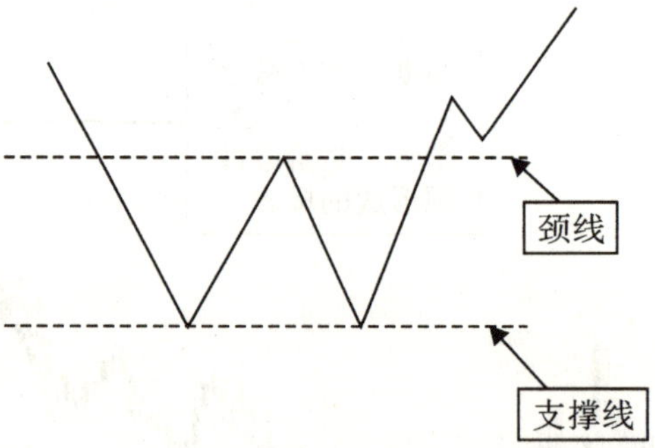

图 3—9　标准双重底形态示意图

如图 3—10 为开创国际（600097）2008—07—28 至 2009—01—22 期间走势图，从图中可以看到，此股在前期出现了巨大跌幅，如图标注所示，在深幅下跌之后，出现了一个双重底形态，双重底形态的出现是空方力量减弱、多方力量转强的信号，是股价走势见底的强烈信号。

如图 3—11 为国金证券（600109）2008—06—27 至 2009—04—09 期间走势图，如图标注所示，此股在经历了前期大幅下跌之后，股价出现了止跌企稳走势，这种止跌企稳走势就体现在三重底形态的构筑之中，它的出现是趋势见底的信号。值得

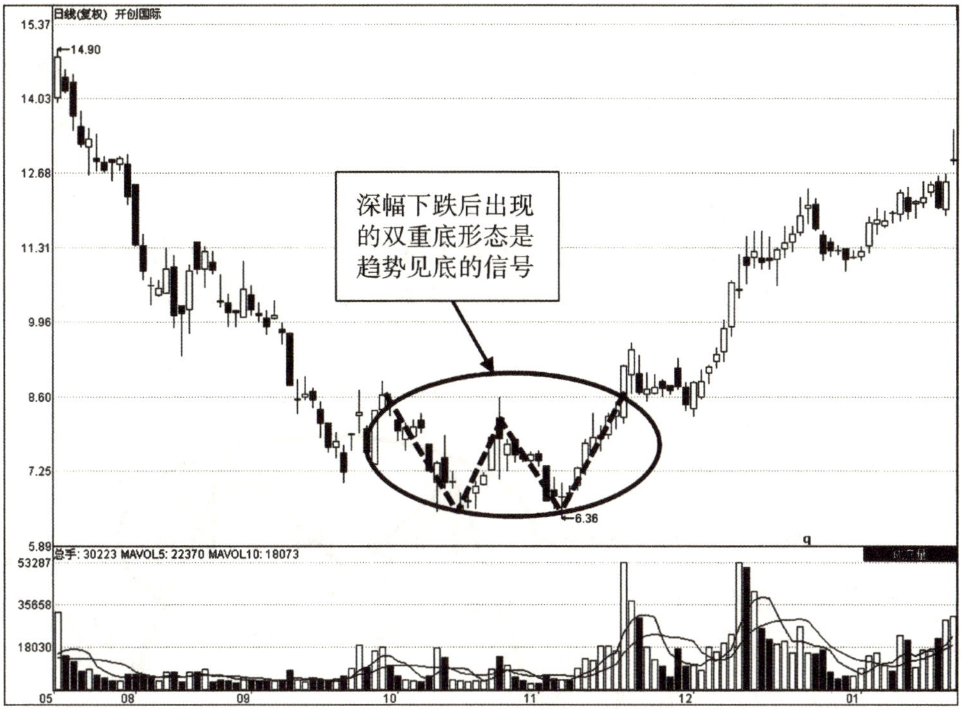

图 3—10　开创国际双重底形态示意图

注意的是，在实际的个股走势中难以见到三个低点几乎一致的标准三重底形态，在实际应用中，只要个股在三次探底过程中，三底的价位相差不大，我们就可以认为这是三重底形态。

图 3—11　国金证券三重底形态示意图

2. 双重顶及三重顶

与双重底和三重底相反的就是顶部区的双重顶和三重顶形态。它们的形成过程正好相反，只要将底部区的双底与三底形态倒过来，就可以得到标准的双重顶与三重顶形态。

如图 3－12 为广聚能源（000096）2008－12－31 至 2009－10－14 期间走势图，从图中可以看到，在此股经历了前期的大幅上涨之后，于高位区出现了一个双重顶形态。双重顶形态的出现是多方力量转弱、空方力量转强的信号，是个股走势见顶的信号。

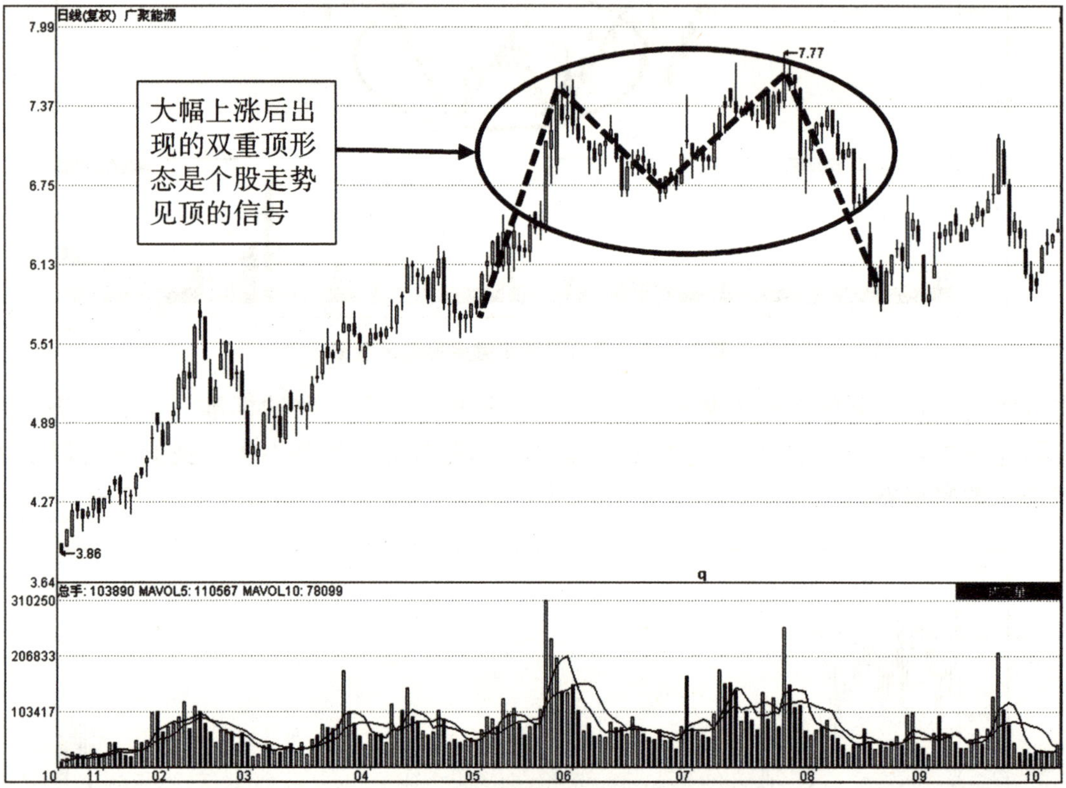

图 3－12 广聚能源双重顶形态示意图

如图 3－13 为宝石 A（000413）2007－03－08 至 2008－04－10 期间走势图，从图中可以看到，此股在经历了大幅度的上涨之后，于高位区出现了三次探顶的三重顶走势，三重顶形态的出现是多方无力再次推高股价的表现，也是个股走势见顶的信号。本例中的三重顶形态之所以时间跨度较长，与当时的大盘走势较好及主力未出货完毕这两方面的因素有关。

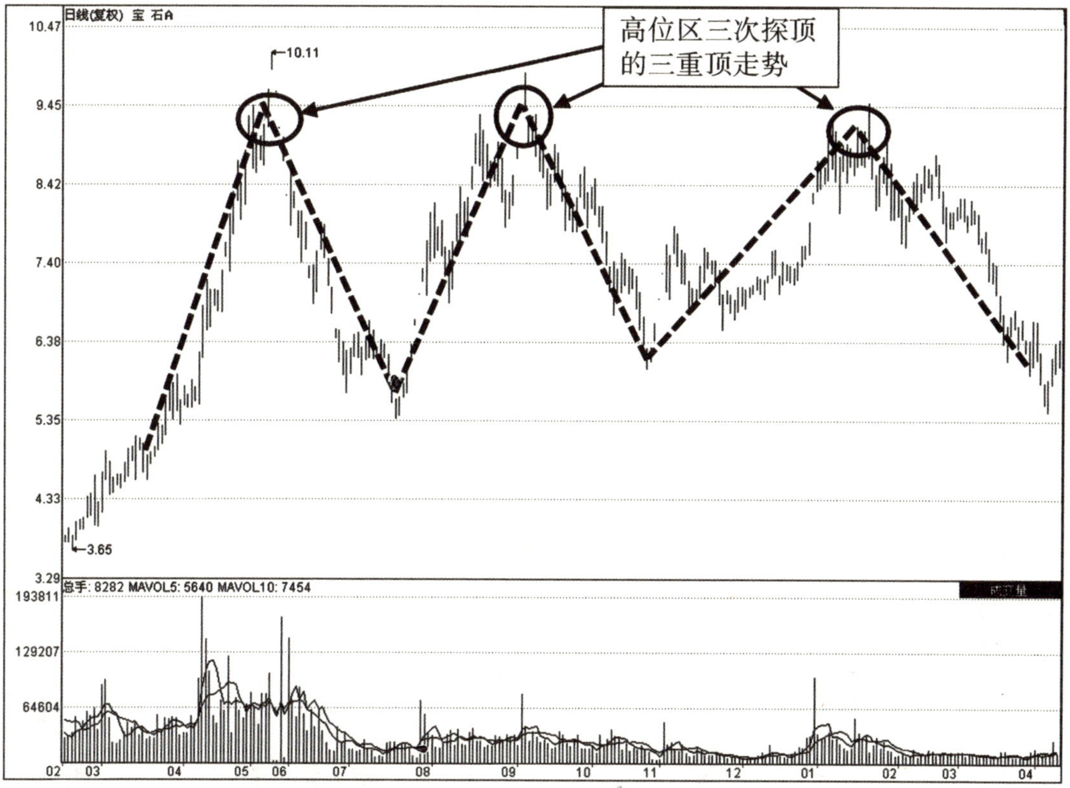

图 3－13　宝石 A 三重顶形态示意图

三、头肩底与头肩顶

1. 头肩底

头肩底是一种极为常见的底部反转形态，它的出现频率一般要高于双重底及 V 形底形态，因而投资者要格外重视这种形态。如图 3－14 为标准头肩底形态示意图，从图中可以清晰地看到头肩底的形成过程：首先是股价在下跌过程中形成左肩，但由于空方力量仍然不小，随后的下跌让股价再创新低从而形成头部，此时由于空方力量衰竭，因而股价出现较大的反弹，这意味着多方力量在持续增加而空方力量正在衰弱，在股价反弹遇到阻力后形成右肩，当个股经历了右肩的短暂休整后，再次向上运行，从而完成了整个头肩底形态的构筑。该形态形成后的上涨规律是：颈线以上的上涨幅度，至少为头部低点到颈线垂直距离的一倍。

如图 3－15 为吉林化纤（000420）2008－08－14 至 2009－03－11 期间走势图，从图中可以看到此股在经历了前期大幅下跌后，于低位区出现了一个头肩底形态，头肩底形态的出现是下跌趋势见底的信号。在实际操作过程中，投资者可以在右肩形成时所出现的股价回调过程中买入，或在股价突破颈线后买入，这是头肩底形态中的两个较好的买点。

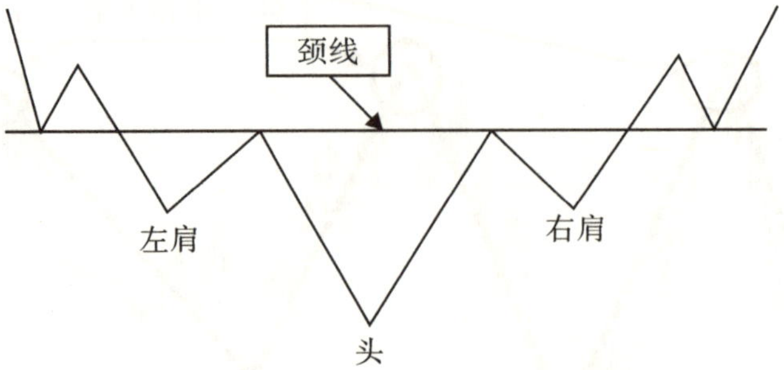

图 3－14　标准头肩底形态示意图

图 3－15　吉林化纤头肩底形态示意图

2. 头肩顶

将头肩底形态倒过来，就得到了顶部区的头肩顶形态，头肩顶形态是个股走势见顶的信号。

如图 3－16 为安阳钢铁（600569）2009－03－20 至 2009－09－29 期间走势图，从图中可以看到，在此股经历了较大的上涨之后，出现了一个头肩顶形态，头肩顶形态的出现是上涨趋势见顶的信号。在实际操作过程中，投资者可以在右肩形成时所出现的股价反弹过程中卖出，或在股价向下突破颈线后卖出，这是头肩顶形态中两个较好的卖点。

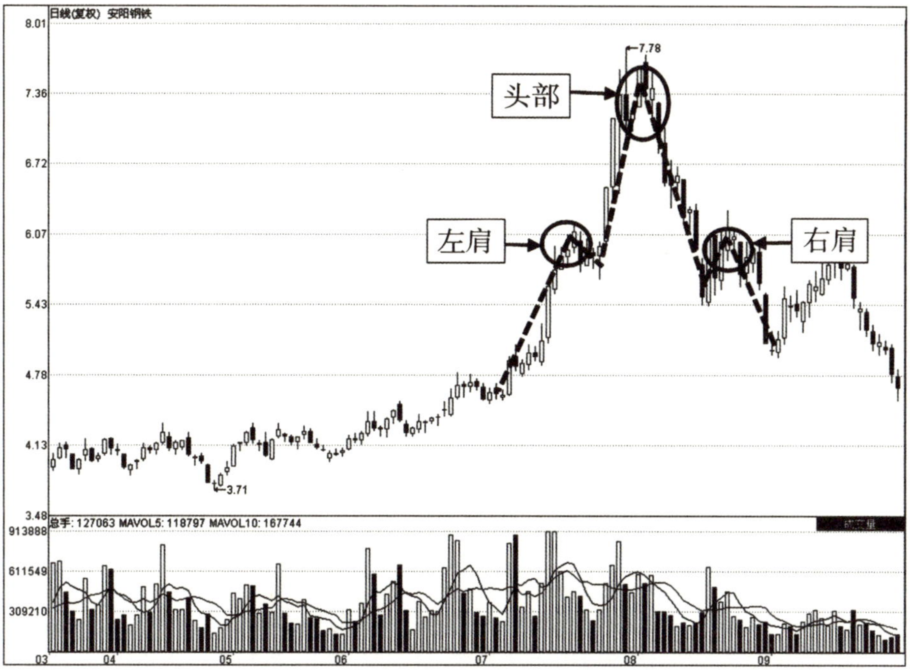

图 3－16　安阳钢铁头肩顶形态示意图

四、圆弧底与圆弧顶

1. 圆弧底

圆弧底形态形似圆弧，它较为清晰地呈现了多空力量的转换过程：起初是股价从急速下跌转为缓慢下跌，随后在一个位置附近止跌，股价波幅开始收窄并且呈现股价缓慢爬升、股价重心微幅上升的迹象，这就形成一个圆弧形，当个股在随后大量买盘的推动下，出现大幅上升并脱离这一圆弧形态时，个股便走出了一个完整的底部区圆弧底形态。

如图 3－17 为古越龙山（600059）2008－08－20 至 2009－01－22 期间走势图，从图中走势可见，在经历过前期大幅下跌之后，此股在低位区走出了一个标准的圆弧底形态，并且股价在向上突破圆弧底形态时出现了放量现象，圆弧底形态出现在个股深幅下跌后的低位区，是个股走势见底的信号，预示着趋势反转的出现。

2. 圆弧顶

圆弧顶出现在个股上涨后的高位区，是多空双方在高位形成拉锯战、多头由主动进攻变成被动防守的表现，同时也是股价走势见顶的信号。它多出现于大盘蓝筹股中，由于这类股票的投机炒作气氛一般不浓，股价在头部区域很难出现急速反转的走势，但也有不少小盘股在上涨末期走出了圆弧顶形态，由于圆弧顶形态构筑时间一般较长，不会像 V 形顶那样突然反转急泻，一般来说，在实际操作中，投资者

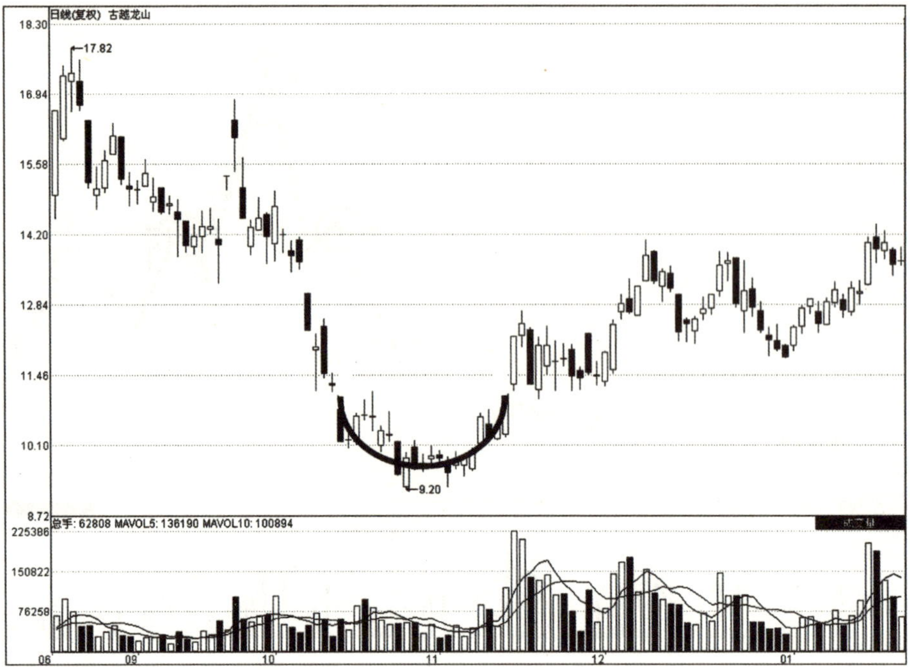

图 3—17　古越龙山圆弧底形态示意图

只要不过分贪婪就不难在圆弧顶形态中成功出逃。

如图 3—18 为深天健（000090）2009—03—11 至 2009—08—27 期间走势图，从图中可以看到，此股在大幅上涨后，于高位区出现了一个圆弧顶形态的走势，它的出现多意味着顶部的形成，是上升趋势结束、下跌趋势开始的信号。在实际操作过程中，投资者可以在圆弧顶初步形成或形成后而股价短期内无法收复失地时卖出。

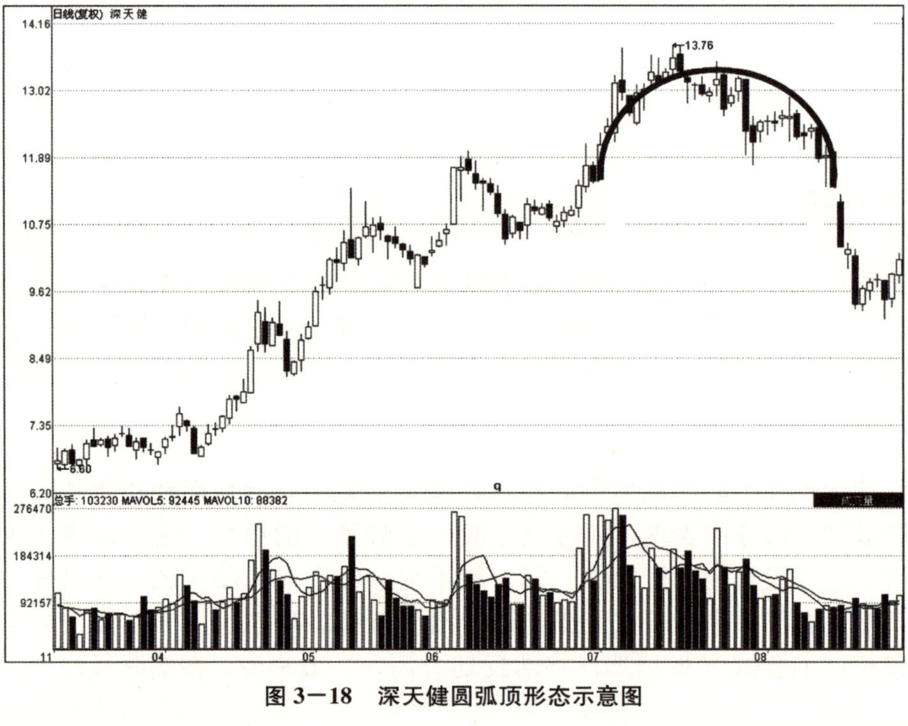

图 3—18　深天健圆弧顶形态示意图

第四天　量价结合，确认趋势

◆第一节　成交量反映出哪些市场信息
◆第二节　常见成交量形态：放量与缩量
◆第三节　价涨量增，价跌量缩——牛市特征
◆第四节　价涨量缩，价跌量缩——熊市特征

第一节　成交量反映出哪些市场信息

在“看盘重点关注要素 1—K 线与成交量”中，我们已结合成交量的概念进行了介绍，它反映了股票在一段时间内的交易数量，多以日为单位。那么，成交量除了指出股票的交易数量外，还反映出了哪些市场信息呢？

一、成交量反映了多空双方的交锋情况

是买卖双方的不断交易促使股价变动不止，如果说 K 线形态说明了买卖双方的交战结果，那么成交量则反映了买卖双方的交锋程度。当股价实现大幅上涨时，若成交量没有出现明显放大，这说明少量的买盘介入就可以大幅推高股价，多方并没有花太大力气就取得了对于空方的完胜；反之，若在股价上涨的同时，成交量放大或明显放大，这一方面说明多方的买盘介入力度较大，另一方面也说明空方的抛压依然很重。当股价出现大幅下跌时，若成交量没有出现明显放大，这说明少量的卖盘抛出就可以大幅砸低股价，空方并没有花太大力气就取得了对于多方的完胜；反之，若在股价下跌的同时，成交量放大或明显放大，这一方面说明空方抛压重，另一方面也说明有大量买盘在积极涌入。

在分析成交量时，我们一定要记住，成交量既反映了买盘的数量多少，同时也反映了卖盘的数量多少，它反映了多空双方在交锋过程中所投入的兵力大小，谁的后续兵力越充足，谁就能笑到最后。

如图 4－1 为创兴置业（600193）2009－02－24 至 2009－06－19 期间走势图，从图中标注可以看到，在一波明显的上涨中，成交量出现明显放大形态，这反映了多空双方交锋较为激烈，且多方投入了较多的兵力来承接股价上涨途中来自空方的抛压。

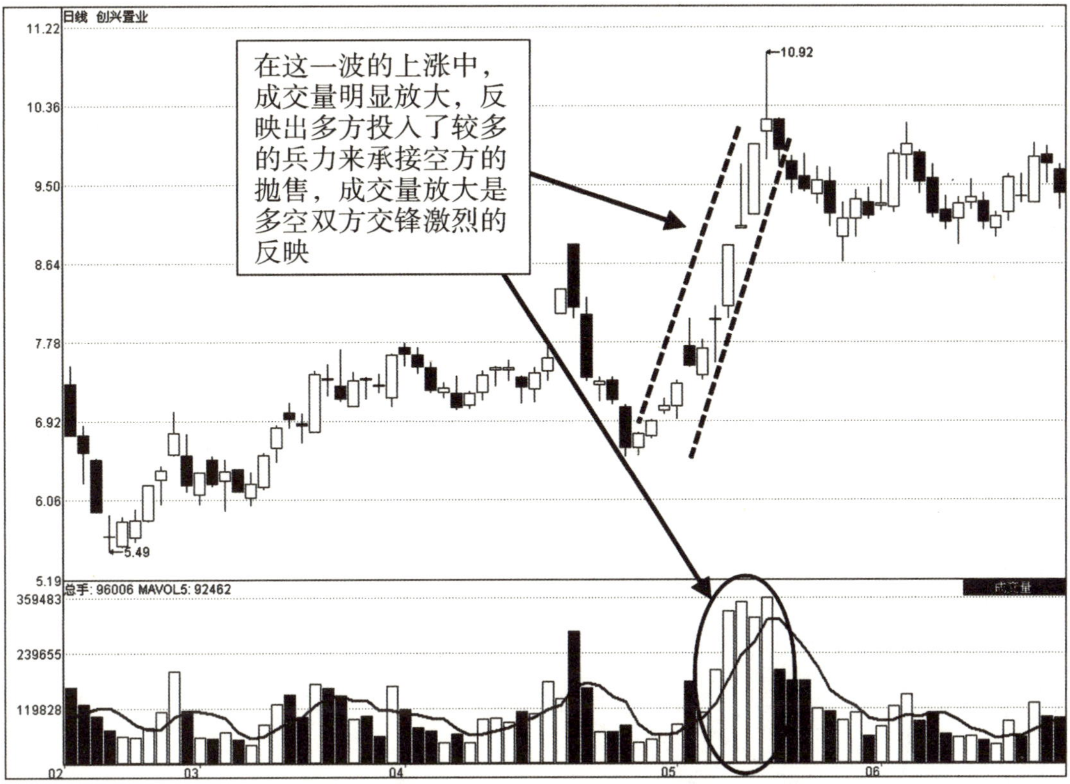

图 4—1　创兴置业上涨放量示意图

二、成交量是股价走势的先兆

“量在价先”是股市中的一句谚语，它充分地概括了成交量对于股价走势的提前反映。不同的成交量形态往往会反映出截然不同的市场信息，通过成交量形态预测个股走势也正是我们学习成交量的原因所在。

量价分析的实质就是动力与方向分析；成交量是动力，价格走势是方向。成交量就是这种决定个股涨跌的力量，而价格走势不过是对于成交量的进一步反映罢了。根据量价分析的一般原理，价位上升，伴随而来的应是成交量放大。在牛市中，股价的上升常常伴随成交量的放大，股价回调时成交量随即减小。在熊市中，股价下跌时会出现恐慌性抛售，成交量显著放大；股价反弹时，投资者对后市仍有疑虑，成交量并不增加。

三、成交量可以提前预示趋势的反转

在牛市中，成交量主要用于买盘力量的强弱：当个股处于上涨趋势时，如果成交量可以在总体上保持持续放大的效果，这代表买盘力量可以持续增强，说明上涨势头仍将继续；一旦买盘力量逐渐衰弱，成交量就很难再放大，股价连创新高，成交量却不见放大甚至减少，无法放大或缩小的成交量对现有价格走势的影响也会渐渐衰退，这常常是上涨趋势逆转的征兆。

如图 4—2 为上证指数 2006—11—06 至 2008—02—13 期间走势图，从图中我们可以看到在 2007 年上半年的上涨过程中，成交量总体上呈持续放大效果，预示着上涨仍将继续；但是在 2007 年下半年的上涨过程中，指数再创新高，但成交量明显缩小，是趋势反转的信号。在此，成交量提前反映出了大盘见顶，利用成交量提前把握趋势运行特点，这就是我们学习成交量的目的。

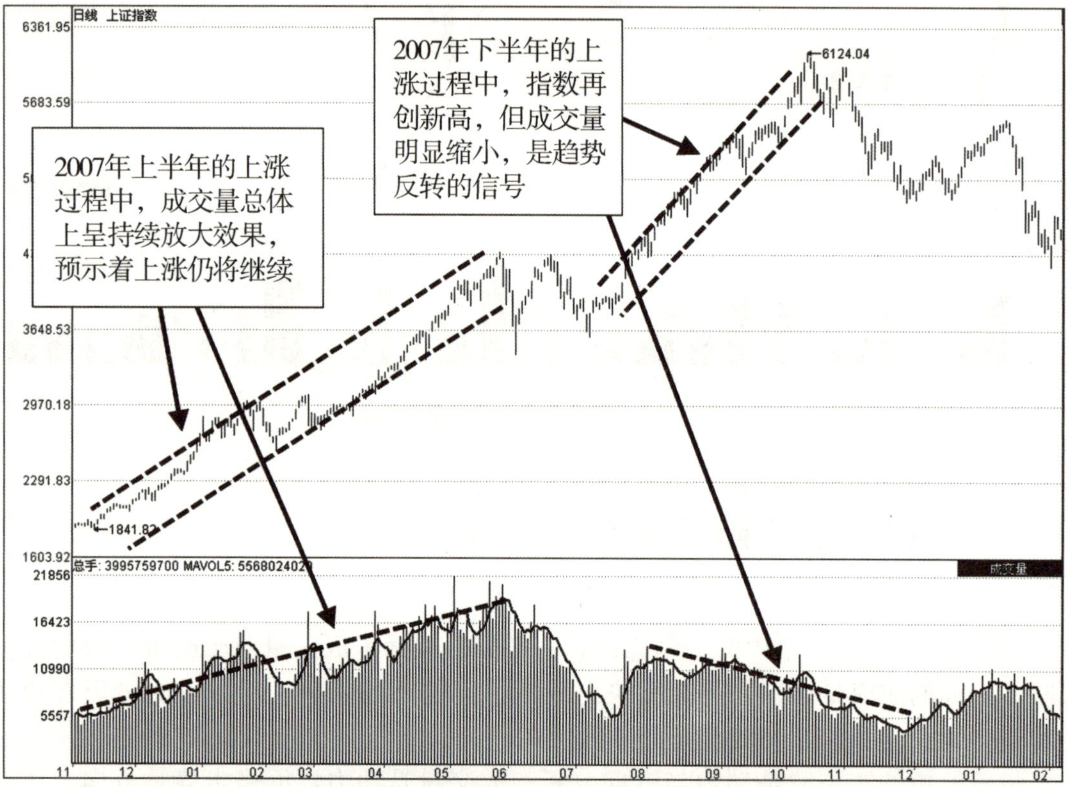

图 4—2　大盘成交量提前预示上涨趋势结束示意图

第二节　常见成交量形态：放量与缩量

成交量形态是我们分析个股走势的出发点，但成交量的组合形态五花八门，而且随着市场的不断变化，还会出现很多从未有过的形态。虽然成交量形态种类繁多，但归根结底它们都可以算得上是放量与缩量这两种形态的变形，我们只要理解了放量与缩量的市场含义，就可以说是理解了成交量的原理，就可以很容易地从各式成交量形态中正确地解读出它们所蕴含的市场含义。

一、放量

所谓放量就是指成交量出现了放大情形，放量是一个相对的概念，当我们运用“放量”这一概念时，一定要指出是哪一段时间的成交量相对于哪一段时间出现了成交量放大，当我们采取不同的比照标准时，就可以得到完全不同的结论，如：个股在这一波上涨的数日中成交量持续增加，我们可以说它是放量了，但如果把这一波上涨时的量能对照前一波上涨时的量能，则很可能是相对的缩量（即成交量相对缩小）。但是在一般的使用时，我们没必要这样条清缕析，我们一般所说的放量，主要是指这一段时间的成交量相对于与这一段时间相邻的前一段时间的成交量出现了放量。

如图4—3为相对概念“放量”示意图，如图标注所示，在采用不同的参照标准下，我们标出的这段时间的成交量，一种是得出了放量的结论，另一种却得出了缩量的结论。但这并不影响我们的分析，因为在成交量的分析中，我们一般都是既要将标准的时间段的成交量与其相邻的时间段进行比较，也要与其之前相距较远的时间段进行比较，这样才能得出准确的结论。

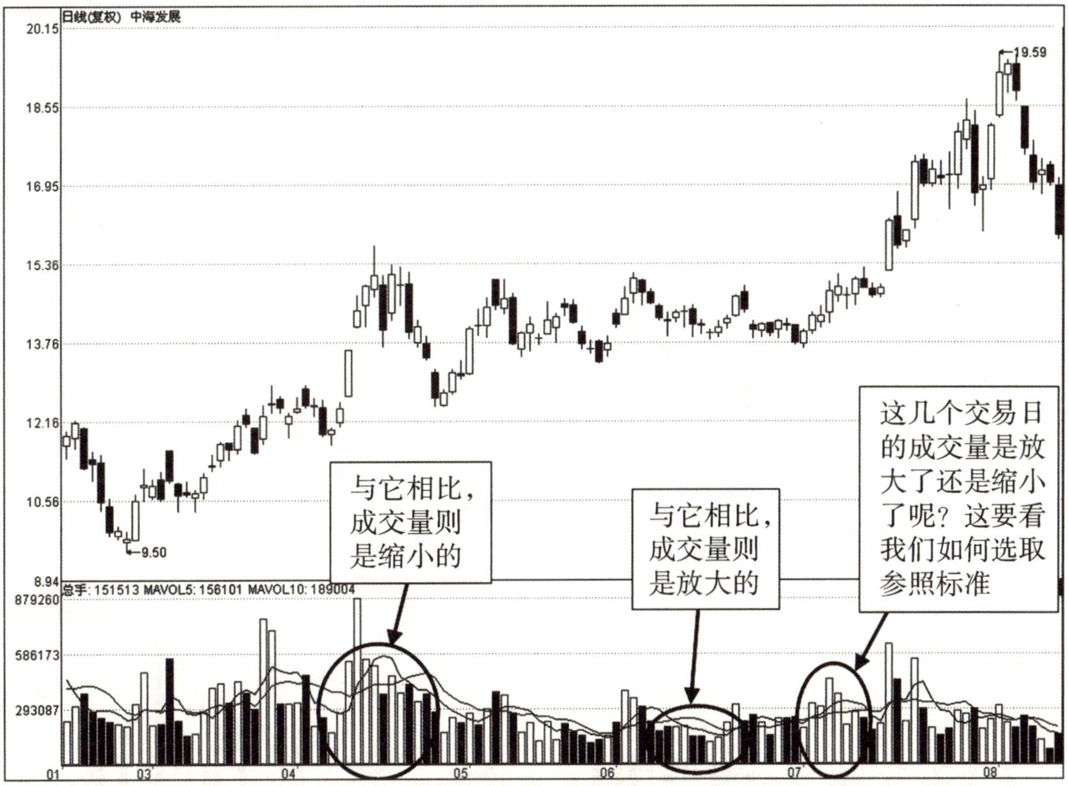

图4—3 相对概念“放量”示意图

根据放量的效果不同，一般我们可以把放量形态区分为温和放量、递增放量、脉冲式放量和连续大幅放量四种形态，理解了这四种放量形态，我们就可以很好地运用放量来分析个股走势了，下面我们就来详细了解一下这三种放量形态。

1. 温和放量

温和放量，是指成交量在近期出现了持续放大且放大效果较为温和的形态，与温和放量形态相对应的股价走势多是处于上涨形态，有的上涨幅度较为陡峭，有的则是缓慢上涨，是一种推动股价上扬时较为理想的成交量形态。

温和放量形态的出现与市场气氛开始活跃、大众交投规模增大密切相关，一般来说是一种个股或市场整体走势转暖的信号。在市场整体或个股经历了大幅下跌后，出现温和放量代表场外资金开始积极介入，如果这时股价走势出现止跌企稳的势头，则多意味着底部的出现；当在市场行情趋于稳定上升的时候，温和放量形态的出现是由于多数人对后市的相同预期使他们作出买空或卖空的决定，这时市场沿着某个较为明朗的方向运行，体现出来的股价走势较为缓和、成交量也较为温和，那些对行情把握准确的投资者都能够按计划采取行动，是种上涨趋势仍将继续的信号。一般来说，在下跌途中或顶部区较难出现这种成交量形态，因而，从总体上来说，我们可以把温和放量看做是股价上涨的信号，是我们进场做多的提示性信号。

如图 4—4 为宁波联合 2008—08—18 至 2008—12—23 期间走势图，此股在前期

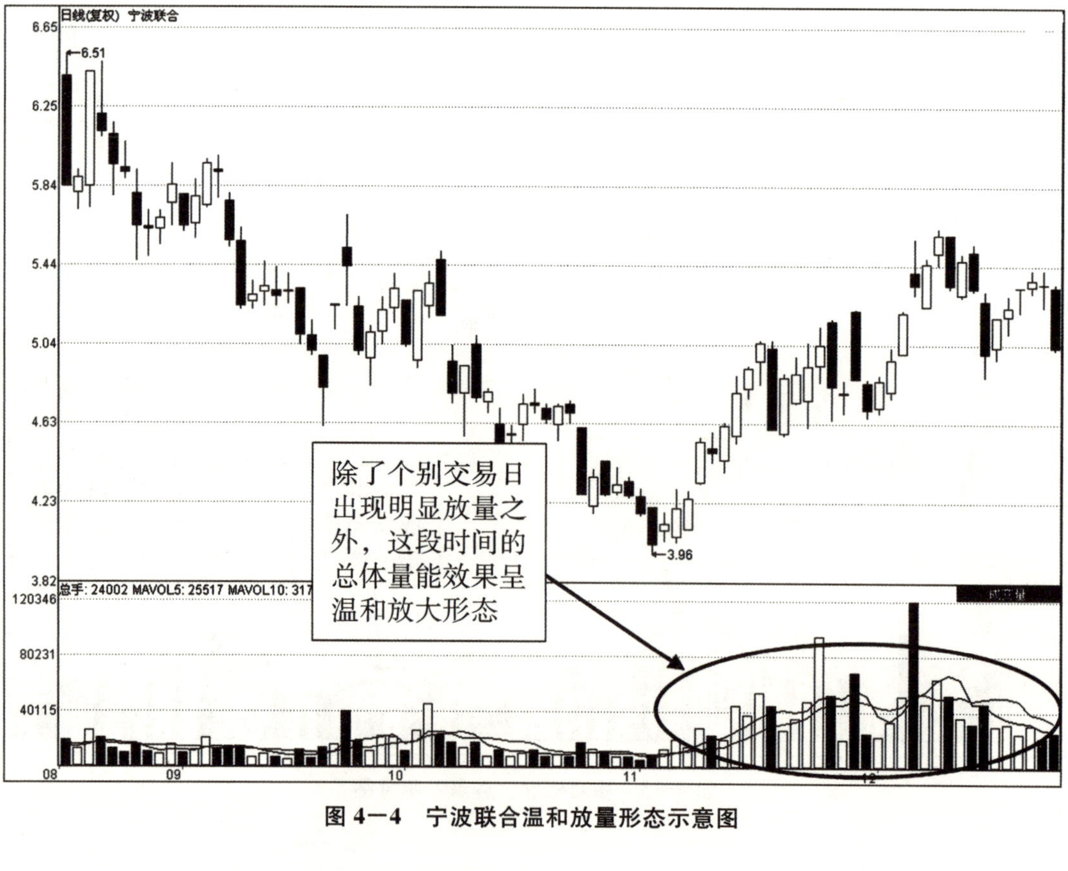

图 4—4　宁波联合温和放量形态示意图

经历大幅下跌，如图标注所示，一深幅下跌后的股价反弹中，成交量出现温和放大的形态，并且股价出现止跌企稳上扬的势头，这是场外资金开始持续介入的信号，也是股价见底的信号。在实际操作中，投资者可以多观察一段时间，毕竟底部的形成不是一蹴而就的，如果发现此股在随后较长一段时间都能保持这种温和放大的量能形态且股价也无再次下跌迹象，就可以积极介入，做中长线持有打算。

如图 4－5 为万通地产（600246）2008－07－23 至 2009－01－16 期间走势图，从图中可以看到，在此股经历了前期大幅下跌之后，在低位区出现止跌走势，并且成交量开始温和放出，这是场外资金积极进场的标志，考虑到此股前期的持续下跌趋势，我们可以认为温和放量形态下并伴以股价止跌走势的出现，是空方力量转弱、多方力量开始加强的标志，是底部形成的信号。这一波的温和放量之后，股价走出一波涨幅不大的上升行情，值得注意的是成交量再一次出现了相对前一阶段而言的温和放量，如果之前我们还不能肯定底部的形成，那么，现在这么多的场外资金进场做多，无疑是个股走势见底的明确信号，是预示随后大上升行情开始的信号。温和放量具有积极向上的作用，它主要反映了买盘活跃，是股价上涨的助推器。

图 4—5　万通地产温和放量形态示意图

如图 4－6 为此股在这两波温和放量之后的走势图，可以看出，前两波的温和放量是多方积聚能量的过程，也是主力大力吸筹的过程，没有这种前期的能量储备，此股就不可能迎来后期轰轰烈烈的上涨。

图 4—6　万通地产底部温和放量后期走势图

2. 递增放量

递增放量与温和放量有相似之处，也是一种较为典型的放量形态。递增放量，即成交量在几日内出现逐级递增、持续变大的情况，有一个明显的递增效果。当然这种递增并非严格意义上的当日成交量一定要大于前一交易日的成交量，一般来说，当5日均量线出现明显的上行态势，而这5日的成交量大小又具有前后连续性，则可以说成交量在递增。与递增放量同时出现的个股走势多是股价的急速上涨，但也有一些个股在急速下跌的时候出现递增放量，不过这样的情况较为少见。个股在下跌时，一般以脉冲放量或缩量为主要方式。

递增放量有一个成交量持续递增的过程，这个递增的过程反映了什么样的市场含义呢？首先，我们要知道股市是一个封闭的市场，场内外的资金数量有限，关注某只个股的资金数量更是有限得很，换句话说，就是买盘及潜力买盘的数量极其有限；其次，我们还要知道，买盘更愿意在低位区介入或股价刚启动时介入，随着股价的大幅上涨所预示的风险的出现，会吓退不少潜在的买盘。知道了这两方面，我们就不难得出递增放量后的股价走势如何了。下面我们来具体看一下递增放量下的市场含义。

递增放量主要的用途是可以衡量市场参与者的聚集程度，当行情较为稳定且短期内变化幅度不大时，那些对行情把握准确的投资者都能够按计划采取行动，这时买盘不会在短期内大量介入，成交量也不会出现递增放量的效果。可是，一旦个股有个风吹草动，或是由于消息发布，或是由于主力异动，这会导致股价短期的快速波动，从而导致买盘、卖盘在短时间内快速聚集起来，更多的人加入到买卖双方的阵营中，情绪稳定的大众转化为情绪激进的大众，原有的较为稳定的供求双方力量对比就会被打破，就往往会形成递增放量的效果且价格在原来趋势上的快速推进。一般来说，出现这种成交量递增的情况后，我们留意其后成交量是否能继续放大就可以明了以后价格的走势。一旦成交量不能再增加，这就意味着大众的规模和力度都已达到了顶端，价格也即将进入顶部或阶段性的顶部区间。

我们可以用水池的比喻来加深读者对于递增放量的理解。我们可以把股票市场比作水池，水池有一个进水口和一个出水口，池外的水资源是有限的，当进水口的流量突然增多，必然导致池水升高的情况，但池外的水量是有限的，先前突然增多的池水，也往往会导致后期池水供应减少，在后期池水供应速度减缓的时候，池内的水位必然会出现降低。股市或个股就好比是水池，而场外资金好比是潜在的买盘，它们的原理是一样的。

如图 4－7 为北海国发（600538）2008－09－23 至 2009－04－28 期间走势图，从图中标注可以看到在此股的上涨过程中，出现了明显的递增放量形态，一边是股价的短期急速下冲，另一边是成交量的连续递增。当成交量无法再维持递增效果时，就意味着买盘的力量已无法再对股价的急速上涨构成支撑了，是股价即将回调的信

图 4－7 北海国发递增放量形态示意图

号。由于此股的这一波上涨出现在刚刚脱离底部区的位置上，因而我们可以把递增放量理解为场外资金大量介入的信号，递增放量所形成的高点也只是阶段性的高点，只代表了多方力量暂时不足，一旦多方经过横盘震荡时的休整之后，就很有可能再次发动攻击。

如图 4－8 为北海国发股份递增放量后期的走势图，从图中可以看到，在前两波的递增放量后，此股出现了一段时间的横盘震荡走势，这是多方休整并储备能量的过程，也是上涨途中主力洗掉不坚定浮筹的过程，这一过程可长可短，既和当时市场环境有关，也与主力运作有关。当这个休整过程完毕后，此股再次出现主升浪，股价大涨，值得注意的是，这一波的涨势并没有明显的放量情况，通过分析可知，主力在前期的两波递增放量之下已完成了大量仓位的建立，正是由于主力在随后上涨的积极锁仓，才使得此股可以在大幅上涨时较为轻松并不用大成交量来推动。（关于主力的内容，我们会在第五天进行讲解。）

图 4－8　北海国发递增放量后期走势图

如图 4－9 为东睦股份（600114）2008－09－09 至 2009－05－06 期间走势图，如图标注所示，此股出现了两次明显的递增放量形态，与此相应的股价走势是：递增放量时出现急速上升，当递增放量结束后则在短期内出现了明显的回调。如果读者理解了前面我们对于递增放量形态市场含义的介绍，就可以很好地理解此股递增放量时及递增放量后的股价走势了。

图 4—9 东睦股份递增放量形态示意图

3. 脉冲式放量

脉冲式放量又可以称为成交量单日或双日暴增，其成交量可达到正常水平的 4 倍以上，在这种短短一日或两日的放量之后，成交量又恢复到了原来的水平，其形态就好像是心电图中脉冲式跳动一样，故而称之为脉冲式放量。这种单日或双日的成交量异动情况无法反映出市场的连续状态，多是主力操纵的结果或上市公司重大利好的突然发布以及重大、意外事件的影响，一般来说，脉冲式放量出现的当日，多伴随着股价的暴涨或暴跌。

个股的脉冲式放量蕴含了哪些市场含义呢？若在个股没有重大消息的情况下，这种异动的放量是不可能来自于普通投资者的，因为普通投资者没有制造如此大量的能力。那么，它来自于谁呢？股市中，我们往往依据资金实力把投资者分为两类：一类是只能跟随趋势、资金实力较弱的散户投资者或大户投资者；另一类是资金实力强大、可以造势的主力投资者，即我们常说的“主力”。

首先，让我们来看一下消息刺激下出现的脉冲式放量。如果是公司突然发布利好或重大事项发生，股票多会以缩量涨停板的形式出现在我们面前。此股在这么大好消息下为何还无法使股票封上涨停板？这充分表明了，很多获利盘在借利好消息高位出局，而当日过分放大的量能也说明潜在的买盘释放程度较大，随后在买盘无法持续增加的情况下，股价难有上好的表现。

其次，我们再来看看主力制造的脉冲式放量。在理解脉式冲放量的时候，这种放量形态往往与主力密切相关，多数情况是主力“对倒”造成的。所谓“对倒”就是主力利用自身的大量交易账号，将自己左手里的筹码倒进右手。对倒的目的无非是利用成交量制造有利于主力的股票价位，吸引大众跟进或卖出。因为普通的散户投资者都有“放量要涨”的思维方式，正是基于此，主力才希望通过自己的“努力”达到制造虚假市场人气的目的，而营造市场氛围的目的多半是为了自身出货的需要。这种出货既可以是阶段性的“高抛低吸”式的出货，可以称之为局部出货；也可以是顶部区的总体性出货方式，称之为总体性出货。无论是局部出货，还是总体出货，随着主力对倒手法的完成，股价都会呈现疲软的下跌走势。

通过对前面几种价格上涨时的放量分析，我们发现，无论是哪种情况，当出现脉冲放量后，多预示着短期上涨行情的结束，随之而来的可能是趋势的反转，也可能是一波上涨后的回调，这要结合具体市场走势、市场环境等因素来综合分析。

如图 4－10 为三佳科技（600520）2008－12－26 至 2009－07－03 期间走势图，从图中可以看到，此股在上升途中有两次较为明显的脉冲式放量，两次脉冲式放量均出现在此股短期急速上涨之后，是获利盘集中涌出的标志，也是潜在买盘当日过分释放的标志，因而，出现在个股短期急涨之后的脉冲式放量预示着个股阶段性回调走势的展开，是我们短线卖出的信号。

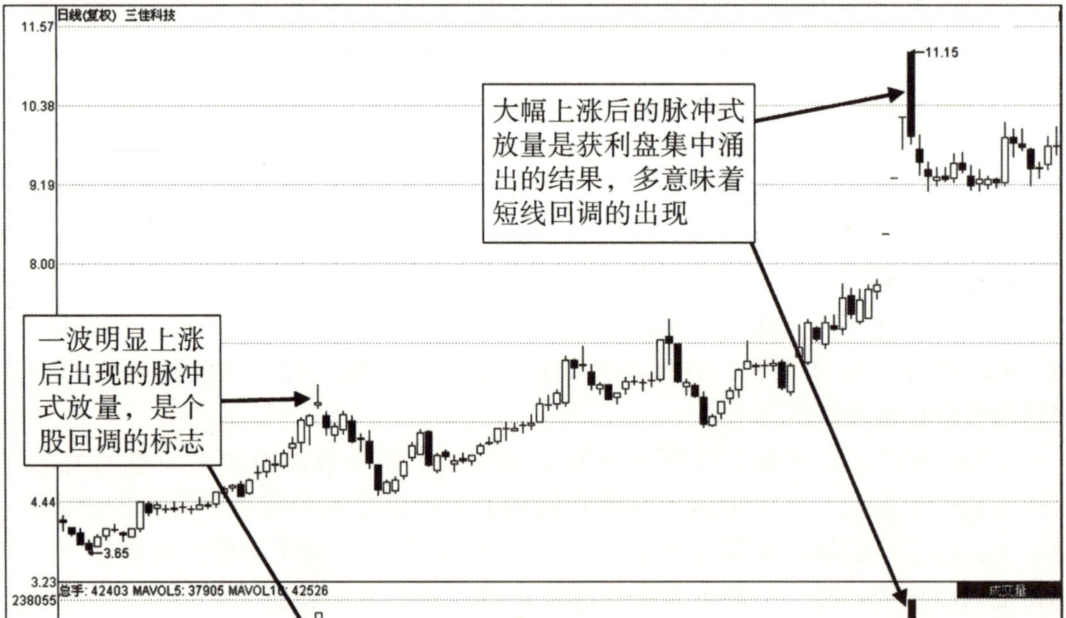

图 4－10　三佳科技上升途中脉冲式放量示意图

如图4－11为红阳能源（600758）2008－11－28至2009－06－24期间走势图，从图中可以看到此股在此期间处于上升趋势中。如图标注所示，两次脉冲式放量形态出现后，此股均出现了或大或小的阶段性回调走势。当个股处于上升途中时，脉冲式放量虽然无法对趋势起到反转作用，但却对趋势的上行起到了阶段性的阻挡作用，这一点是投资者要格外关注的，理解好脉冲式放量可以帮助我们做好“高抛低吸”的短线操作。

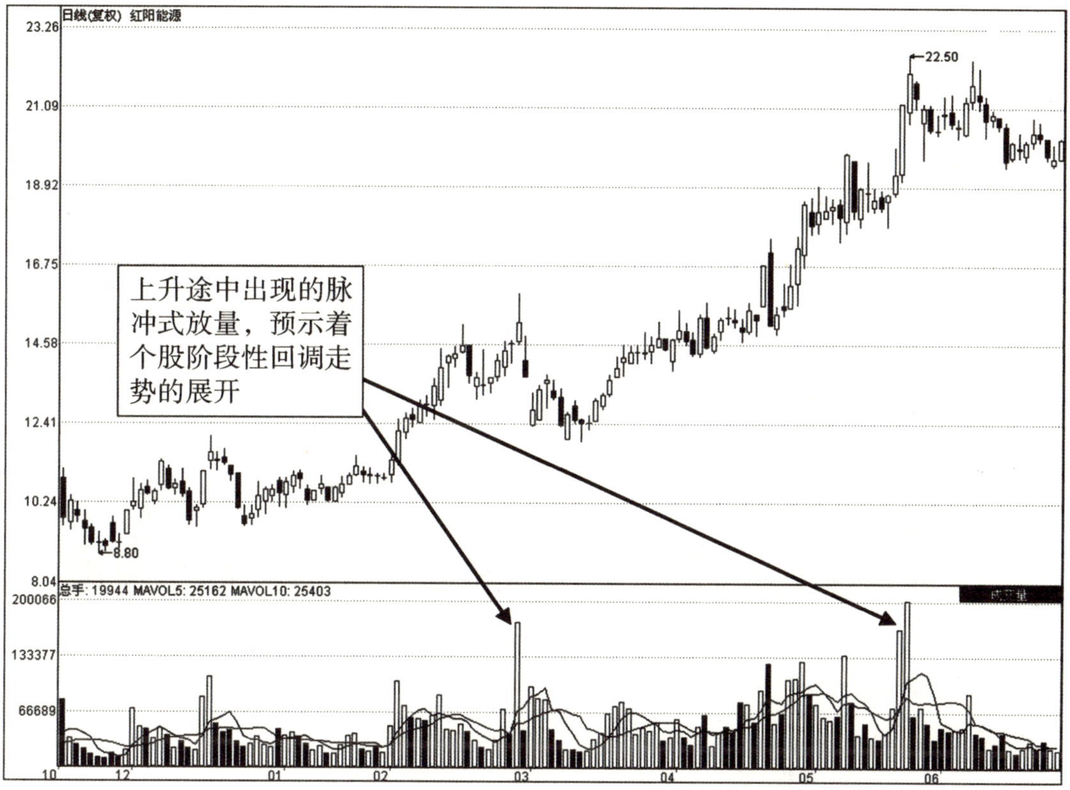

图4－11 红阳能源上升途中脉冲式放量示意图

如图4－12为重庆啤酒（600132）2008－12－30至2009－08－01期间走势图，从图中可以看到，此股在前期出现了较大的累计上涨，随后于高位区开始持续横盘震荡。在横盘震荡中，我们可看到此股经常出现脉冲式放量的形态。由于出现的位置不同，因而脉冲式放量的本质也不同，这时的脉冲式放量更多地与主力对倒手法有关，主力对倒的目的就是为了制造人气、吸引市场跟风盘在高位接盘，由于其对倒的目的不在于拉升，因而当主力停止对倒后，股价就会在短期获利盘及主力出货的双重抛压下，出现疲软走势。若不是主力由于未出货干净仍在辛苦地维护着股价，那股价走出急跌行情也是完全有可能的。可以说，顶部区的脉冲放量极其危险了，是投资者要避开的“地雷”，一旦我们发现手中个股出现了这样的成交量形态，就应尽早抛出。

如图4－13为国通管业（600444）2009－04－13至2009－10－15期间走势图，此股在此期间一直处于高位横盘区震荡，之所以说此股处于高位区，投资者只看一下此股的 K 线走势及此股的基本面情况就可以一目了然。如图标注所示，在高位横盘区出现的脉冲式放量明显是主力刻意操纵的结果，其目的自然就是为出货，这是散户投资者应积极规避的高位区“地雷股”。因为一旦主力出货成功，或是大盘不好，主力打算砸低一个价位再出货，到那时，散户投资者所面临的局面是非常被动的。

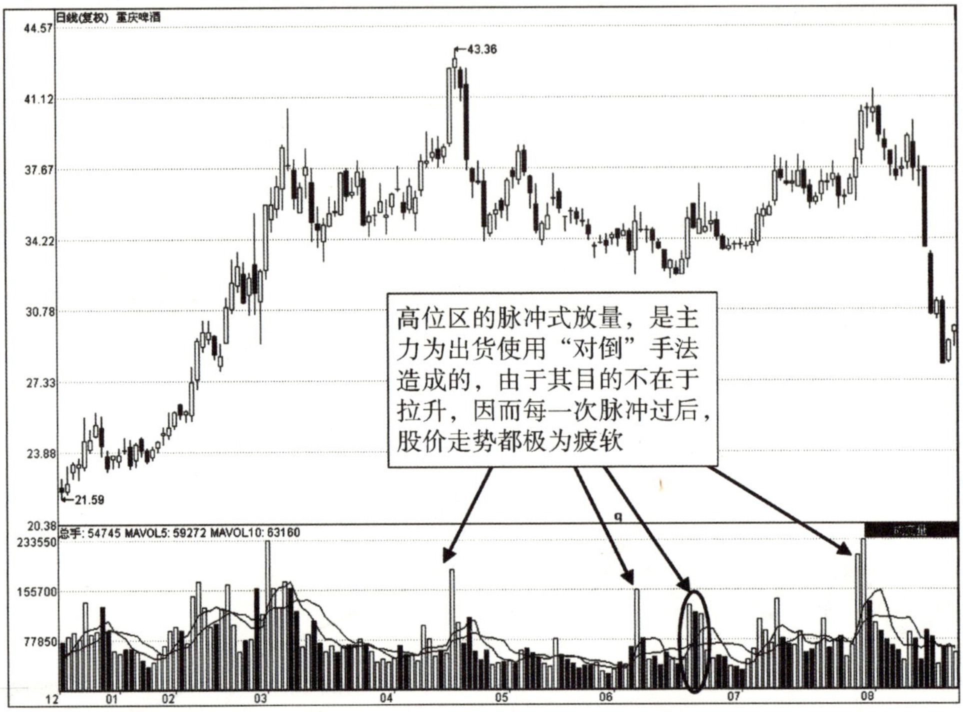

图 4—12　重庆啤酒高位横盘脉冲式放量示意图

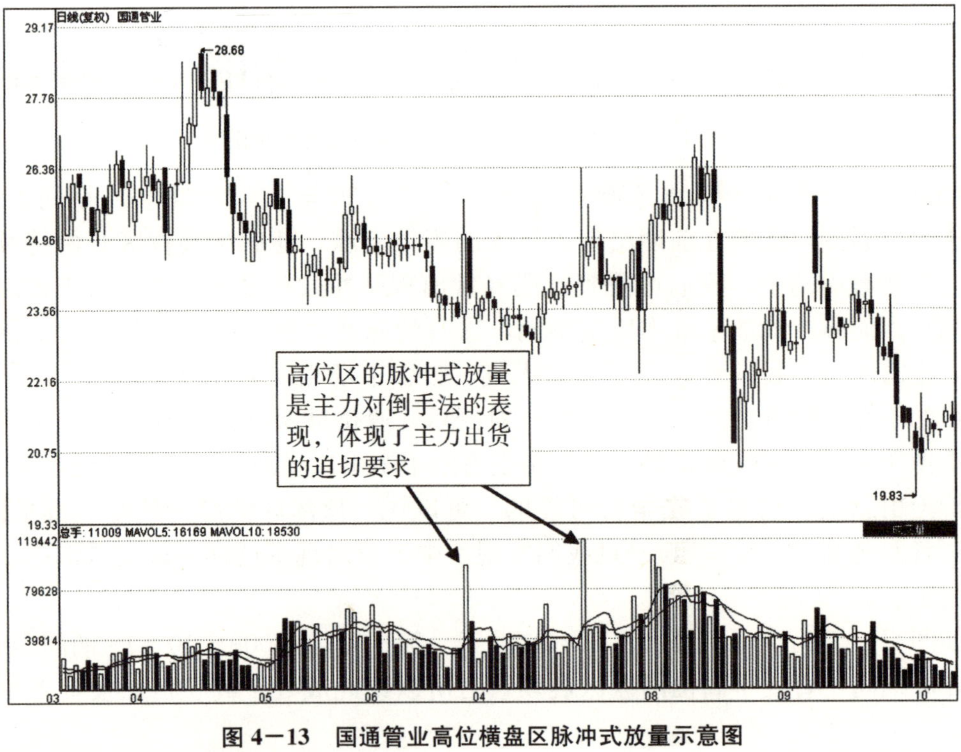

图 4—13　国通管业高位横盘区脉冲式放量示意图

图 4－14 为中国石油（601857）2007－12－03 至 2008－04－02 期间走势图，如图所示，此股在此期间处于下跌趋势之中，如图标注，下跌途中出现的脉冲式放量是由于网下配售的 10 亿股股票于当天解禁所致，当天出现一条大阴线，证明解禁股多不看好此股的后期走势，纷纷选择了抛售，是投资者普遍看空此股后期走势的表现。由于 10 亿限售股不可能全部于当天抛出，且此股又处于下跌通道之中，可以预料的是，随着此股后期股价的持续低迷，将会引出更多的解禁股抛出，因而我们可将当天的脉冲式放量看作是对此股的下跌趋势起到了加速作用。

图 4－14　中国石油下跌途中脉冲式放量示意图

4. 连续大幅放量

连续大幅放量也是股市中一种较为常见的成交量形态，往往是黑马诞生的信号。连续大幅放量，顾名思义，是指成交量连续且大幅度地放出，与脉冲式放量的单日或双日行情不同，这种大幅放出的量能效果，能在很长一段时间内得以保持住，正是由于量能可以在相当长时间内不萎缩，才使得股价多半会在连续大量的支撑下站在高位。当然，连续大幅放量也有出现在下跌行情中的，主要说明了资金的大面积出逃。

在实际应用时，连续大幅放量并不一定意味着机会，意味着黑马的出现，它也很可能是风险的预示，当连续大幅放量形态出现时，我们一定要注意股价的总体运行趋势。连续大幅放量出现在个股深幅下跌后的反转之中，多意味着反转行情的出现；连续大幅放量出现在高位横盘的末期拉升之中，往往是主力假拉升、真出货的表现；连续大幅放量出现在高位横盘末期的下跌之中，多说明此股下跌趋势的正式形成。下面我们结合实例，对这种不同情况下的连续大幅放量逐一介绍。

如图 4－15 为湖南投资（000548）2008－10－06 至 2009－07－09 期间走势图，此股在 2008－10－06 之前出现了大幅下跌，于 2008－10－06 之后出现止跌企稳的走势，同时成交量开始温和放出，前面我们讲过，这是场外资金持续流入从而导致底部出现的标志。如图标注所示，在止跌企稳之后，此股出现了连续大幅放量并伴以股价上涨的形态，由于此股目前正处于低位区，因而我们有理由认为这种连续大幅放量来自于真实的市场买盘，无论这种买盘是普通投资者的还是主力的，它都说明此股已正式步入了上升趋势。趋势一旦形成，其持续力量是很强的，从图中我们可以看到，由于这种放量效果可以长时间地保持住，因而股价出现了重心逐步上移的走势，连续放量很好地反映出了此股上升趋势的形成和持续。

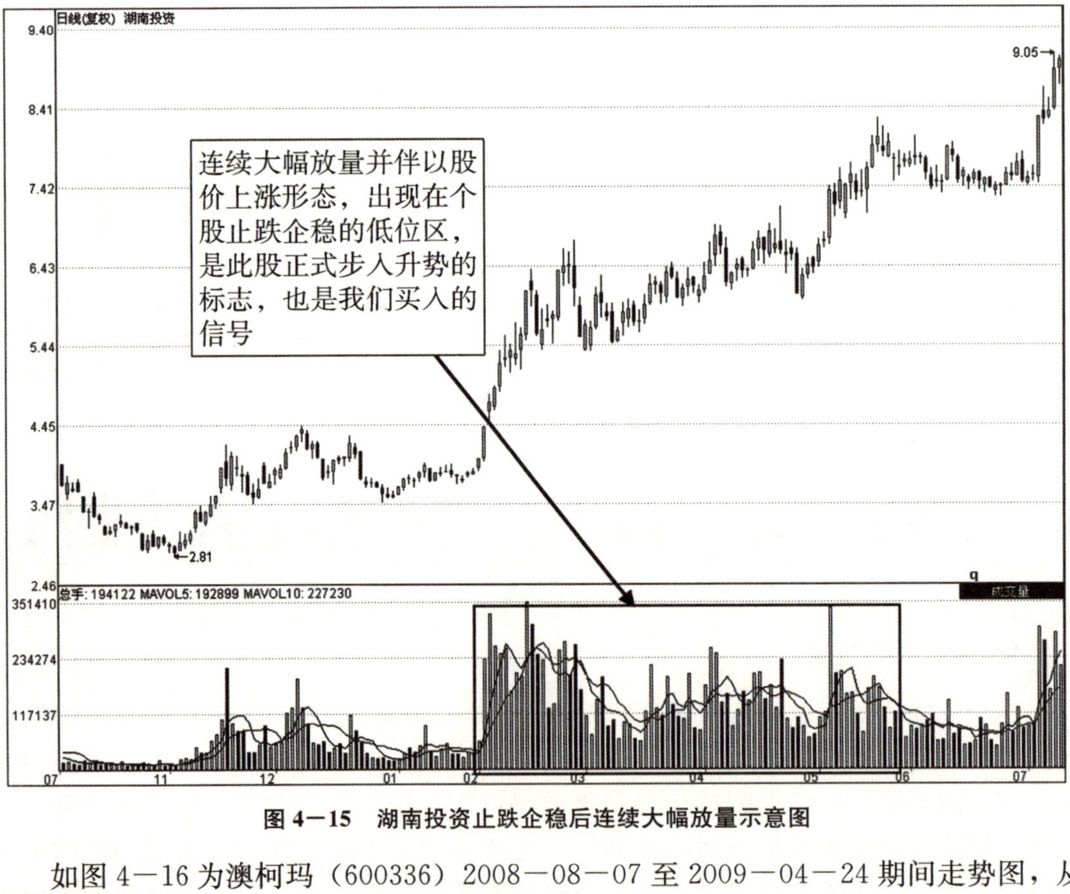

图 4－15　湖南投资止跌企稳后连续大幅放量示意图

如图 4－16 为澳柯玛（600336）2008－08－07 至 2009－04－24 期间走势图，从图中可以看到，此股在下跌末期出现了股价急速上涨并伴以连续大幅放量的形态，这种出现在个股深幅下跌之后的连续大幅放量，是场外资金大量涌入的表现，说明空方力量已经衰竭，是个股走出反转趋势的标志。

如图 4－17 为海泰发展（600082）2009－01－15 至 2009－08－31 期间走势图，从图中可以看到，此股在高位横盘末期，出现了连续大幅放量并伴以股价急速上升

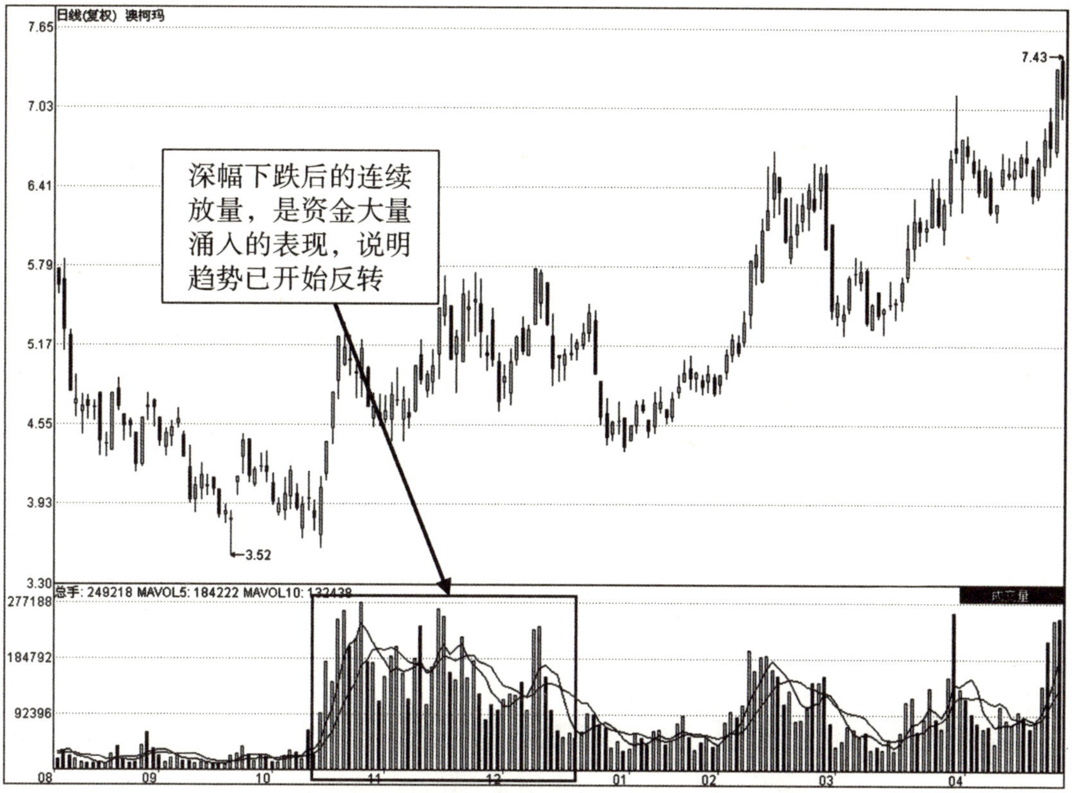

图 4－16　澳柯玛下跌末期连续大幅放量示意图

的走势。高位横盘末期出现连续大幅放量是一种较为常见的形态，它的出现并不意味着场外资金的大量涌入，反倒是暴露出了主力拉高出货的意图，由于在前期高位横盘过程中，主力无法顺利出货，这种横盘走势不可能持续太久，主力要么往上做股价，要么往下做股价，当主力控盘能力较强时，多会选择往上做股价，这就是所谓的诱多手法，即散户越不买，主力就越拉升它，拉升到散户投资者再也稳不住心态、进场抢货的时候。因而可以说，高位横盘末期的连续大幅放量是一个危险的标志，投资者切不可因此股短线的暴涨就误认为它是一个强势股，后期仍会有好的表现。在实际操作中，千万不可受情绪的影响，而盲目追涨这些股票。

如图 4－18 为长春燃气（600333）2007－12－11 至 2008－10－21 期间走势图，从图中可以看到此股在经历了高位横盘末期的连续大幅放量上涨之后，就正式步入了下跌通道。由此可见，出现在高位横盘末期的连续大幅放量标志着风险，是个股走势见顶的强烈信号。

图 4—17　海泰发展高位横盘末期连续放量示意图

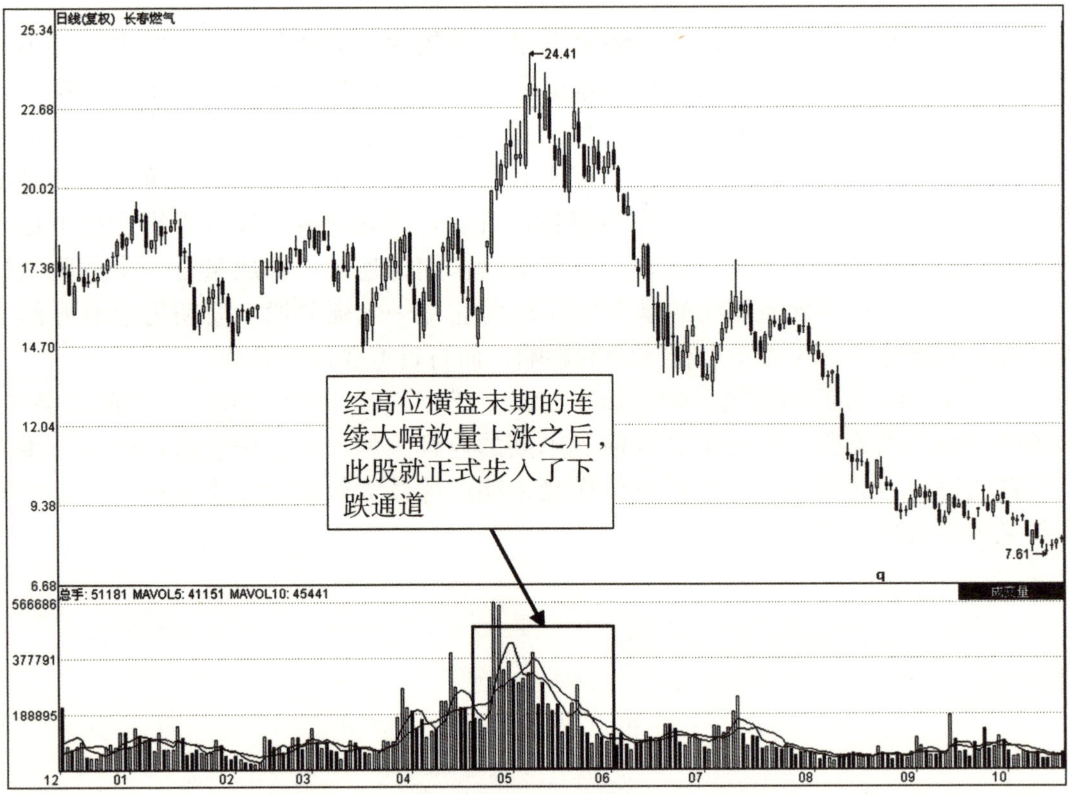

图 4—18　长春燃气高位横盘末期连续放量示意图

二、缩量

所谓缩量就是指成交量出现了缩小情形，放量是一个相对的概念，同样，缩量也是一个相对的概念，前面我们已经对放量进行了详细的解析，在这里，对缩量的概念就不作过多说明了，相信投资者可以自行领会。值得一提的是，我们一般所说的缩量，主要是指这一段时间的成交量相对于与这一段时间相邻的前一段时间的成交量出现了缩小。

一般来说，缩量的出现意味着近期的市场交投活跃度不如前一段时间好，与缩量相应的股价走势多是盘整或对原有趋势的修正。缩量可以出现在个股运行的任何阶段中，既可以出现在上涨趋势中，也可以出现在下跌趋势或盘整走势中。

首先，我们来看一下个股处于高位区时出现的缩量反映了哪些市场信息。当市场整体或个股出现了较大的累计涨幅后，愿意追涨买进的投资者会越来越少，这时市场或个股会停止上升趋势，转而走出高位横盘走势，成交量萎缩预示着买方已经入场完毕，无法再次推动股价上涨，同时，缩量也说明暂时没有大量卖盘涌出，说明市场在高位处于胶着状态，这时的买盘主要来自少数自以为是的短线投机者的加入，随着市场开始无视利好消息、重视利空消息，以及某些外界的利空因素“适时”出现，会打破这种高位的“平衡”状态，随之而来的就是趋势的反转。由此可见，高位区的缩量是趋势反转的预示，个股高位区可以横盘多久，既取决于主力的控盘，也取决于市场整体的走势。

如图 4－19 为北巴传媒（600386）2007－02－01 至 2008－06－04 期间走势图，从图中可以看到，此股在经历了大幅上涨后，于高位区出现横盘震荡走势，值得注意的是高位横盘时的成交量却是极低的，是典型的高位缩量形态。这说明此股已无力再度步入上升趋势，高位区的横盘震荡注定是一种不平衡的状态，随着后期卖盘的持续涌出，此股就步入了下跌通道之中。通过本例，我们可以看出，高位横盘区的缩量是走势见顶的信号，也预示着随后下跌行情的出现。

对于上升趋势出现缩量形态，很多投资者可能会不太理解。如果我们把主力的因素考虑进去，考虑到主力在底部已经收集了大量的市场浮筹并在拉升途中积极锁仓，这就会使得个股在上涨途中仅面临着少量市场获利浮筹的抛压，因而出现了缩量上涨。当然，这种缩量上涨如果出现在个股累计涨幅较大的背景之下，多说明现有的上涨趋势仅是在前期良好的上涨氛围影响下、在卖盘暂时无意抛出的情况下出现的，是买盘开始衰竭的信号，它多意味着趋势的反转。对于这种情况，读者可以参见“图 4－2 上证指数成交量提前预示上涨趋势结束示意图”。

下跌趋势中出现缩量主要是因为没有主力资金或大买盘介入。下跌途中的缩量，说明了市场都在观望，介入者少，只要少量的抛盘就可以促使股价重心下移、市场套牢盘在增加等信息。因而，下跌途中的缩量是一种下跌趋势仍将延续的信号，与

图 4－19　北巴传媒高位区缩量示意图

之相反的是上涨趋势中的放量是上涨趋势仍将延续的信号，这就是市场中常说的“涨时要有量配合，跌时则不需要量配合”。但是在下跌走势的末期，成交量萎缩，股价在一个箱体里持续震荡，这往往是行情已见底的信号，这时若出消息面或政策面利好的刺激，则股价有望走出上升行情，即出现趋势反转。

如图 4－20 为 ST 金瑞（600714）2007－02－07 至 2008－09－10 期间走势图，如图标注所示，当此股步入下跌趋势后，成交量始终保持着缩量形态，这与前期上涨的量能效果形成了鲜明对比。下跌途中缩量是下跌趋势仍将延续的标志，这说明市场观望气氛较重，没有大资金积极介入。

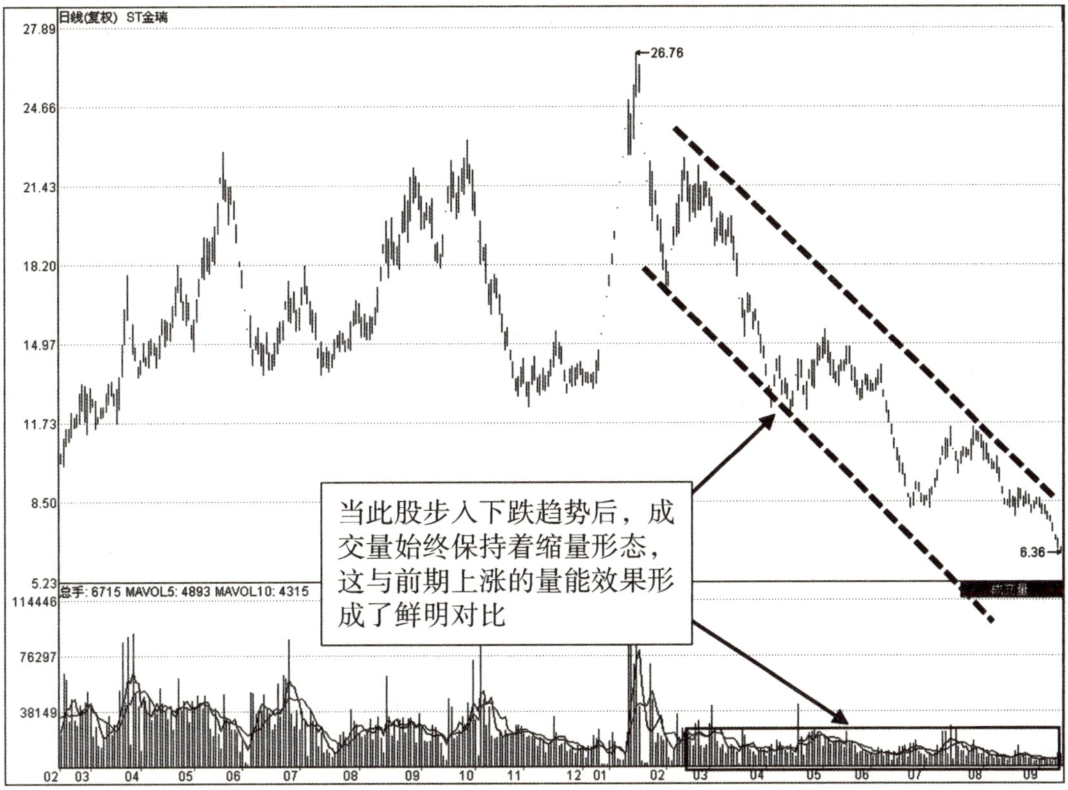

图 4－20　ST 金瑞下跌途中缩量示意图

第三节　价涨量增，价跌量缩——牛市特征

人们通常把股价长期保持上涨势头的股票行情称为牛市行情。牛市行情股价变化的主要特征是一连串的大涨小跌，是由股价一浪高过一浪的上涨走势形成的，股价之所以能走出一浪高于一浪的形态，与成交量持续地放大密不可分，正是由于买盘介入规模和力度在逐渐增大，才使得股价可以持续抵挡获利盘的抛出并进一步走高。

成交量与价格的组合关系有四种：分别是价涨量增、价跌量缩、价涨量缩、价跌量增。对于牛市而言，所出现的成交量形态一般是“价涨量增，价跌量缩”这样的组合。价涨量增说明随着股价的升高，买盘进场的意愿、规模也越来越大。

由于股价上涨形成的赚钱效应，买方对于进场急于获利的心态也渐渐增强，正是在这种氛围下逐渐汇集起来的人气构成了强有力支撑性买盘，将股价节节推高，由此形成了“价涨量增”的形态；但上涨不可能一直延续下去，其中总有个别时候，会有少量的获利抛盘阻挡价格上升，这时便出现了回调，此时出现的价跌量缩则体现出虽然股价上去了，但是卖盘却并不多，大多数的获利筹码并不急于出局套现，总体来说，投资者仍旧信心十足，这有力地支撑着个股随后的继续上涨。因此“价升量涨、价跌量缩”具有多头含义，是牛市中的典型成交量特点。

当我们把“价升量涨、价跌量缩”这条准则应用于分析大趋势时，就应把股价运行的时间之轴放得更广一些，在一个时间跨度较大的层次上来作判断。

如图 4－21 为白云机场（600004）2006－11－08 至 2007－09－18 期间走势图，从图中可以看到在此期间此股处于上升趋势之中，如图标注，我们可以看到在前两个主升浪中，成交量保持了持续放大的势头，且后一浪的量能放大效果要大于前一浪，这种量能特征是典型的牛市量能特征，它反映出牛市行情仍在继续，此时投资者要做的就是不提前出局，只要趋势不发生转向信号，就持股不动，尽量做到将利润最大化。随着后期上涨的继续，我们发现随着股价的再创新高，成交量却出现明显的萎缩，这是买盘枯竭的信号，它的出现说明上升趋势已近尾声，是趋势反转的信号，随后此股的走势将是高位筑顶或直接反转向下，投资者此时要做的就是尽快抛出手中筹码、不恋战，保住前期的胜利果实。

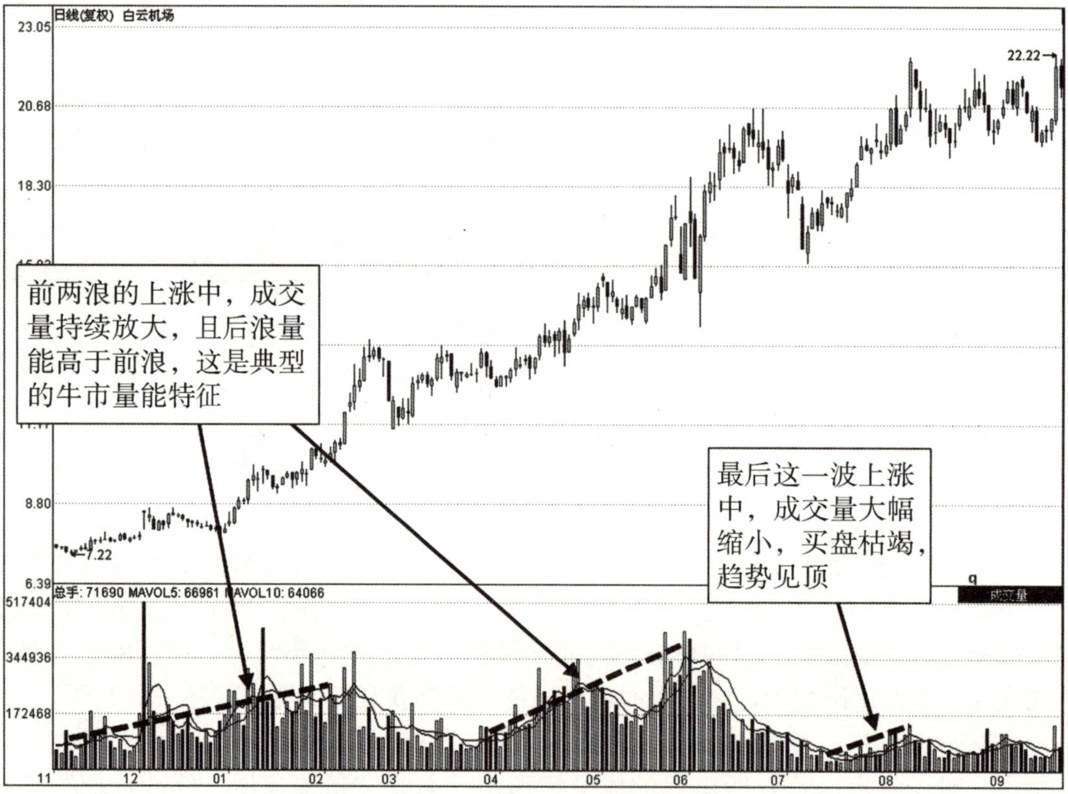

图 4－21　白云机场上升趋势量能示意图

如图 4－22 为白云机场（600004）2008－09－18 之后的走势图，从图中可以看到此股在顶部区出现了一个假突破后就掉头向下步入了主跌浪，而这个假突破的出现与当时大盘节节走高密不可分，这种假突破并非在每个趋势见顶的个股中都会出现，它的出现有较大的偶然性，只适合短线投资者参与。

如图 4－23 为中集集团（000039）2006－09－29 至 2007－11－16 期间走势图，从图中可以看到此股在 2007 年处于上升趋势之中，图中标注此股在上升趋势中不同阶段的量能特征，读者可以结合本节所介绍的内容来理解。

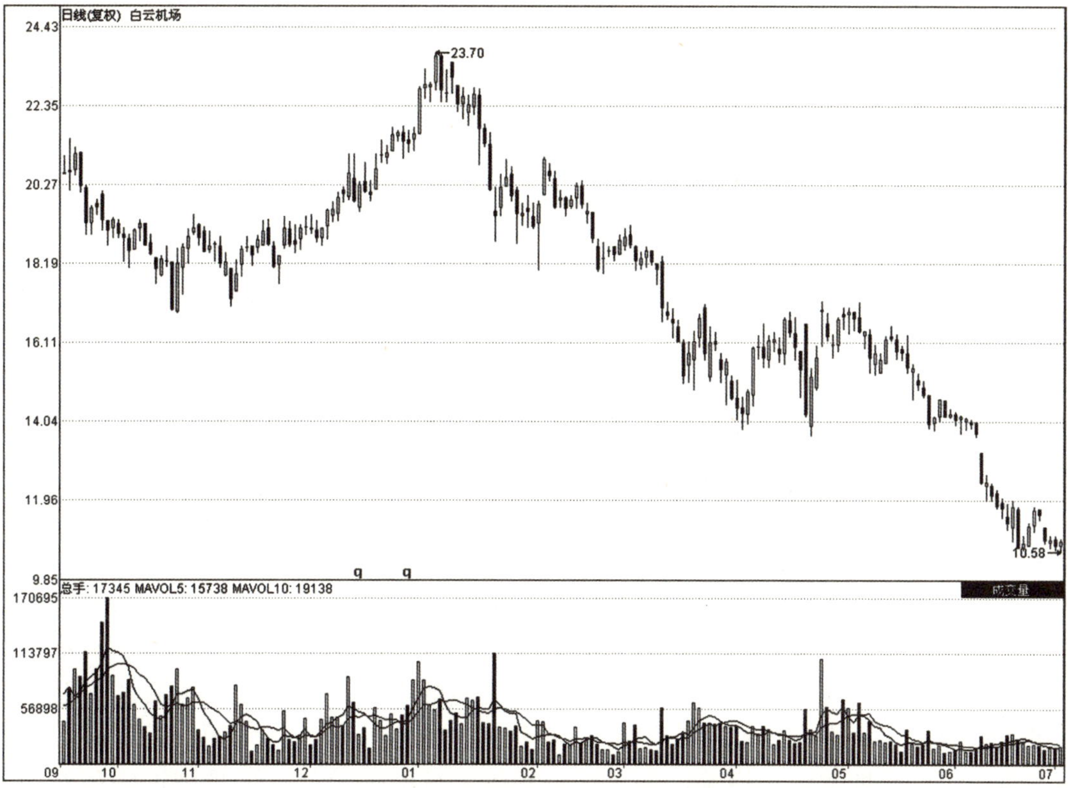

图 4—22　白云机场后期走势图

图 4—23　中集集团上升趋势量能示意图

第四节　价涨量缩，价跌量缩——熊市特征

牛市是一个获利市，而熊市则是一个亏损市，牛市中我们的目标是尽可能多地获利，但熊市中我们的目标是尽可能少的亏损，不懂得规避熊市的风险就无法在这个股市中生存下去，因而我们除了要了解牛市的量能特征外，也要了解熊市的量能特征。

人们通常把股价长期保持下跌势头的股票行情称为熊市行情。熊市行情股价变化的主要特征是一连串的大跌小涨，是由股价一浪低于一浪的下跌走势形成的，股价之所以能走出一浪低于一浪的形态，与卖盘的持续抛出密不可分。与牛市不同，牛市需要持续放大的买盘来支撑股价上涨，但是熊市则是只要买盘不大量介入就很难出现趋势反转。

对于熊市而言，所出现的成交量形态一般是“价涨量缩，价跌量增”或“价涨量缩，价跌量缩”这样的组合。价涨量缩说明在股价下跌途中的反弹中，买盘进场的意愿极低、规模较小，因而无法构成趋势反转的力量；而股价在随后的下跌时既有可能出现放量，也有可能出现缩量的情况：放量多伴随着连续阴线的出现，说明恐慌盘较多，市场情绪不稳定，是下跌趋势仍将延续的信号；缩量则说明虽然卖压较小，但是买盘介入的力度更小，因为缩量下跌本身就说明卖方力量强于买方力量，卖方只有将股价打低后才能吸引少量买盘的介入，这是熊市中典型的缩量下跌特征。

如图 4－24 为深赛格（000058）2007－06－26 至 2008－10－17 期间走势图，从图中可以看到此股在 2008 年处于熊市大幅下跌走势中，如图标注可以看到，当下跌趋势形成后，在整个下跌途中成交量始终处于缩量状态，这是买盘无意进场的表现，也是卖盘持续抛出并打低股价的信号，在实际操作中，若这种缩量下跌的走势无明显反转信号出现，投资者切不可盲目抄底，以免抄底抄到了下跌途中。通过这个例子的分析，可以看出“下跌缩量”是一种典型的熊市量能特征。

如图 4－25 为上证指数 2006－11－17 至 2008－10－13 期间走势图，从图中的标注可以看到，在大盘步入下跌趋势后，这时的量能大小是远不及上涨时的量能的，上涨时需要持续放大的量能支撑获利盘抛出并打高股价，但是在下跌时则不需要这样，下跌时只要少部分市场抛盘无法得到场外买盘的有效支撑就足以使股价重心节节下移。

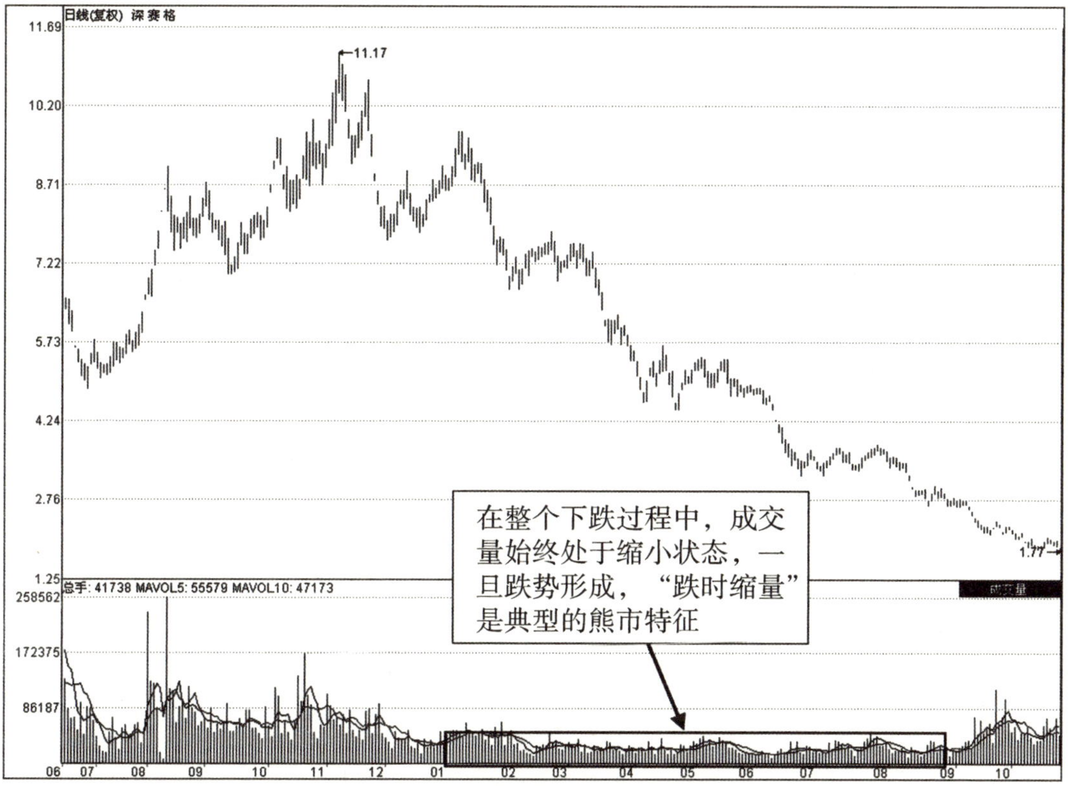

图 4—24　深赛格下跌趋势量能示意图

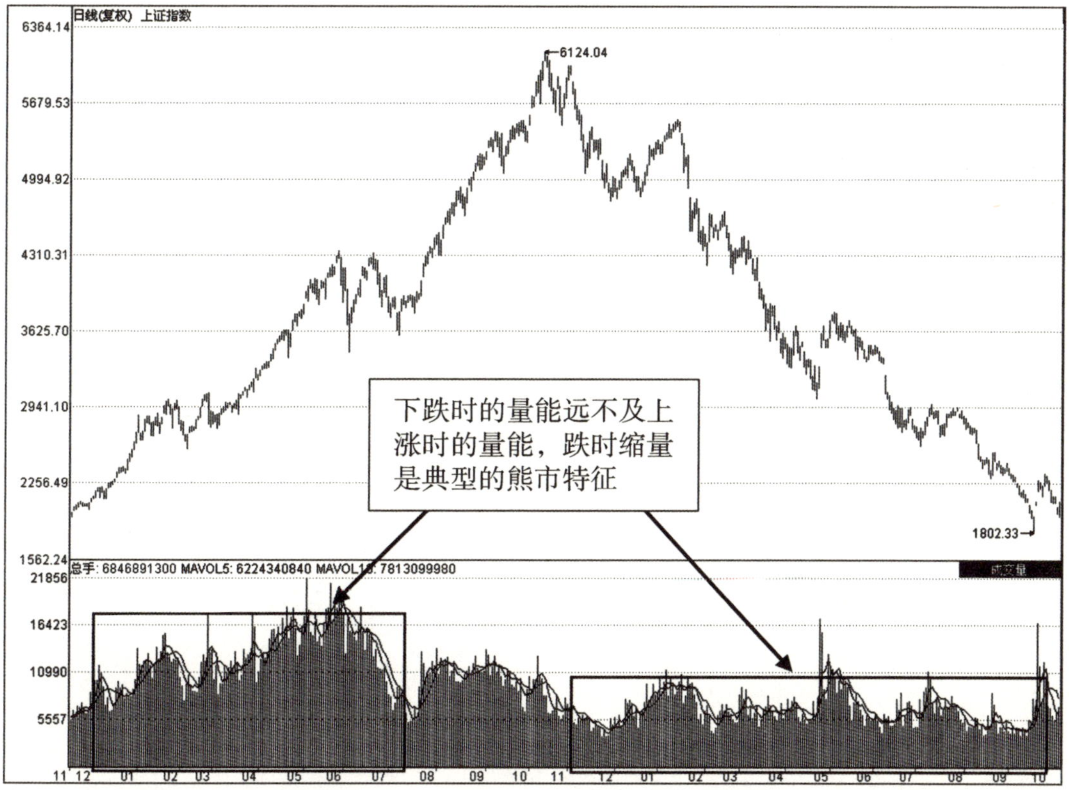

图 4—25　上证指数下跌趋势量能示意图

第五天　买股之前，先学选股

第一节　从排行榜中获取备选股

排行榜是我们在看盘时经常要关注的，一般来说，投资者最为关注的可能要数“涨跌排行榜”，那些处于市场涨幅前列的股票总能吸引市场更多的关注，而对于其他的排行榜，则关注较少。其实，如果善于利用这些股票行情软件中的排行榜，我们就会对市场整体情况、局部情况等看得更透，而且这些排行榜也是我们选股的一个出发点，从排行榜中，可以很容易缩小选股范围，进而锁定目标股。下面我们就来详细了解一下在看盘过程中经常要用到的排行榜。

一、涨跌排行榜

1. 什么是涨跌排行榜

所谓涨跌排行榜就是指将沪深两市全部股票按现时的涨跌幅度进行排列的榜单。一般来说，我们较为常用的是：沪深 A 股涨跌排行榜（通用行情软件中，通过键入数字“60”可以打开它）及板块指数排行榜。

沪深 A 股涨跌排行榜是我们关注当日哪些个股强势上涨、哪些个股大幅下跌（即：哪些个股走势出现了剧烈变动）的榜单，这一榜单是投资者最常用的。

板块指数排行榜则说明当日行情，哪一板块总体表现良好、哪一板块表现较弱，是我们研究板块涨跌情况的榜单。下面我们来看看，涨跌排行榜可以为我们提供哪些帮助。

2. 通过涨跌排行榜进行短线操作

在极强的市场中，尤其是在每日都有不少股票涨停的情况下，此时在短线操作中可以进行大胆追涨，这时涨跌排行榜就是我们短线操作中最为关注的。在实际操作中，我们可以通过沪深 A 股涨跌排行榜，来看看当前市场有哪些个股涨势较好，是否有题材，如果发现个股刚刚处于启动阶段，则可以大胆介入，短线出击；此外，通过板块涨跌排行榜，我们可以观察当前市场是否有板块热点可言，如果我们出击个股正是这一热点板块的领涨股，那我们短线操作的成功率就会越大。一般来说，整个板块启动，要追先涨停的，即领头羊，在大牛市或极强市场中更是如此，要追就追第一个涨停的。

在“牛市追涨”策略下，我们仅使用了涨跌排行榜中涨幅靠前的一部分，对于跌幅靠前的个股，我们主要是在熊市中回避风险及捕捉反弹时所使用。当市场处于熊市时，上涨的个股数量较少，而下跌的则较多；此时我们应关注哪些个股跌幅较大，是处于刚刚大幅下跌状态、还是处于短期的超跌状态，若处于刚刚大幅下跌状态，则此类个股是我们应坚决回避的，若处于短期的超跌状态（即相对于同类个股，它在前期已出现了较大的跌幅），则此类个股是我们进行反弹操作的首选。

3. 通过涨跌幅排行榜查看资金流向

涨跌幅排行榜从表面体现个股或板块的涨跌幅情况，它也从一个深层揭示出了当前市场的资金流向。成交金额的大小结合个股的涨跌情况，反映了市场的资金流向。当某一板块经常出现在涨幅靠前的位置上，就说明场外大资金在持续大量地流入这板块，意味着新的市场热点或个股行情即将诞生，此时，我们就有从板块中发掘潜力个股的机会。无论是从经验上，还是从盘面上来看，板块个股具有轮动性（即：板块出现领涨个股后，那么没有启动个股后期也会有较好的补涨空间），而且由于大资金总体上进出市场的时间要明显长于小资金进出的平均时间，如果没有买到龙头股就买像龙头的但还没大涨的个股，因为资金具有轮动性。若个股或板块的涨幅不仅靠前，同时成交金额也增大，则更说明有大资金在流入，是机会的象征；反之，若跌幅靠前且成交金额也增大，则是资金在流出，是风险的象征，尤其大盘市况不好时，对于资金流向排行榜前列的个股更应多加关注，这也是观察主力动向的最好机会。

二、量比排行榜

1. 什么是量比

量比是一个相对的指标，它的主要用途在于发现成交量是否出现了异动，它是开市后每分钟的平均成交量与过去5个交易日每分钟平均成交量之比，其计算公式为：量比＝现成交总手÷［（过去5个交易日平均每分钟成交量）×当日累计开市时间（分）］。

成交量的异动无非是放量或缩量，通过量比，我们可以很容易地找出哪些个股出现了放量、哪些个股出现了缩量，以便寻找机会。在实战中，我们可以重点关注量比大于1.5或量比小于0.5的个股。

量比小于0.5，说明此股交投出现不活跃迹象，根据股价的不同走势，缩量所反映出的信息也不尽相同，例如：缩量能创出新高，说明主力控盘程度相当高，如果这时个股刚刚启动，则很可能将出现大幅上涨行情，是机会的预示。

量比大于1.5，说明个股交投活跃，至于引起交投活跃的原因，我们仍要结合股价运行来分析：若放大的量能是由于卖盘的涌出导致，那个股的近期走势也堪忧；若放大的量能是买盘涌入导致，我们要看此股目前的价位、运行趋势，当它处于较低价位且走势较好时，此时介入很可能面临着较为理想的短线行情。

2. 使用量比排行榜的注意事项

（1）使用量比排行榜时，还要结合涨跌排行榜，因为只有通过“量价结合”才能够较为全面得出此股的交投情况，此时我们可以重点关注那些榜首异常放量的个股或榜尾过分缩量的个股，是否有较大股价波动，至于量比数值不是太大的异动个股，则可以视情况而定。

（2）出现在量比排行榜前面的个股，说明当日成交量较近日呈现出明显放大的势头，我们要结合当日个股是否有重大事项公布、是否受到了市场消息面的影响、是否由于主力运作等，去分析放量的原因，只有找到了原因，才可以更好地进行选股。

（3）个股在经历了较长时间停牌后，由于复牌时既面临着相对于大盘的补涨或补跌情况，又面临着所发布消息的影响，因而在复牌交易当日多会出现大幅放量或大幅缩量的情况，通过量比排行榜，我们可以及时发现这些个股，并进一步进行操作。

三、委比排行榜

1. 什么是委比

委比是衡量某一时段买卖盘相对强度的指标。它的计算公式为委比＝（委买手数－委卖手数）÷（委买手数＋委卖手数）×100％。委比的取值范围从－100％至＋100％。若委比为正值，说明场内买盘较强，且数值越大，买盘就越强劲。反之，若委比为负值，则说明市道较弱。委差则是代表了大盘或个股的当前买量之和减去卖量之和，反映买卖双方的力量对比。正数为买方较强，负数为抛压较重。

2. 委比排行榜的用途

委比排行榜主要反映了委买盘与委卖盘的比例。当个股处于涨停板时，委比的数值为100％，说明市场只有委买盘，没有委卖盘；当个股处于跌停板时，委比的数值为－100％，说明市场只有委卖盘，没有委买盘；其余的委比数值位于这两个数值之间。一般市况下，当个股处于上涨时，应是委买盘大于委卖盘，当个股处于下跌时，应是委卖盘大于委买盘，但实际情况往往并非如此，这时，结合个股的涨跌情况，我们就可以通过委比发现个股异动。

当个股涨幅为正时，委比若为负数，往往是“大单压顶”的表现，大单压顶是股价再次上涨的表现；当个股涨幅为负时，委比若为正数，往往是“大单托底”的表现，“大单托底”说明有资金在护盘，是股价止跌的表现。当然，在具体分析时，我们还要结合个股所处位置、个股运行趋势等因素综合分析，这样得出的结论才较为准确可靠。

四、振幅排行榜

依笔者经验而言，振幅较大的个股或是受大盘跳水的影响，或是由前期快速上涨导致了高位区巨幅波动，一般来说，是个股短线即将下跌的信号。当然，也有一些个股在上涨途中或下跌途中出现了较大的振幅，此时我们应结合趋势进行综合分析。

五、市盈率与市净率排行榜

1. 什么是市盈率、市净率

市盈率是某种股票每股市价与每股盈利的比率（市盈率＝普通股每股市场价格÷普通股每年每股盈利）。上式中的分子是当前的每股市价，分母可用最近一年盈利，也可用未来一年或几年的预测盈利。市盈率是估计普通股价值的最基本、最重要的指标之一。一般认为该比率保持在20～30之间是正常的，过小说明股价低，风险小，值得购买；过大则说明股价高，风险大，购买时应谨慎。但高市盈率股票多为热门股，低市盈率股票可能为冷门股。

所谓市净率，指的是股价与每股净资产之间的比值，比值越低意味着风险越低。

2. 市盈率、市净率排行榜的用途

使用市盈率、市净率排行榜，可以让我们一目了然看到沪深两市中，哪些个股的市盈率、市净率较低，哪些个股的市盈率、市净率较高。通常来说，较低的市盈率与市净率意味着机会，而较高的市盈率与市净率则预示着风险。但在实际操盘中，情况并非如此简单，因为我们查看的这个市盈率、市净率排行榜是静态的排行榜，其计算方法是：市盈率＝当前每股市场价格÷此股去年每股盈利。由于在计算公式中充当分母的是“去年每股收益”，因而它无法准确反映上市公司今年的业绩情况，如果上市公司今年的业绩与去年基本持平，则这一计算方法较为准确；如果上市公司今年出现较大的业绩变动，则此时的“市盈率、市净率排行榜”无法及时反映出这种变化。因此，在使用这一排行榜时，投资者还要关注上市公司的当年业绩情况，是出现业绩大幅增长还是出现业绩大幅亏损。

虽然这种静态的市盈率、市净率排行榜有不足之处，但它毕竟缩小了我们选择那些“低估股”的范围，不失为一种好的基本面选股工具。

第二节　从行业发展趋势获取备选股

虽然对于普通股民来说，股票只是用于买卖交易并获取利润的“筹码”，但它同时也是上市公司价值的表现，上市公司能否出现业绩持续增长的情况，既取决于公司管理层的水平，也取决于其身处的行业。好的行业发展趋势，可以让上市公司有更大的成长空间，这类行业中最容易出现投资者极喜欢的成长股。

实际上，价值投资并不一定投资那些煤炭、石化、钢铁、银行等低市盈率的个股，这些个股由于所处行业的发展空间有限，因而很难实现业绩的高速成长。“买股票就是买预期”，投资那些行业空间有望持续拓展的个股往往可以得到更高的回报，行业空间往往决定着一家企业的成长空间，不断拓展增量空间的行业往往容易出现爆发性增长的企业。那么，在实际操作中，我们应重点关注哪些行业呢？首先，让我们来看一下国际知名机构是如何对全球各行各业进行划分的。

一、全球行业分类标准

全球行业分类系统（GICS）是由标准普尔（S&P）与摩根斯坦利公司（MSCI）于 1999 年 8 月联手推出的行业分类系统。该标准为全球金融业提供了一个全面的、全球统一的经济板块和行业定义。作为一个行业分类模型，GICS 已经在世界范围内得到广泛的认可，它的意义在于使得投资者对全球范围经济板块和行业的研究更具可比性。

新的标普全球行业分类标准把标普 1500 指数的成分股分为 10 个行业部门、24 个行业组、67 个行业。10 个行业部门如下：

- 基础材料（Materials）——化学品、金属采矿、纸产品和林产品；
- 消费者非必需品（Unnecessary Consume）——汽车、服装、休闲和媒体；
- 消费者常用品（Necessary Consume）——日用产品、食品和药品零售；
- 能源（Energy）——能源设施、冶炼、石油和天然气的开采；
- 金融（Finance）——银行、金融服务和所有保险；
- 医疗保健（Medical & Health）——经营型医疗保健服务、医疗产品、药品和生物技术；
- 工业（Industry）——资本货物、交通、建筑、航空和国防；
- 信息技术（Information technology）——硬件、软件和通信设备；
- 电信服务（Telecom）——电信服务和无线通信；
- 公用事业（Utilities）——电力设备和天然气设备。

二、怎样结合行业来选股

投资者在结合行业来选股时，可以重点考虑以下方面的因素：

一是行业的发展趋势如何。如果行业发展潜力不大、前景不明朗，那么公司的未来发展方向就不能明确，企业的规模也不可能越做越大，投资者也难以获得较高的长期收益。

二是公司的市场竞争力如何。一个行业中必然会存在不少公司、甚至是不少上市公司，若此行业是竞争性行业，一定有很多公司处于竞争当中，谁能够脱颖而出，就看公司有没有核心竞争力来超越对手，上市公司的竞争力是其业绩得以保障的根本前提，有的时候，即使上市公司身处发展趋势不理想的行业之中，但只要公司具有核心竞争力，公司依然能够生存下来甚至取得不错的业绩；而那些身处前景喜人行业中的上市公司，若是不思进取，也难以在这个竞争激烈的市场中生存下去。

如图 5—1 为苏宁电器（002024）2005 年至 2007 年股价走势图，苏宁电器身处家电零售行业，这是一个竞争性较为激烈的行业，但公司凭借管理层的优秀决策、公司强大的核心竞争力，实现了业绩年年增长的目标，股价也跟随业绩实现了稳步上涨的势头。

图 5—1　苏宁电器股价走势图

三是公司未来几年内的业绩增长性是否明确。一般来说，若上市公司在未来3～5年内复合增长率能够达到20%～30%的水平，就是比较吸引人的个股。有的个股其未来增长较为明确，比如：建筑业中的中国铁建，其手握的大订单可以一直做到2011年，较少受到经济危机的影响；但是有的上市公司其业绩却起伏不定，比如：2008年整个钢铁行业的上市公司几乎都取得了不错的收益，但是到了2009年，却由于产能过剩、铁矿石涨价等多重因素影响，业绩出现了急转弯，纷纷由上年的大幅盈利转变为当年的大幅亏损。对于业绩增速明确的个股，我们可以积极参与，对于业绩波动较大的个股，则应当注意风险。

如图5－2为中国铁建（601186）2008－03－10至2009－10－16期间走势图，通过2009年的季报我们可以发现，它的业绩增长情况良好，其中“2009年1～3月每股收益0.08元，净利润同比增长33.86%”、“2009年1～6月每股收益0.18元，净利润同比增长45.66%，营业总收入13022036.4万元，同比增长58.35%”。并且，中国铁建2009年上半年底未完工订单为5892亿元，超过其2008年营业收入的2倍。因手中大订单充足，因而其未来的业绩增长是较为明确的。对于这样一只业绩预期增速明确的个股，可以说，股价在低位区的运行只能是暂时的，它必然会随着上市公司未来业绩的增长而向上运行。

图5－2　中国铁建股价走势图

四是要结合国情来分析行业的发展趋势。不同国家由于身处不同发展阶段，因而各行业的发展前景也是不同的，比如：作为消费类的汽车行业在发达的欧美，其发展空间有限，如：美国克莱斯勒汽车公司在经历了近百年的发展之后，于2009年4月30日发表声明宣布申请破产保护，后来意大利汽车制造商菲亚特集团正式宣布入主。再来看一下国内的汽车商，由于巴菲特入股导致的比亚迪股价暴涨，使得其总裁王传福一年之内财富暴涨，从而一跃成为福布斯中国富豪榜中的首富，比亚迪股价暴涨既源于巴菲特入股的消息刺激，也源于其实际的业绩增长及国人投资者对其未来发展空间的想象。通过对比，我们可以看出，同为汽车行业，由于身处环境的不同，其发展前景也是迥然不同的。

如图5—3为一汽轿车（000800）2006年10月至2007年11月期间走势图，在大牛市的带动下，此股在此期间也出现了大幅上涨，但是其涨幅却远大于同期大盘，这虽然与一汽集团的资产整合传闻有关，但也从另一个侧面说明了市场对于汽车行业的未来发展趋势是看好的。

图5—3　一汽轿车股价走势图

三、重点关注行业之——新兴行业与高速成长行业

新兴行业也是我们常说的朝阳行业，这一类行业的发展空间极大、潜在市场极大，只要企业做好，是不愁业绩持续增长的。就我国目前的情况来看，新能源产业、软件外包业、航空航天业等行业属于此类。

高速成长行业则是指那些业绩增速较为明确，市场发展前景宽广，国内经济的持续向好可以对其产生充足的推动作用的那些行业。就我国目前情况来说，房地产行业、银行业、消费行业仍然处于快速增长阶段，而且在未来很长的时间里仍然会快速成长。细心的股东可以发现银行业、房地产行业、消费行业在最近几年内的业绩持续增长性极强，比如：银行业中的华夏银行、房地产行业中的万科 A、消费类行业中的贵州茅台等，都属于在高速成长行业带动出来的成长型股票。

如图 5－4 为贵州茅台（600519）2005 年 3 月至 2008 年 1 月期间走势图，由于这几年中国经济持续增长，进而带动了市场消费能力持续增强，作为白酒消费类行业的龙头个股，贵州茅台实现了业绩的高速成长，其股价也同时随着业绩的增长而步入长期上升趋势之中。

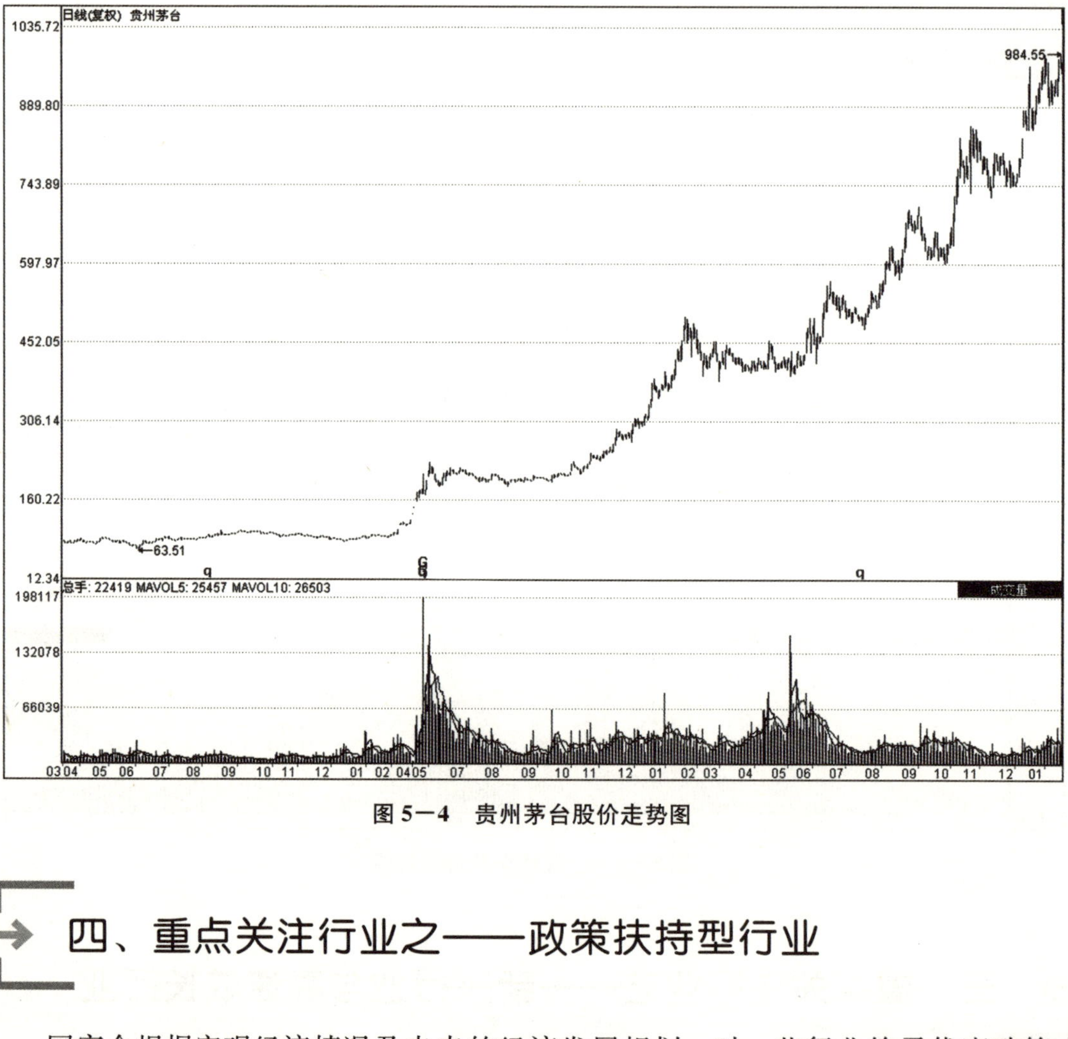

图 5－4　贵州茅台股价走势图

四、重点关注行业之——政策扶持型行业

国家会根据宏观经济情况及未来的经济发展规划，对一些行业给予优惠政策或投入资金，从而鼓励其发展，能够享受国家政策扶持的上市公司，其发展前景自然良好，因而是我们选股时要重点关注的。

例如：2008 年国务院制定并发布的 4 万亿元投资计划对市场形成积极的影响，

这主要包括对于铁路、电网、水泥、核电、水电等投资力度不断提升，再加上地方政府的积极跟进，去年岁末，建材、基建股风起云涌，如果我们能适时地从政策面出发去选股，就能很好地把握这一波政策面带来的行情。

如图 5—5 为太行水泥（600553）2008—08—05 至 2009—01—09 期间走势图，如图标注所示，在国家出台了“四万亿元经济规划方案”后，由于受益于这一政策，水泥板块中的太行水泥一路暴涨，成为这一波政策行情中的龙头个股。

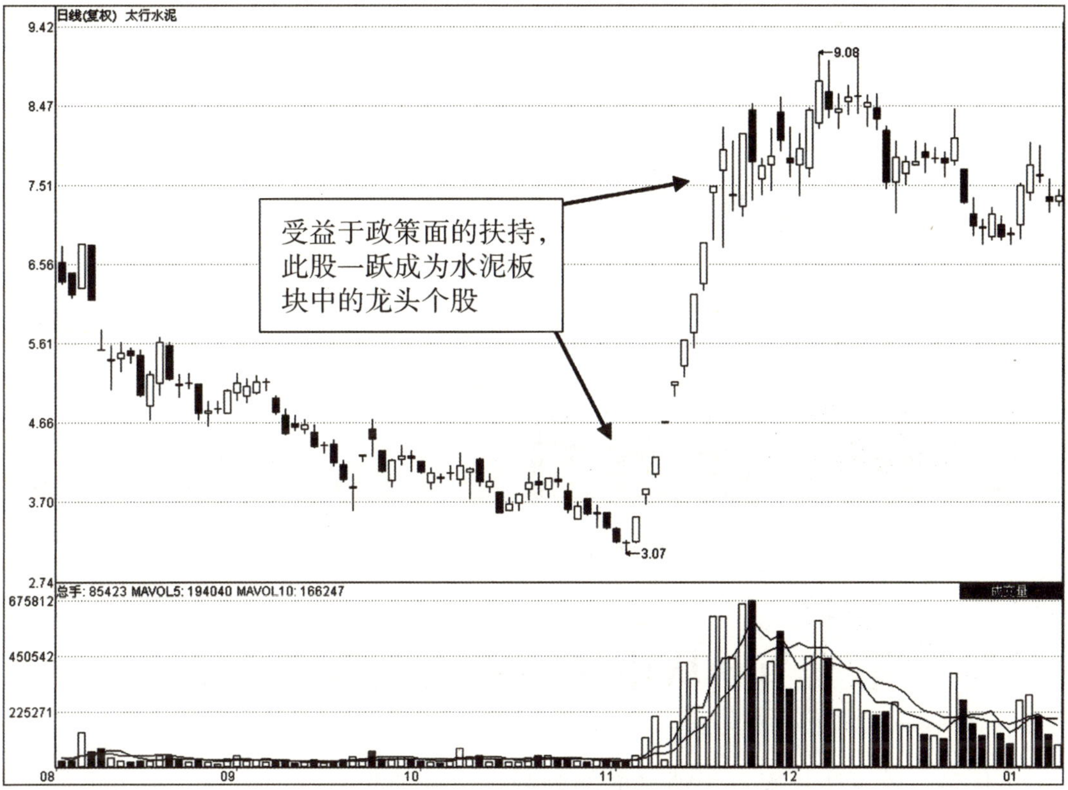

图 5—5 太行水泥股价走势图

五、重点关注行业之——涨价因素

当行业景气度大幅提升时，或市场在较长一段时间出现产品供不应求时，上市公司产品价格就会不断上涨，从而为上市公司带来业绩的转变。特别是短期内产品价格的爆发性上涨，更是容易诞生大牛股。可以说，寻找那些产品价格不断上涨的上市公司进行投资，将会在不长的时间内取得非常好的投资收益。

如图 5—6 为江山股份（600389）2007—05—31 至 2008—01—16 期间走势图，通过图中走势可以看出，此股在此期间内股价一直处于上涨势头中，而在此期间其他中小盘个股多是处于横盘震荡之中，此股走出这种大幅上涨行情是与其主营产品“草甘膦”价格的持续上涨密不可分的。

图 5－6　江山股份股价走势图

第三节　从市场热点中获取备选股

市场热点既可能是来自于消息面的刺激，也可能来自于国内外的重大事件，总之，可以引起市场大量关注的“新闻”就可以称之为市场热点或热点题材，而与热点相关的股票，往往会在主力资金的炒作下，短期内出现惊人的涨幅。

虽然市场热点的形成过程会给投资者带来非常丰厚的利润回报，但此种回报往往只提供给有准备之人。投资者在获取寻找市场热点时，可以按以下步骤进行：①关注当前的新闻。网上浏览国际国内各类新闻，从新闻中可以了解国内外发生的重大事件，有的事件会对股市或个股形成很大的影响。比如：当流感出现时，那些制造流感疫苗的上市公司就有可能成为热点个股。②看商品期货走势。比如：与黄金期货价格关联度极大的中金黄金、山东黄金等黄金类上市公司，往往会因为A股休市阶段时黄金期货出现大幅上涨，而出现高开甚至涨停开盘的情况。③查看个股公告。有一些个股发布的公告属重大事项，可以体现出上市公司主营业务的转型，当上市公司主营业务转型时，由于业绩预期不确定性增大，因而往往能吸引市场关注。④查看券商调研报告。券商调研报告由于其受关注度较大，因而在多家券商合力推荐某只个股或某个行业的时候，这一个股或行业就有可能在短期内成为市场热点。

如图 5－7 为熊猫烟花（600599）2009－01－12 至 2009－09－04 期间走势图，由于国庆 60 周年要燃放大量烟花，此股因生产这些烟花而成为国庆前的热点个股，受到了主力大幅炒作。

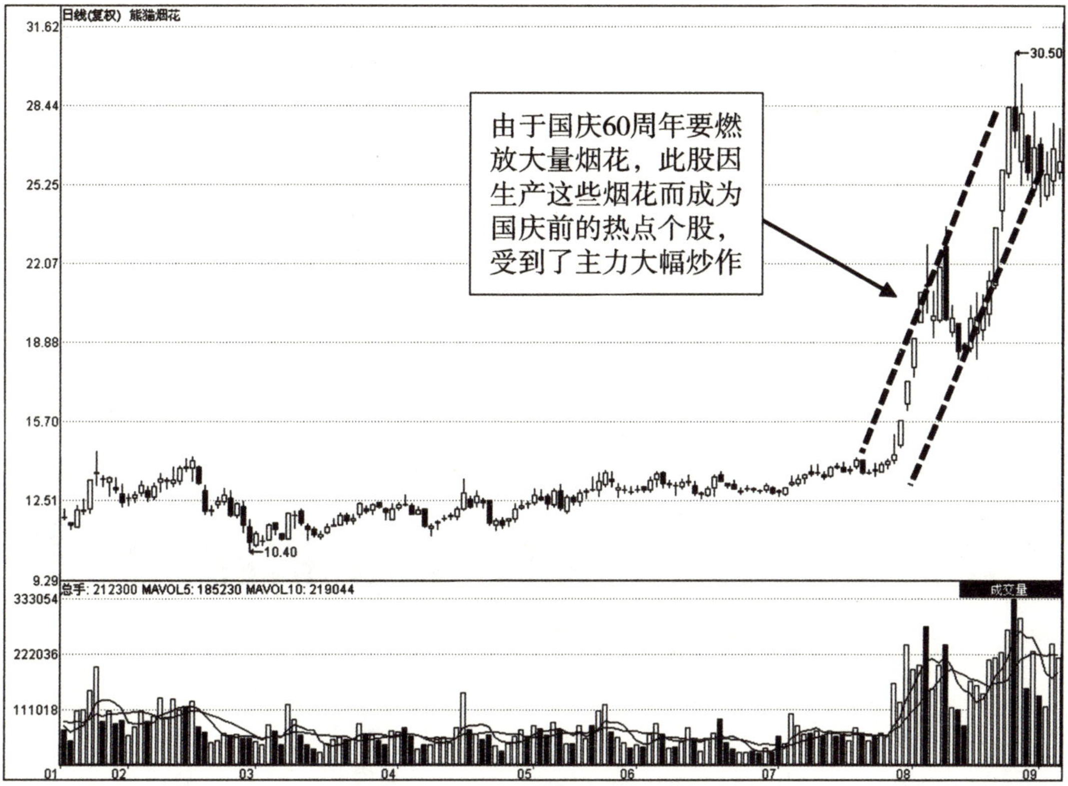

图 5－7 熊猫烟花"国庆热点"走势图

如图 5－8 为莱茵生物（002166）2009－01－20 至 2009－07－15 期间走势图，从图中可以看到此股三次受到主力资金炒作，连续的涨停板是屡见不鲜，此股的这种暴涨走势倒不因为发布了重大利好消息或业绩出现了大幅增长，而是由于同期间国内正遭遇着"甲流"的袭击，国内新闻媒体几乎天天播放甲流疫情最新情况，莱茵生物作为流感概念股的龙头，由于提供甲型 H1N1 流感疫苗的原料莽草酸而成为游资爆炒对象。然而，在股价爆炒之后，疫苗概念并未能转成产品需求，给其业绩带来强劲增长动力。由此可见，催升股价短期暴涨的是热点也是市场狂热的情绪，当热点不热、情绪消退时，必然会生产出一批高位套牢盘，对于这种热点股，投资者只宜在此股起涨前或起涨初买入，不宜追高。

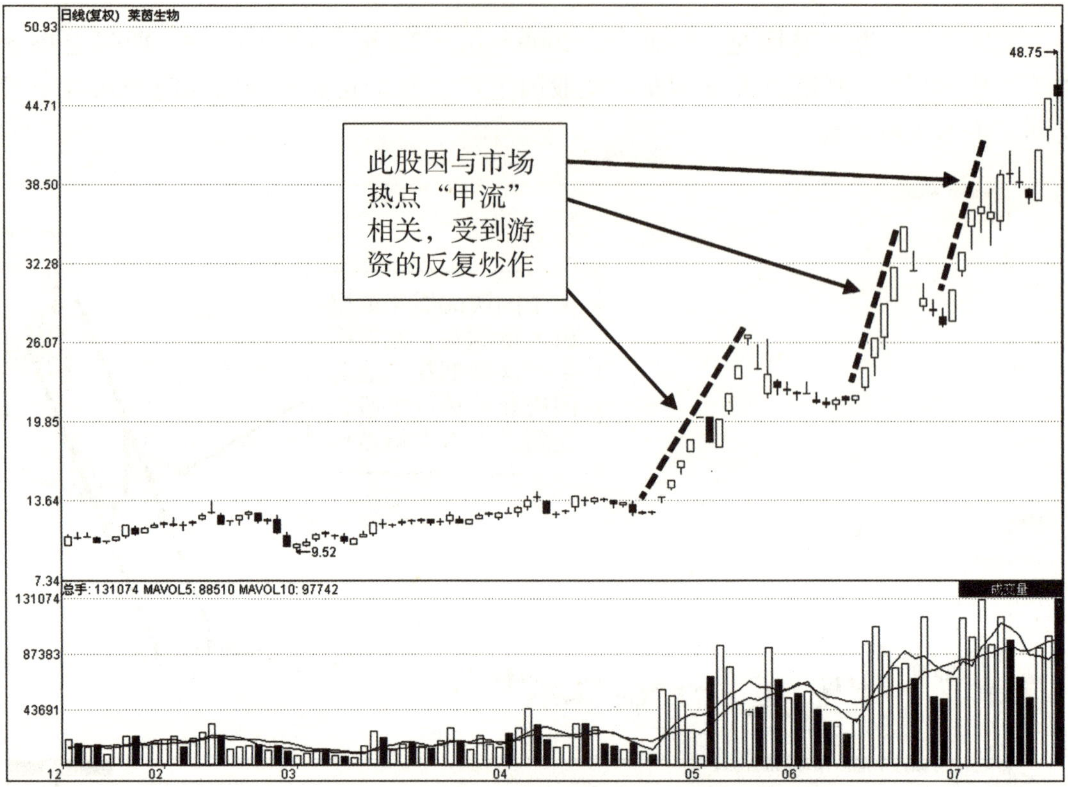

图 5—8　莱茵生物“甲流热点”走势图

第六天　认识主力，理解个股异动原因

◆第一节　何为主力
◆第二节　主力有什么优势
◆第三节　目前市场中有哪些主力
◆第四节　主力如何控盘个股
◆第五节　主力操盘手法有哪些

第一节　何为主力

一般来说，我们可以把二级市场中的投资者依据其资金实力分为两大类：一类是资金规模较小、无法对股价走势产生实质影响，只能跟随趋势的散户投资者或大户投资者；另一类是资金实力强大，可以在一定程度上控制个股走势、制造趋势的主力投资者。主力又称市场主力、主力投资者，是一个和散户投资者相对的概念，凡是有一定炒股经验的投资者都会不约而同地认定这样一个事实，即：无论对于股价的中长期走势，还是对于股价的短期走势来说，主力在其中的作用是占主导地位的。

在实际操盘过程中，有时候我们可以通过查看 F10 中的公开信息“前十大流通股东表”来发现主力线索，但真正实力强大且有意大幅炒作个股的主力，会通过各种方法来隐藏自身的行踪，最为常用的手段就是开设大量的交易账户，每个交易账户都只吸纳少量个股以保证其不出现在“前十大流通股东表”中。此时要判断主力行踪，投资者就要结合其他技术面因素综合研判了。

如图 6－1 为国通管业（600444）2009－02－26 至 2009－10－16 期间走势图，如图标注所示，此股的 K 线形态有效地暴露了主力的控盘力度。本图中，我们可以通过两种方式发现主力踪迹：一是股价的明显异动；二是 K 线形态上的人为操纵痕

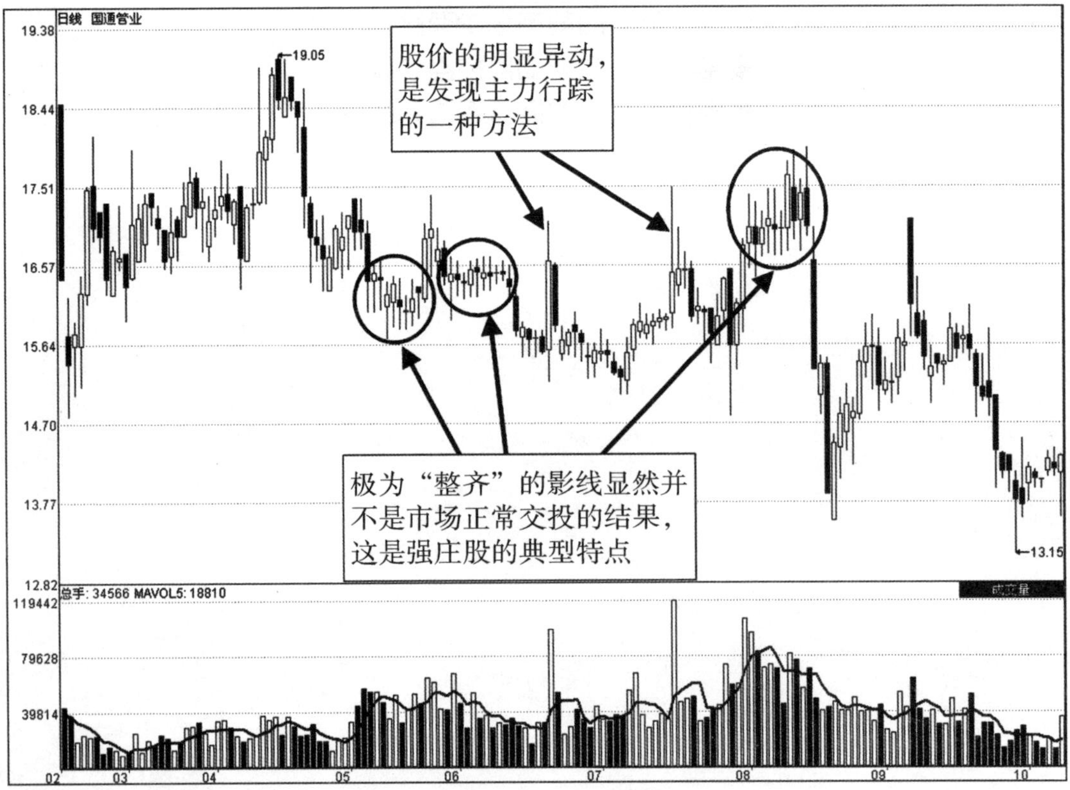

图 6－1　国通管业主力行踪揭示图

迹。一般来说，像本图中这种K线形态人为操纵痕迹极为明显的个股并不太常见，这种极有规律的影线一般只能在那些主力控盘力度达到80%以上的个股才会产生，如果这种股票处于高位区，则后期很可能面临着雪崩的局面。

第二节 主力有什么优势

主力在股市中之所以屡战屡胜是与其强大的优势密不可分的，本节中我们就来看看主力的优势何在。

一、资金规模优势

在实盘交易过程中，主力与散户一样，都要通过直接参与股市买卖，并只能通过高抛低吸来获利。散户由于无法控制个股走势，往往在侥幸的心态下全仓进出，以图利润最大化，但同时也将自身置于风险最大化的境地。但主力不同，主力由于资金规模巨大，会把资金分成两部分：一部分资金用于买进吸筹，另一部分则用于维护股价走势。因而，拥有庞大资金的主力可以根据大势情况来实施自己的操盘行为，从而保证自己整个控盘过程的成功。

二、消息优势

很多个股在重大利好公布前，都会出现强势上涨的形态，而其幕后推手正是“主力”。散户投资者因消息闭塞，是很难在上市公司发布消息前提前获知的，因而在这种消息不对称的博弈之中，主力明显高于散户一筹。主力在利好来到之前先将股价拉升一个台阶，随着利好消息的发布，或选择借利好消息出货或选择继续将股价往上做，这时主力的操作是极为主动且游刃有余的。

如图6—2为天业股份（600807）2009—03—09至2009—07—10期间走势图，此股于2009—07—10后因有重大事项要公布而停牌交易，从图中走势可以看出，在停牌前，已有主力资金提前获知了这一利好消息并大幅拉升股价，即使从股价走势中我们也可以猜测出：这要发布的重大事项必将是一利好消息。

如图6—3为天业股份公布利好消息的走势图，此股于2009—08—19复牌交易，并公布重大利好消息“天业股份：拟定向增发不超过2700万股收购天业黄金矿业100%股权，天业黄金系为收购明加尔金源公司股权而成立（3000万澳元收购51%股权），明加尔矿产区域面积为1457平方千米，截至目前，已探明储量的矿区面积约50平方千米，仅占总面积的3.43%，明加尔金矿已探明黄金储量达到12.5吨，同时，未勘探部分矿区潜在储量丰富”。在 2009 年黄金期货价格大幅上扬的背景下，这一消息无疑是重大利好且具有很强的市场号召力，如图所示，在此股复牌后，主力再次借利好消息之力继续爆炒此股。

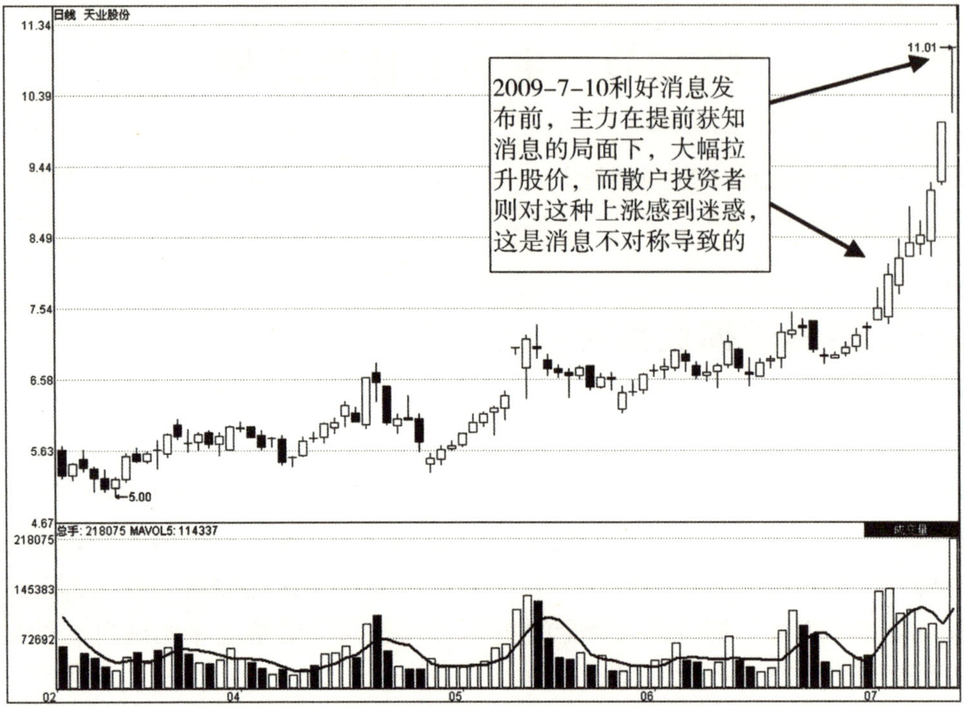

图 6-2 天业股份利好消息公布前走势图

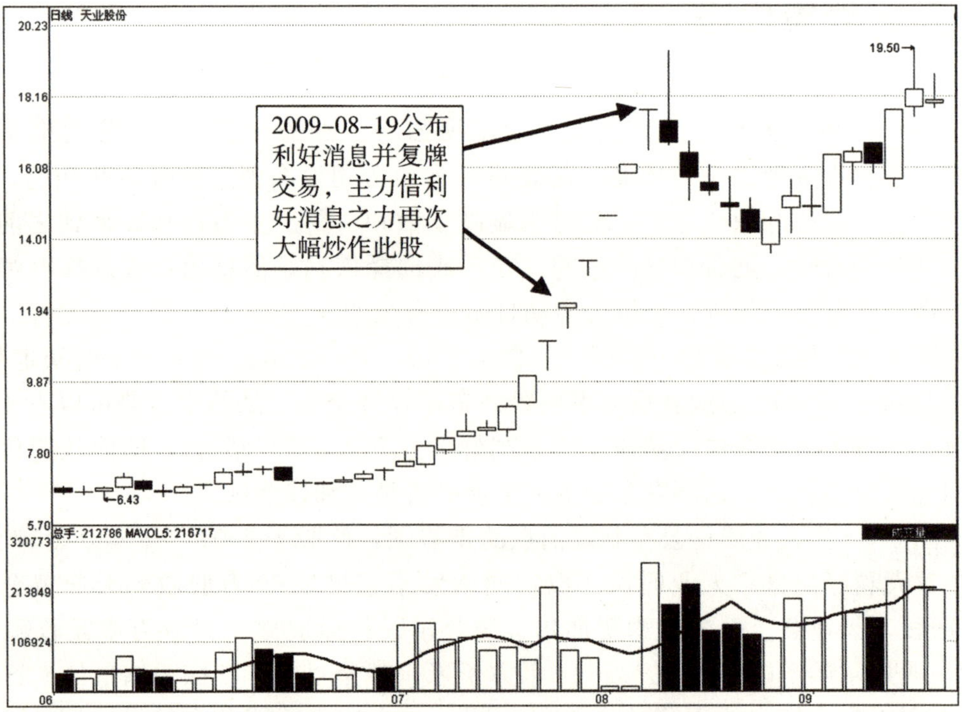

图 6-3 天业股份利好消息公布后走势图

三、更了解自身对手——散户的心态

主力要吸筹时，会使用各种手段骗散户出局，主力要出货时，一样会用各种手段骗散户入局，如果不了解散户投资者的心态，主力就会面临着吸筹时买不到筹码，出货时无人接盘的尴尬局面，可以说，主力的成功操盘也正是建立在对于对手的了解之上。那么散户的心态有哪些呢？

一般来说，追涨杀跌是一种最常见的心态，针对此点，主力会在低位吸筹时通过打压股价，制造恐慌的市场情绪；在出货时，则不时地大幅拉升股价，激发散户投资者的贪念。当主力达到目的后，散户要么是割肉出局了，要么是高位被套了，情况不容乐观。

此外，“放量要涨”也是散户投资者较为常见的思维方式，针对此点，主力会适时地在高位区通过对倒手法来制造一些虚假的成交量，以达到营造良好上涨氛围的局面，然而，其实际目的就是为出货。

如图 6－4 为金鹰股份（600232）2009－12－30 至 2009－08－20 期间走势图，此股经历了前期大幅上涨后，于高位横盘震荡之后出现了一个虚假的放量上冲走势，这是主力对吸引市场跟风盘介入所采用的操盘手法，其目的就是出货。

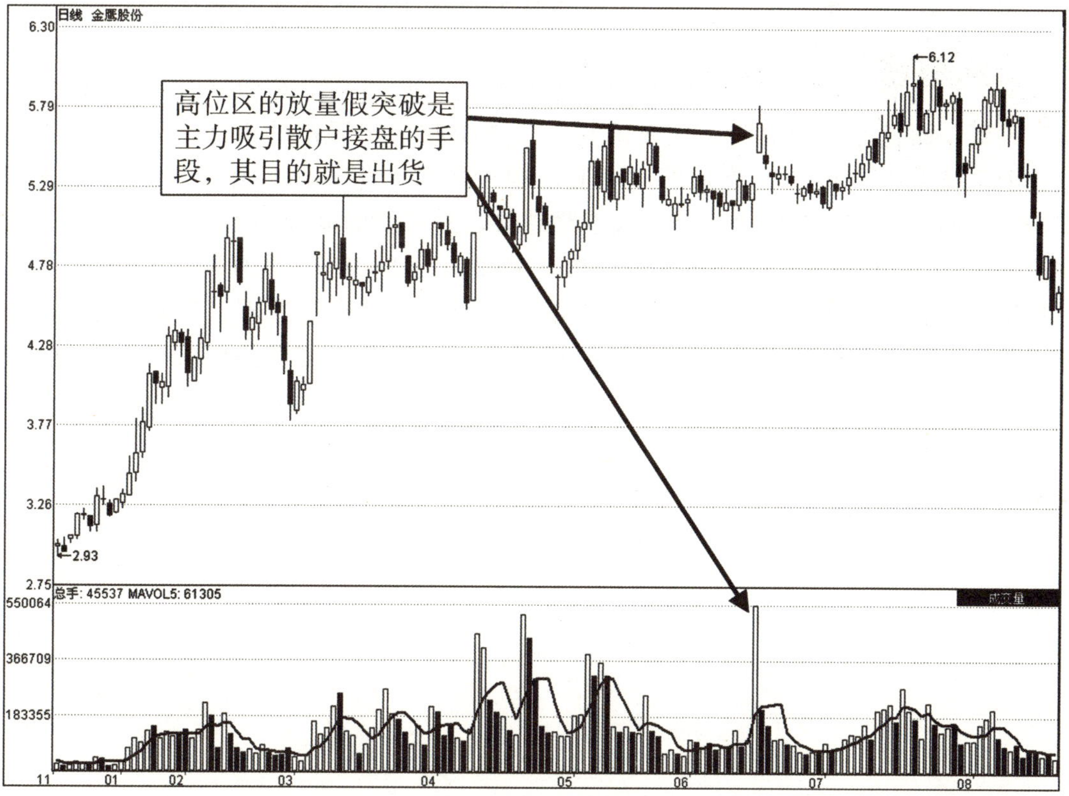

图 6－4 金鹰股份高位放量示意图

第三节　目前市场中有哪些主力

所谓市场中的主力，也就是二级市场中的主力。一般来说，以基金、券商、企业、机构、QFII、私募、大户或他们形成的联盟构成了当前二级市场中的主力资金。随着股权分置改革方案的实施，又有一个二级市场中的大资金步入了我们的视野——大小非。下面我们就来逐一看看这些主力的选股方式及其控盘策略。

一、基金

基金也称为证券投资基金，是基金管理公司通过发行基金单位，由基金托管人（即具有资格的银行）托管，由基金管理人管理和运用资金，从事股票、债券等金融工具投资活动，可以说，基金是一种间接的证券投资方式。在股市中所说的基金，是指那些从事股票投资的基金，一般称为偏股型基金。

由于基金倡导价值投资理念，因而其投资个股多偏重于那些绩优股、蓝筹股，而且由于基金资金规模较大，因而基金更偏爱盘子较大的股票，像浦发银行、万科A、贵州茅台、武钢股份、中国平安这些各类行业中的大盘绩优股，由于其业绩良好，往往是基金布局的首选。

基金是由证监会审批发行、面向广大基民的，它往往带有稳定股市大局的“政策”因素，而且证监会也明确地要求基金要承担起稳定股市的重任，因而，在控盘方式上，基金多会跟随大势来操作个股，很少爆炒个股，体现在个股走势中就是，基金控盘的个股一旦实现上升趋势或下跌趋势，其持续时间及力度都是较大的。

如图 6—5 为浦发银行（600000）2006 年 2 月至 2008 年 12 月期间走势图，作为一只基金重仓股，我们可以看到它在走势上的特点，无论是处于上升趋势还是处于下跌趋势，一旦趋势形成并确立，其趋势的持续时间及力度都是极大的，这就是基金控盘下的个股典型走势特点。

图 6—5 基金重仓股浦发银行走势图

二、游资

游资也称民间游资，是证券市场中极为活跃的因子。它的资金来源比较隐蔽，可能是几个有实力的大户联合而成，也可能是某家私人投资公司等等，总之，它的资金募集方式不是像基金那样公开、透明的。民间游资介入个股的目的很简单，一般就是希望能短期获得暴利。在个股的选股上，由于其资金规模有限，因而更注重那些有题材、有热点的中小盘个股，我们在市场上常看到个股出现连续涨停的奇观就与民间游资的炒作密不可分。由于市场上存在着较多派别的民间游资，当一只股票有好的题材或热点被发现时，就会吸引大量的民间游资涌入，出现明显的求大于供的局面，这时是哪家游资先介入，哪家游资就先获益，在这种抢筹的背景下，就诞生了题材股中的黑马。

如图 6－6 为界龙实业（600836）2007－12－24 至 2008－08－21 期间走势图，此股在此期间出现了与大盘截然不同的走势，大盘同期暴跌，而此股同期却暴涨，这种走势与其说是此股的迪斯尼题材导致的，还不如说是民间游资借机大肆炒作导致的。如图标注所示，在民间游资的疯狂炒作下，此股走势呈急涨行情，成交量明显放大，资金介入迹象明显。

图 6—6 游资爆炒股界龙实业走势图

三、QFII

QFII 全称为合格境外机构投资者。QFII 制度是指允许经核准的合格境外机构投资者，在一定规定和限制下汇入一定额度的外汇资金，并转换为当地货币开设专门账户投资当地证券市场的制度。一般来说，QFII 是真正的价值投资理念的倡导者，我们可以在很多绩优型个股的前十大流通股东中发现 QFII 的身影，而且 QFII 很少“炒作”个股，多是选择长线持有的策略。例如：在 2006 年上半年，基于我国当时经济发展的情况，A 股的总体估值相对于其他国家来说是低估的，这时 QFII 连续大幅增仓 A 股，所选个股都是业绩增长稳定且为行业代表的龙头个股，并且在 2007 年 A 股出现明显高估时进行了卖出。

如图 6—7 为中集集团（000039）2005 年 9 月至 2007 年 11 月期间走势图，作为集装箱行业的龙头企业，中集集团优势突出，因而成了 QFII 重仓个股，如图所示从 2005 年的最低价到 2007 年的最高价，此股在短短两年时间里，股价上涨了近 7 倍，而其股价增长一直与业绩增长挂钩，由此可知 QFII 的价值投资功力有多深厚。投资者如偏爱价值投资法，在选股时可参考一下 QFII 的重仓股。

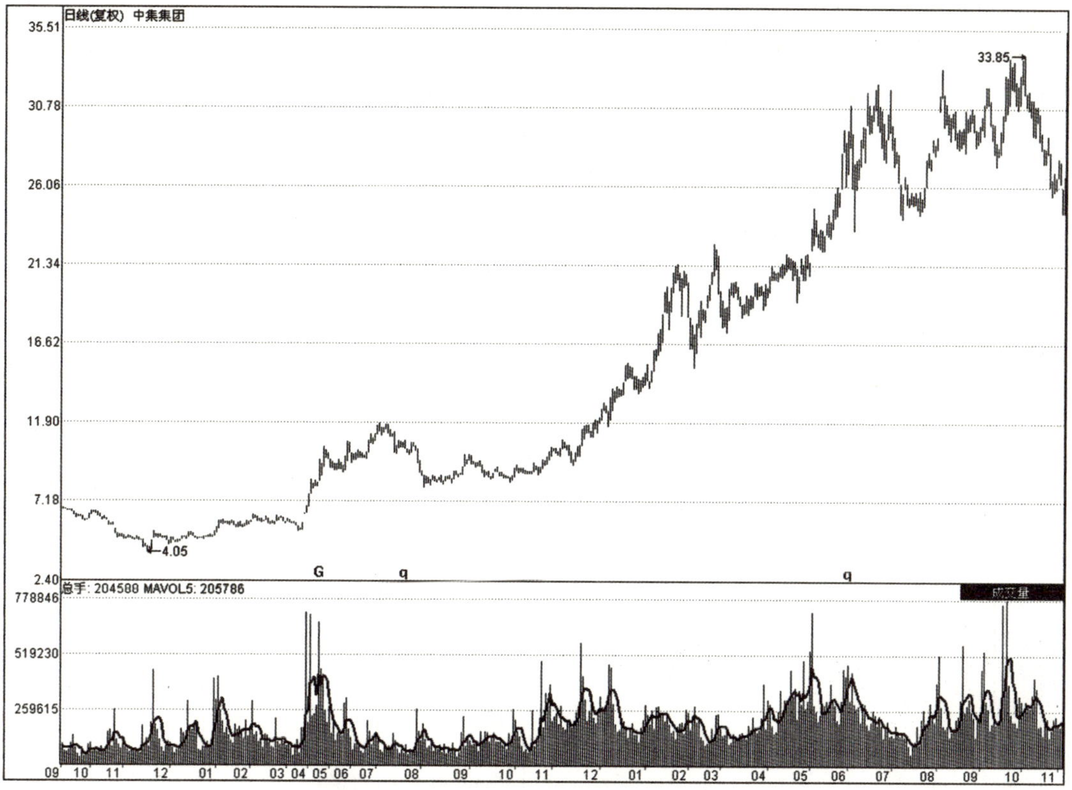

图 6—7　QFII 重仓股中集集团走势图

四、券商

券商是集合客户的资产，并按照集合理财计划进行投资管理的专业投资者。由于券商有专用的股票账户，在股市中的动向较为明显，因而其在股市中很少参与个股炒作，与基金行为相似，即多是被动持股，少数时间会随大势推波助澜。

五、大小非

大非即持股数超过总股本 5%的限售流通股东，小非即持股数小于总股本 5%的限售流通股东，随着全流通的出现，大小非正成为二级市场中的一股主要力量。一般来说，大小非持仓成本极低，一般都在 1 元以下，而二级市场的股价则很可能为十几元甚至几十元，因而，当大小非所持股票可以上市流通时，若公司经营业绩不佳，多会选择出逃。所以，在有大小非解禁的个股中，我们主要关注大小非是否有减持意向，大小非作为上市公司的大股东，多参与上市公司的经营运作，他们对公司的实力、公司的未来发展情况远比我们普通投资者了解得透彻，当大小非减持时，虽然股价短时间内不一定跌，但从长远角度来看，其下跌的概率要更大一些。

如图6—8为紫金矿业（601899）2008—10—29至2009—10—16期间走势图，如图标注所示，在大小非上市流通后，由于大小非的疯狂减持，成交量开始明显放出，同时股价走出了高位横盘震荡的走势，在此支撑股价高位横盘的因素主要有两个：一是基金的高位撑盘；二是黄金期货价格的节节攀升。在考虑此股未来的走势上，我们可重点关注大小非动向和国际黄金走势，至于基金则可以不必过于关注，因为国内的基金虽然倡导价值投资理念，但实践起来却总体现为急功近利的追涨杀跌行为。

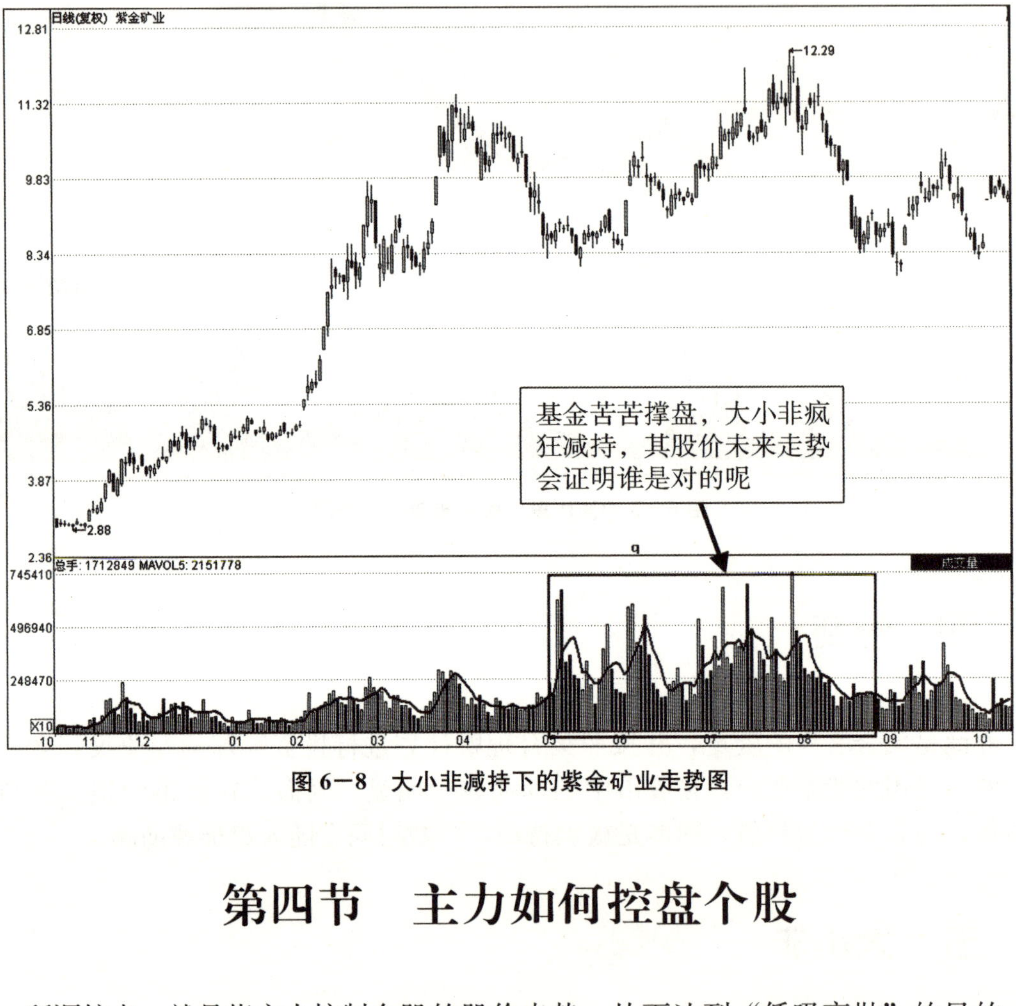

图6—8 大小非减持下的紫金矿业走势图

第四节 主力如何控盘个股

所谓控盘，就是指主力控制个股的股价走势，从而达到“低吸高抛”的目的。一般来说，为达到这一目的控盘的步骤按时间顺序可分为：吸筹阶段、拉升阶段、洗盘阶段、出货阶段。下面我们就来简要介绍一下各个阶段下主力的行为方式及控盘特点。

一、吸筹阶段

吸筹就是指主力把自己手中的资金转换为股票的过程。主力在吸筹时一般会关注两点：一是要吸筹的个股；二是筹码的价格。对于选择个股的方式来说，长线主力多挖掘有业绩增长潜力的绩优股，而短线主力则往往顺应市场热点挖掘短期内的题材股。至于筹码的价格，当然是越低越好。首先，筹码价格较低，可以方便未来将股价炒得更高；其次，当筹码价格越低时，相同的资金可以转成的筹码数量就越多，主力的吸筹力度就越大，未来控盘能力也越强。

对于普通投资者来说，当发现长线主力开始吸筹时，此时若有耐心，可以与主力一同布局个股，并作中长线持有打算；若发现短线主力拉高吸筹，则可快速跟进，因为这种股票短线还有很大的上涨空间。

二、拉升阶段

当主力吸筹完毕后，就会对此股进行拉升，拉升就是把股价拉高的过程，这样才能实现低买高卖并从中获得经济上的收益。通常情况下，主力拉升个股时要选择一个较好的时机，比如有关上市公司或相关行业的一些朦胧利好消息、大盘企稳上升等等，并逐步吸引跟风盘进场帮助主力拉升，以此减轻拉抬过程中的抛压。

对于普通投资者来说，我们既要判断出个股是处于主力拉升之中，还是处于假突破状态。若主力刚刚开始拉升此股，则是我们介入的好时机，在此介入可以获得极好的时间——收益比。

三、洗盘阶段

洗盘主要出现在两个时期：一个是出现在主力吸筹完毕后、拉升前，这时的洗盘可称为“震仓”，其目的是把那些不坚定的浮筹震出去，为防有跟风盘或原持有的人搭乘顺风车而进行震仓，并可以有效减轻主力的拉升阻力；另一个是出现在主力拉升途中，其目的是洗掉市场内的获利筹码，使市场内的持股成本趋于一致，从而方便主力后期继续推高股价并为后续的出货打好基础。因为主力在出货时若出现市场获利浮筹太多、获利空间太大的情况，就会面临着散户与主力抢着出货的局面，散户资金少，随时都可以抛出走人，但主力资金庞大，出货时间较长，因而若出现这种情况对主力是非常不利的，通过拉升途中的洗盘，主力就可在高位区更从容地出货了。

对于普通投资者来说，当个股处于明显的低估区间时，我们不要因为股价短线波动而耐不住性子抛出筹码，因为这极有可能是主力拉升前的震仓；而当个股处于明显的上升趋势中时，若无明显的趋势转向信号，也不要急于抛出筹码，因为当前很可能是主力的一次洗盘行为，洗盘过后，此股仍会步入主升浪。

四、出货阶段

出货是指主力高位卖出手中原来低价买入的筹码，是主力控盘的最后一个环节，也是关系到成败的一个环节。主力在出货阶段会利用各种手段，如：制造放量假突破、散布市场传闻、鼓动券商推荐等等，但无论主力怎么做，这时由于个股出现了供大于求的情况，其走势必然是滞涨的，可以说，股价走势是最能说明主力是否出货的因素。一般来说，主力要结合大盘的强势或利好消息才能顺利完成，而且，出货过程并不是一蹴而就的，都需要反复进行数次炒作，才能最终完成全仓出货。当你发觉股票怎么不涨反跌的时候，主力已经出局了，而散户已经被套住了。

对于普通投资者来说，只要我们打开此股的K线走势图，一般来说是较容易区分主力是否已有出货行为的，当个股处于高位区震荡，多是由于主力出货造成的，若此时个股股价明显高估，即使此股后期仍有一波，我们也不应再参与了，因为这时的风险是远大于收益的。只要投资者不以过热的情绪去追涨高位股、不抱高位波段获利的侥幸心态，我们是可以完全彻底地战胜主力的。

如图6—9为莫高股份（600543）2008—08—21至2009—08—12期间走势图，图中标注了主力对于此股的控盘过程，读者可以结合上面讲过的内容来加深对每一控盘阶段的理解。

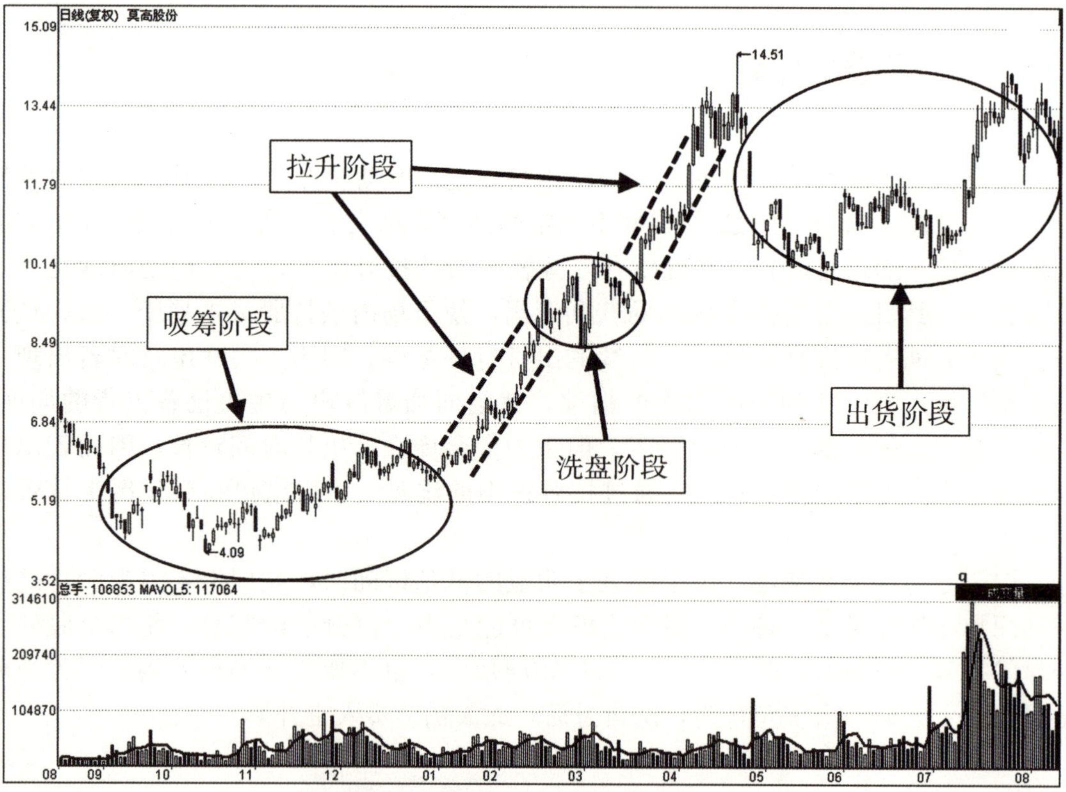

图6—9 莫高股份主力控盘过程示意图

第五节　主力操盘手法有哪些

主力为达到每一阶段控盘的成功，往往使用各种操盘手法，正是得益于这些操盘手法，主力才能屡屡制造假象迷惑散户，也才能实现自己成功控盘的目的。一般来说，同一种操盘手法可能出现于主力控盘的不同阶段，而在某一控盘阶段中，主力也可能会采用多种操盘手法，此时投资者一方面要了解主力在使用何种操盘手法，另一方面也要分析主力的真实意图，这样才能做到心中有数。

一、打压手法

首先，让我们看看何为打压。打压是一种形象化的说法，顾名思义，是主力打压股价的手法。也就是说，只有当主力手中有一定的筹码后，才可以利用这些筹码在二级市场中打低股价。那么，主力为何要打低股价呢？我们可以结合主力控盘的各个阶段来理解。

在吸筹阶段，若个股底部区的走势是四平八稳的，相信没有几个投资者愿意抛出自己手中的筹码，无论是对于被套的投资者还是对于底部介入的投资者，平稳的股价走势导致市场卖出意愿大幅降低，这种走势下，主力是难以吸筹的。此时主力利用手中筹码进行打压，并结合当时市场低迷的气氛，就可以制造出股价“深不见底”的假象，让惴惴不安的投资者由于恐慌而抛出筹码，主力则借机低位吸筹。在洗盘阶段，主力顺势打压，既可以让自己降低仓位，也可以让市场误以为股价见顶，从而途中抛完，让市场完成换手。在出货阶段，若高位区的接盘量太少，主力将股价打低一个价位就可以更好地吸引抄底盘介入了，因为市场中喜欢抢反弹的散户毕竟不在少数，看到个股短线的暴跌，主力正好可以利用市场抢反弹的心理进行大量出货。

如图 6－10 为中国铝业（601600）2008－07－23 至 2009－06－05 期间走势图，此股在 2008 年经历了暴跌的洗礼，股价大幅缩水，如图标注所示，在 2007 年 10 月期间出现了止跌企稳的走势，同时成交量开始温和放出，这是主力资金介入的迹象。随后一连串阴线让股价再次回到了起涨前的位置，这就是主力的打压手法，打压过后，投资者对此股的后势会明显看淡，随后当此股再次收复失地，那些前期没有及时抛出的散户投资者多选择了出逃，主力则借机大量吸筹。

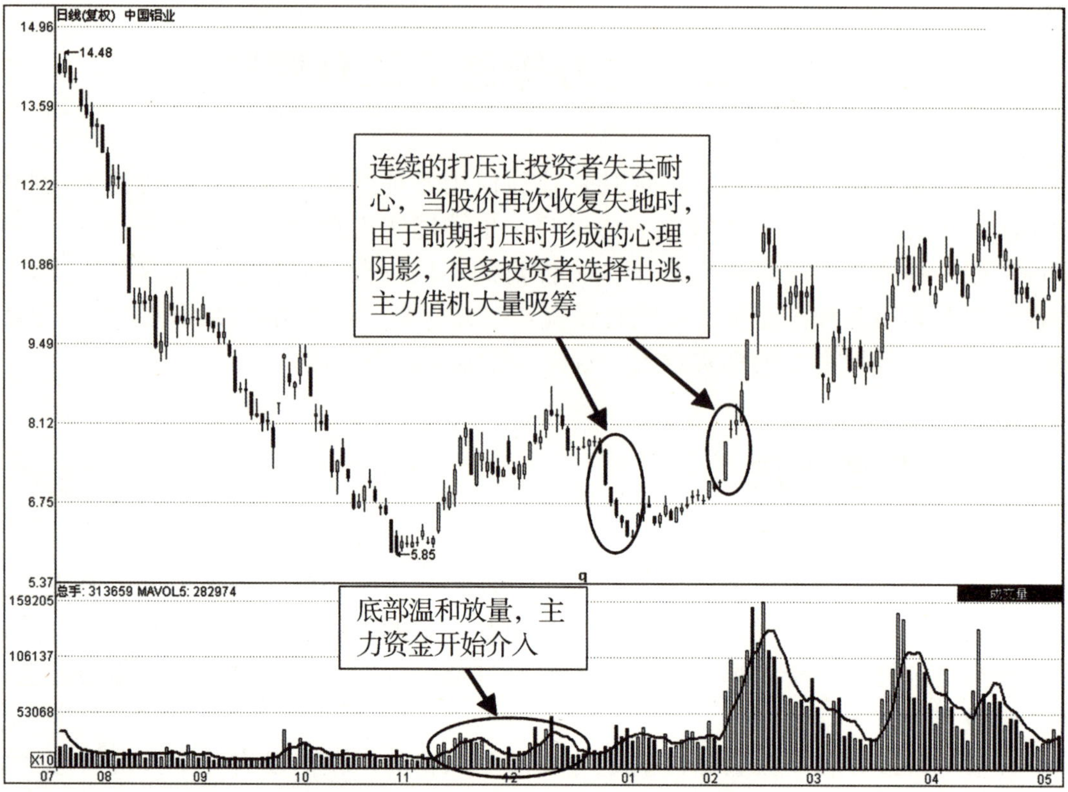

图 6—10　中国铝业主力打压吸筹示意图

二、对倒手法

所谓“对倒”就是主力利用自身的大量交易账户，将自己左手里的筹码倒进右手。对倒的目的无非是利用成交量制造有利于主力的股价，吸引散户投资者接盘或抛出。一般来说，主力对倒会增加其持仓成本，且对倒会暴露主力行踪，因而“对倒”手法多出现在主力的拉升或出货阶段，在主力拉升时，通过对倒吸引跟风盘加入进来，帮助主力完成拉升，这种主力的实力一般是较弱的；在出货的时候，通过对倒制造放量突破的假象，引诱那些有追涨情绪的投资者高位接盘。此外在震仓、洗盘时主力也有可能使用对倒手法，由于这时的跟风盘获利比较丰厚，主力一般会采用大幅度对敲震仓的手法使一些不够坚定的投资者出局。

如图 6—11 为合加资源（000826）2008—11—06 至 2009—08—17 期间走势图，此股在此期间位于高位区横盘震荡之中，说它此时处于高位区，我们从图 6—12 此股在 2009—08—17 之前的走势全景图中可以一目了然。如图 6—11 中标注所示，高位区出现了明显的对倒痕迹，并且在对倒放量刚一开始时，相信很多投资者可能误以为此股会出现暴涨的情况，然而实际情况正好相反，主力的对倒是为了出货，绝非拉升，因而当市场开始关注这只放量个股时，主力则借机出货，此股随后走势当然会很糟。

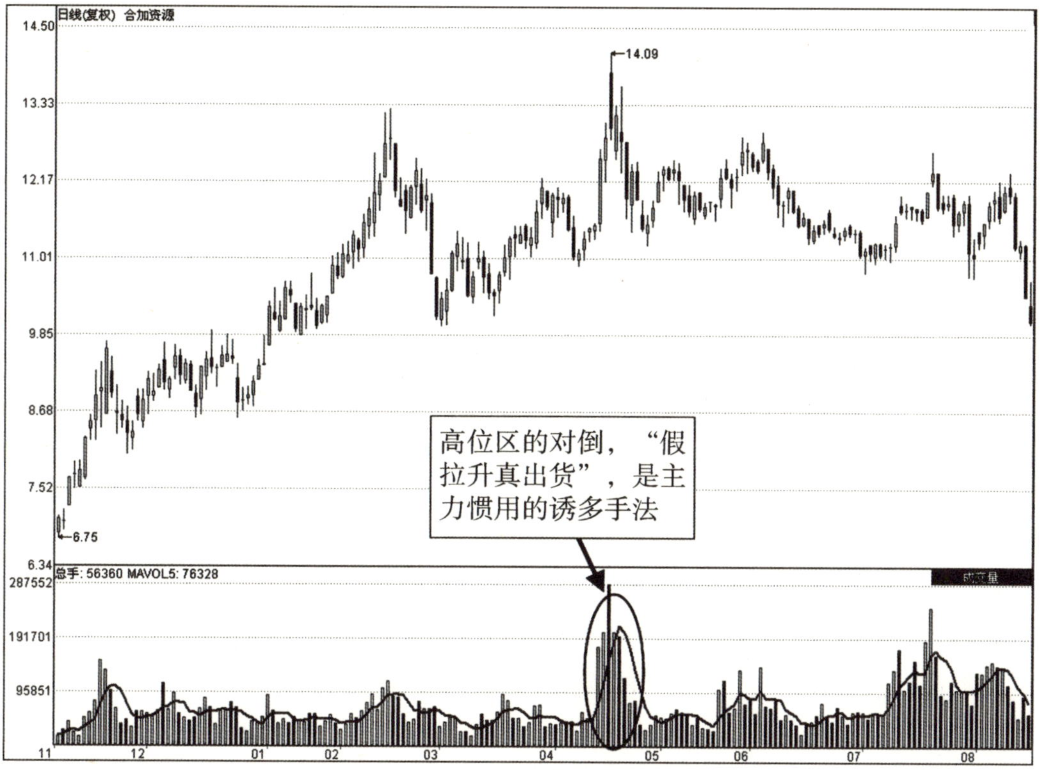

图 6－11　合加资源高位区对倒出货示意图

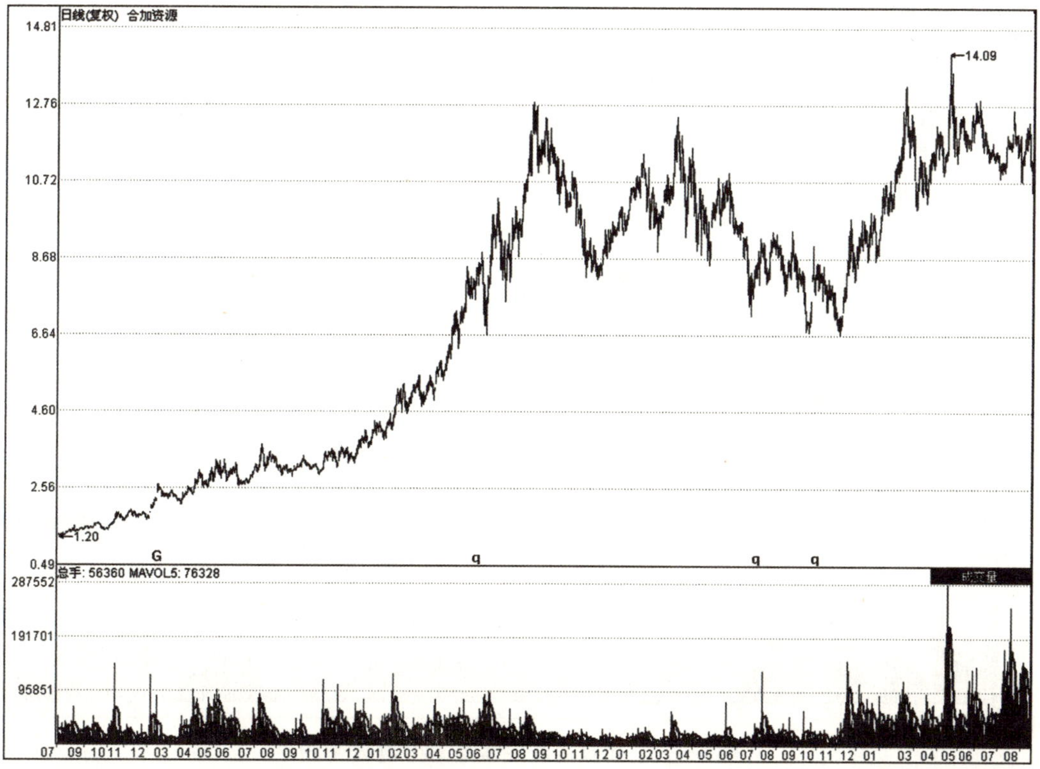

图 6－12　合加资源 2009－08－17 之前走势全景图

三、轮炒手法

在牛市当中，我们会发现板块与板块之间出现轮涨的情况，即一个板块近期涨势良好，随后另一个板块又异军突起，这就是所谓的轮炒，轮炒手法是多家主力的一种“默契”配合，也是阶段性牛市的标志。

在大盘指数缓慢爬升的过程中，市场热点轮番变动，有的板块先涨，有的板块后涨，此时若投资者以中长线的方法抱着一只个股不动，就很可能错失掉很多短线机会，并且失去很多捕捉板块热点的机会，会面临着“只赚指数不赚钱”的尴尬局面。了解主力的轮炒手法，把握好板块之间的轮动规律，是让我们的资金在股市中实现快速增值的必备手段。此外，我们也应看到主力轮炒之下的风险，因为轮炒可使指数不因个股出货而下跌，使指数保持上扬的势头，这就易于掩护那些已被炒高的个股顺利出局，这是要引起投资者警惕的地方。

如图 6－13 为新兴铸管 2006－11－03 至 2007－10－23 期间走势图，从图中标注可以看到，在 2007 年上半年主力炒作中小盘个股的氛围下，此股作为钢铁股涨幅惊人，同期涨幅远高于大盘指数；但是到了下半年，由于市场热点发生了转变，主力开始大肆炒作大盘蓝筹股，于是此股出现了滞涨，在此期间大盘则屡创新高。

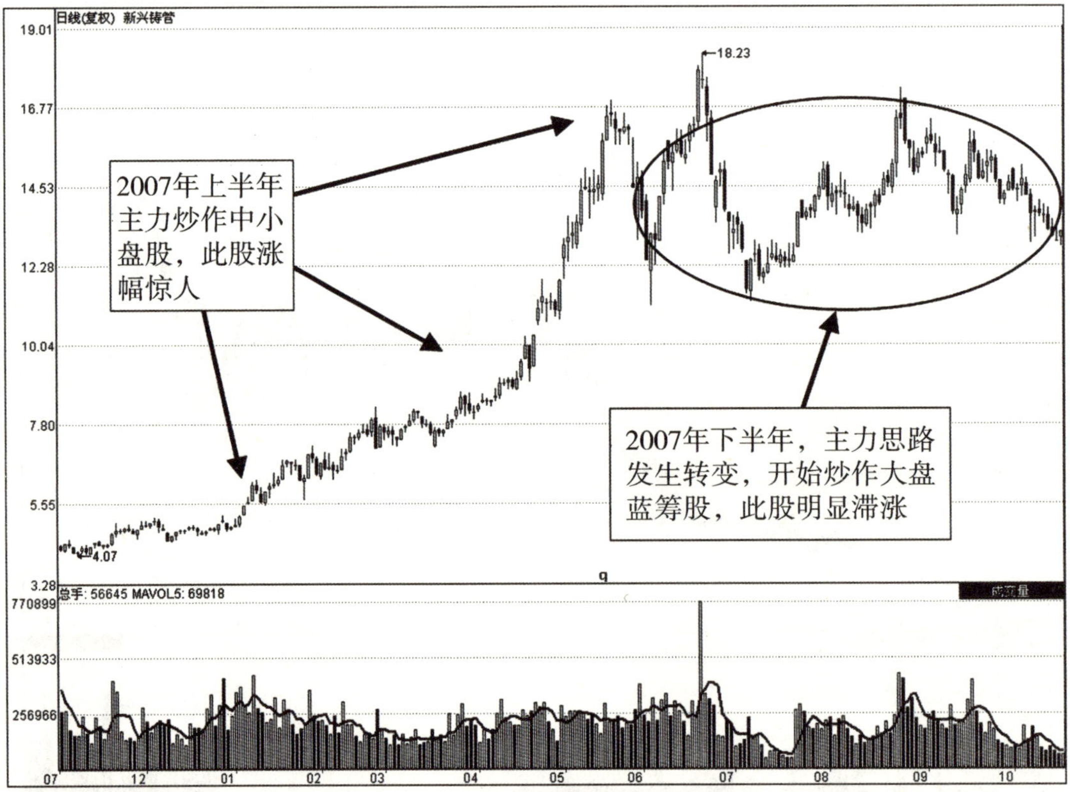

图 6－13　中盘股新兴铸管 2007 年走势图

如图 6－14 为武钢股份（600005）2007－11－24 至 2008－10－12 期间走势图，同为钢铁股，我们可以发现在 2007 年上半年中，此股的涨幅涨势明显不如新兴铸管，这期间，此股主要是跟随大势一同上涨；但这一情况在 2007 年下半年出现了改变，由于此股符合下半年主力对于“大盘蓝筹”概念的炒作，因而后发制人，在 2007 年下半年很多中小盘个股滞涨的情况下，再次走出上升行情。

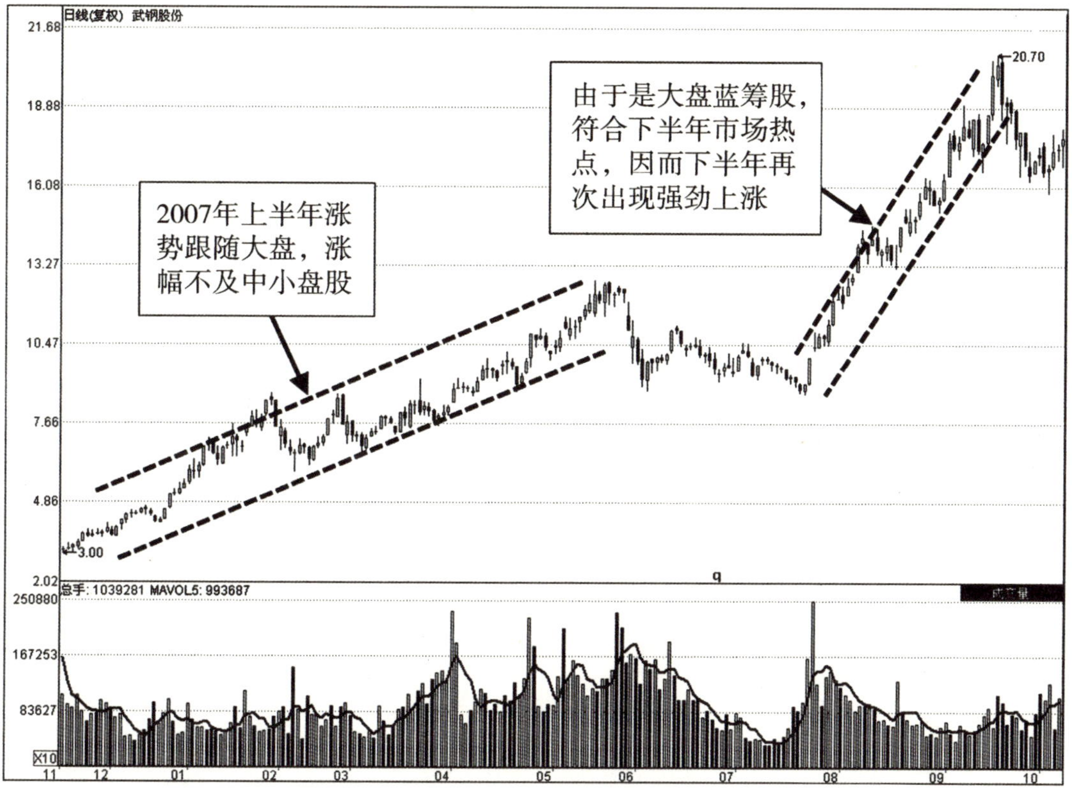

图 6－14　大盘蓝筹股武钢股份 2007 年走势图

第七天　认识涨停板与跌停板

第一节 涨停板为何出现

涨停板制度的本意是避免股价短时间内的剧烈波动而引发投资者情绪失控，从而作出非理智的决定。然而实际情况却往往并非如此，涨跌停板的出现在一定程度上也起到了助涨杀跌的作用。因为当涨停板出现，由于持股者及场外买盘看到充足的买盘力量，都会相应的提高心理预期，从而选择在更高的价位进行交易。不了解原因，我们就无法解释涨停板，也无法在实战中操作涨停板，那么，涨停板出现的原因有哪些呢？

一、公司重大事项导致的涨停板

上市公司若出现主营业务转型、签下大订单、大股东注入优质资产等重大利好事项时，市场往往会给予积极的回应，会出现涨停板走势。在重大事项当中，最为常见的要数定向增发收购优质资产，即通常所说的资产重组。通过资产重组，上市公司可以享受以下几点好处：避免同业竞争、减少关联交易、提高资本利润率、把上市公司中的不良资产分离出来，重大的资产重组则促使上市公司主营业务完全转型，使上市公司从原来的业绩较差变为业绩优秀，起到化腐朽为神奇的作用，与此相应的二级市场中的股价也将出现大幅变化。

如图 7－1 为首开股份（600376，此股原名为：天鸿宝业）2007－02－28 至 2007－07－23 期间走势图，此股于 2007－04－04 停牌交易，并于 2007－07－12 复牌交易并发布重大事项："天鸿宝业：以 10.44 元/股向首开集团发行不超过 5.5 亿股股票。通过本次交易，首开集团将土地一级开发业务、房地产开发业务以及优质持有型物业注入公司，将迅速扩大公司的经营规模，使公司竞争力得以大大提高。通过本次向首开集团购买资产，公司盈利能力将提高，每股收益和净资产收益率等指标均有一定幅度的增长，从根本上符合公司及全体股东的利益。"可以说，这是一个重大资产重组，通过注入了首开集团的优质资产，上市公司未来发展前景喜人。如图标注所示，二级市场中的股价走势也给予了积极的回应，连续八个涨停堪称当时市场中的一大奇观。

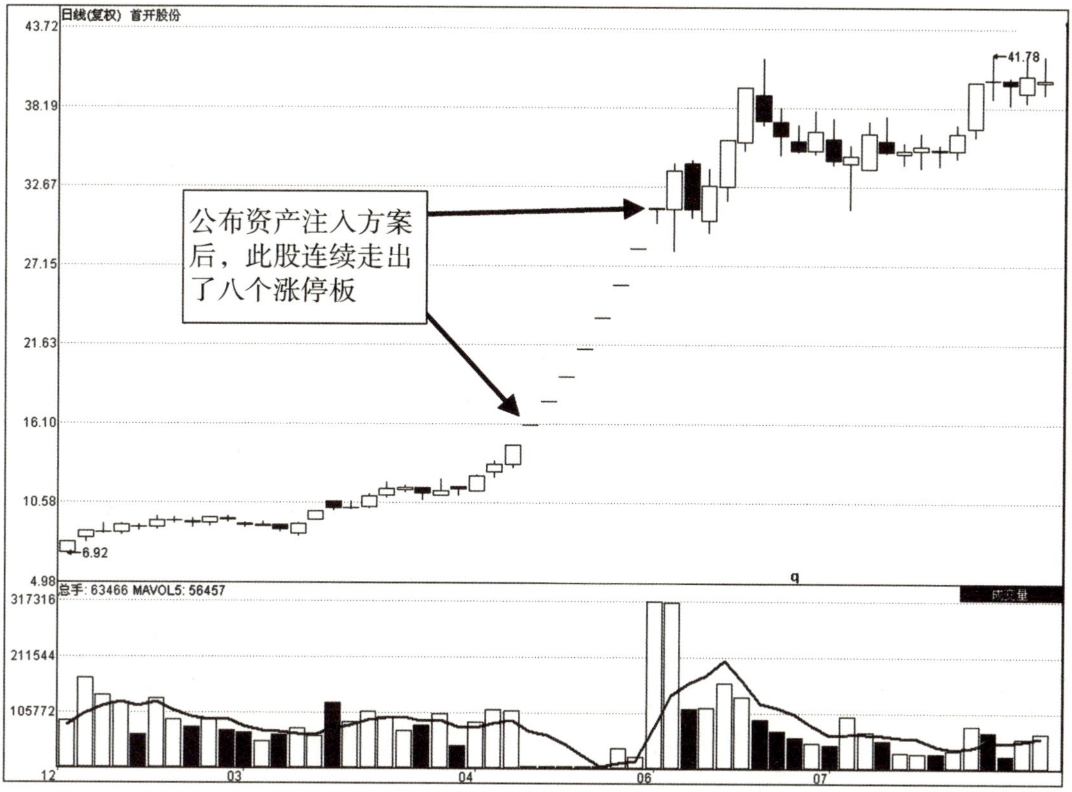

图 7—1　首开股份连续八个涨停板示意图

二、政策利好导致的涨停板

我国股市也素有政策市之称，政策既可以为股市走势推波助澜，也可以让股市走向发生反转。这是因为股市在很大程度上影响实体经济的发展，股市的暴涨暴跌对于实体经济的发展是极为不利的，为了防止过度投机造成股市的大起大落，政府会在股市过热时降降温，在股市低迷时打打气，而其手段就是通过发布一系列的政策，有些政策是直接针对股市的，这样的政策对股市影响最大，往往可以促使市场走势发生转向。

如图 7—2 为上证指数 2007—08—25 至 2007—10—31 期间走势图，从图中可以看到大盘在 2007 年上半年大幅上涨，为防止股市过热引起通货膨胀、经济过热等不利因素，国家于 2007—05—30 发布提高印花税的政策利空消息，这一政策立竿见影，沪深两市绝大多数个股在 5 月 30 日后就止住了上涨的势头，虽然下半年大盘仍继续上涨，但却是少数指标股推动的，与大多数股无关。

如图 7—3 为上证指数 2008—01—03 至 2009—03—11 期间走势图，大盘于 2007 年 10 月见顶，并在 2008 年出现暴跌走势，为防止这种股市暴跌的不利因素传导到实体经济中，国家于 2008—09—19 出台三大利好政策：“1. 证券交易印花税只向出让

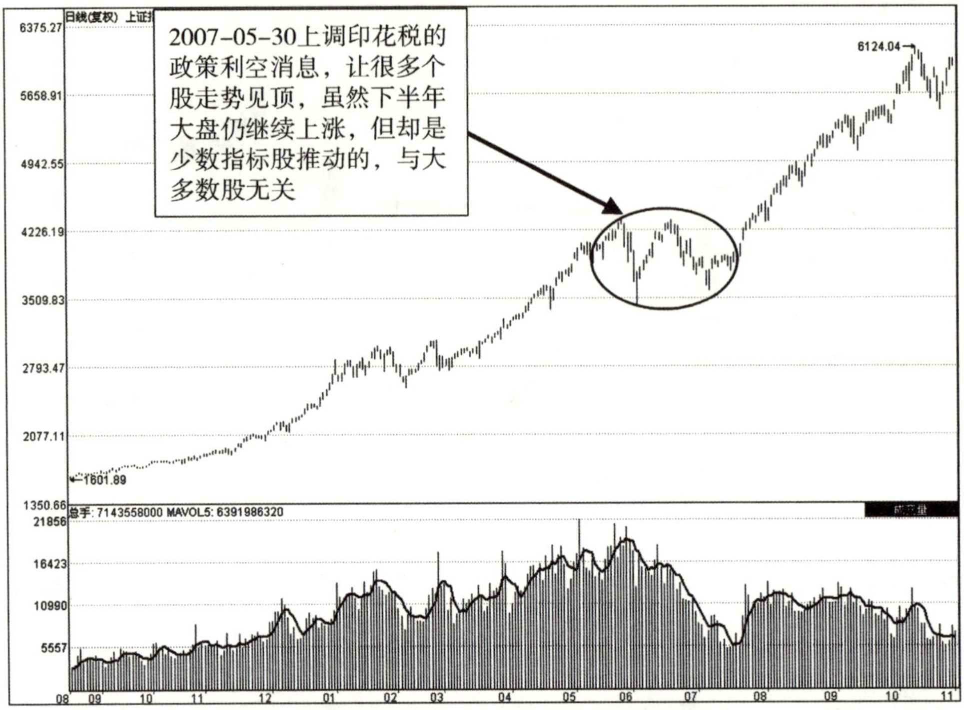

图 7—2　2007 年的政策利空打压股市示意图

方征收；2. 国资委支持央企增持或回购上市公司股份；3. 汇金公司将在二级市场自主购入工、中、建三行股票，并从昨日起开始有关市场操作。”这一强有力的针对股市的利好政策有效地阻止了大盘的下跌走势，大盘开始逐步步入回暖趋势。

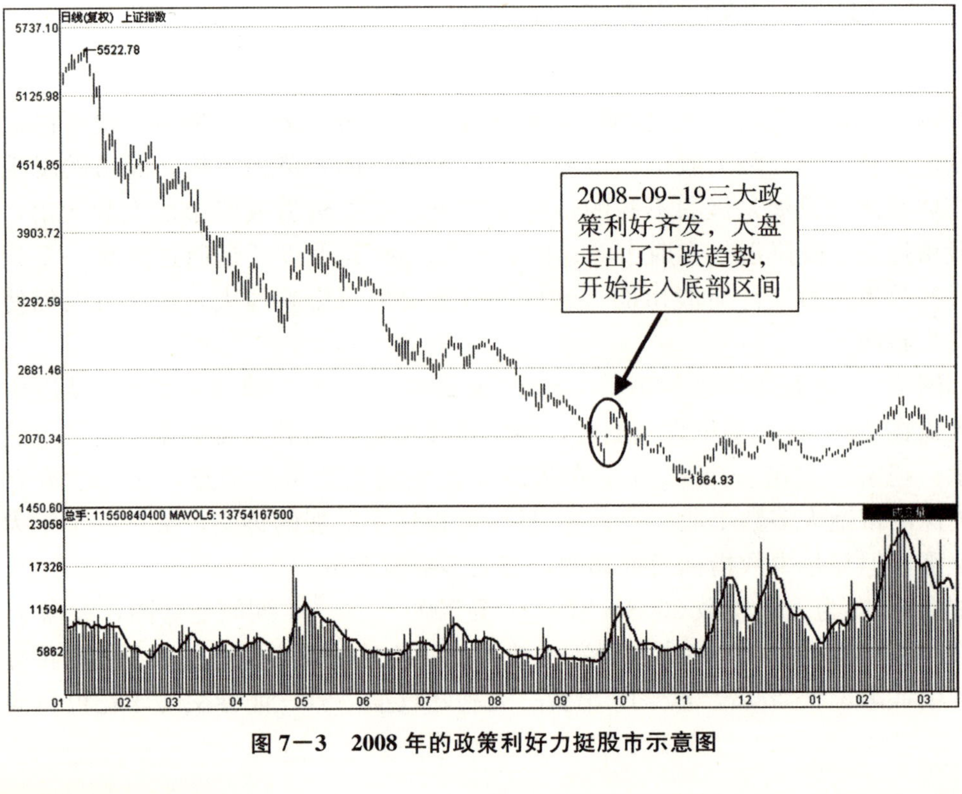

图 7—3　2008 年的政策利好力挺股市示意图

三、业绩预增导致的涨停板

业绩始终是股价波动的核心因素。短期个股的股价可以受到诸如消息、主力、题材等因素的影响，但是从长远的角度来看，股价仍是在围着业绩波动。贵州茅台、苏宁电器、万科 A 等上市公司之所以实现了股价的连年上涨，就是因为它们的业绩始终保持着较高的增速，业绩对股价形成了支撑。当一只个股公布季报或年报时，如果其业绩增长幅度大大出乎市场意料，则很有可能在业绩公布当日出现涨停，这也充分说明了市场投资者对于业绩的重视。

如图 7－4 为海信电器（600060）2009－07－20 至 2009－10－12 期间走势图，如图标注所示，此股在 2009－10－12 日发布“海信电器：预计 2009 年 1～9 月份净利润同比增长 100％以上”，且这种业绩增长是由于公司的主营业务突出，因为公司的平板电视销量大幅增长，市场占有率持续提高，且继续稳居第一位；公司整体盈利能力与核心竞争力得到大幅度提高。在市场投资者的追捧下，此股当日高开高走，出现涨停板。

图 7－4　海信电器业绩预增下的涨停板示意图

四、主力运作导致的涨停板

在股市久了，我们发现虽然消息面、业绩预增等因素是涨停板出现的原因，但是大多数的涨停板却并非是由于消息导致的，在这种情况下的涨停板，我们可以将其称为主力运作下的涨停板。读者可以试想一下，散户投资者由于力量分散、无法凝聚，若无外界消息面的引导，是不可能突然向一个方向发力的，也只有主力才有这样的实力，主力在建仓、拉升、洗盘、出货时，为达到控盘目的，很可能运用涨停板的方式。

如图 7－5 为昆明制药（600422）2009－04－23 至 2009－10－16 期间走势图，从图中标注可以看到，此股在 2009－07－29 和 2009－10－16 这两日出现涨停板走势，而此股在此期间并无消息面引导，这两日的涨停板可以说是主力运作的结果，从此股走势中我们可以明显地看出，涨停板的目的就是拉升股价。

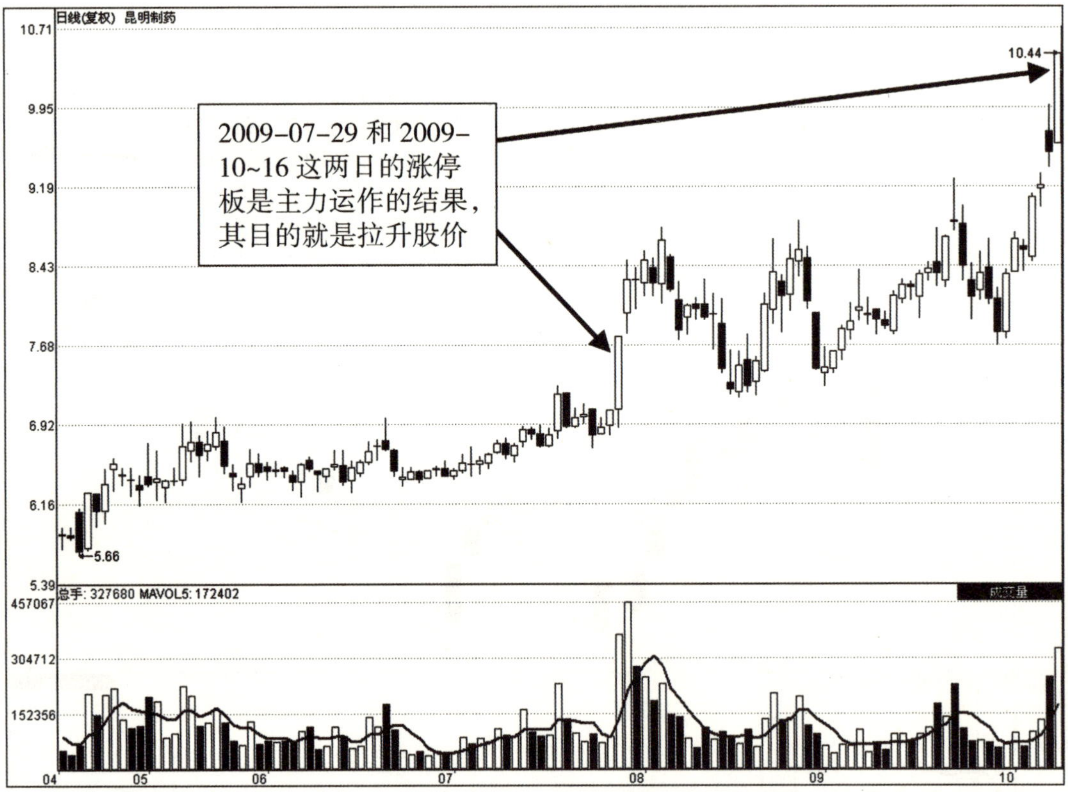

图 7－5 昆明制药主力运作下的涨停板示意图

五、市场热点导致的涨停板

股市既注重业绩增长，也注重题材炒作，所谓的题材就是市场热点，由于市场热点可以在短时间内很好地聚集人气，若有主力资金在其中煽风点火，则很可能激发大众的热情，从而走出高开高走的涨停板。

如图 7－6 为德赛电池（000049）2008－08－18 至 2008－10－31 期间走势图，如图标注所示，在巴菲特入股比亚迪消息的刺激下，此股由于生产与电动汽车相关的电池，多次出现涨停板走势。

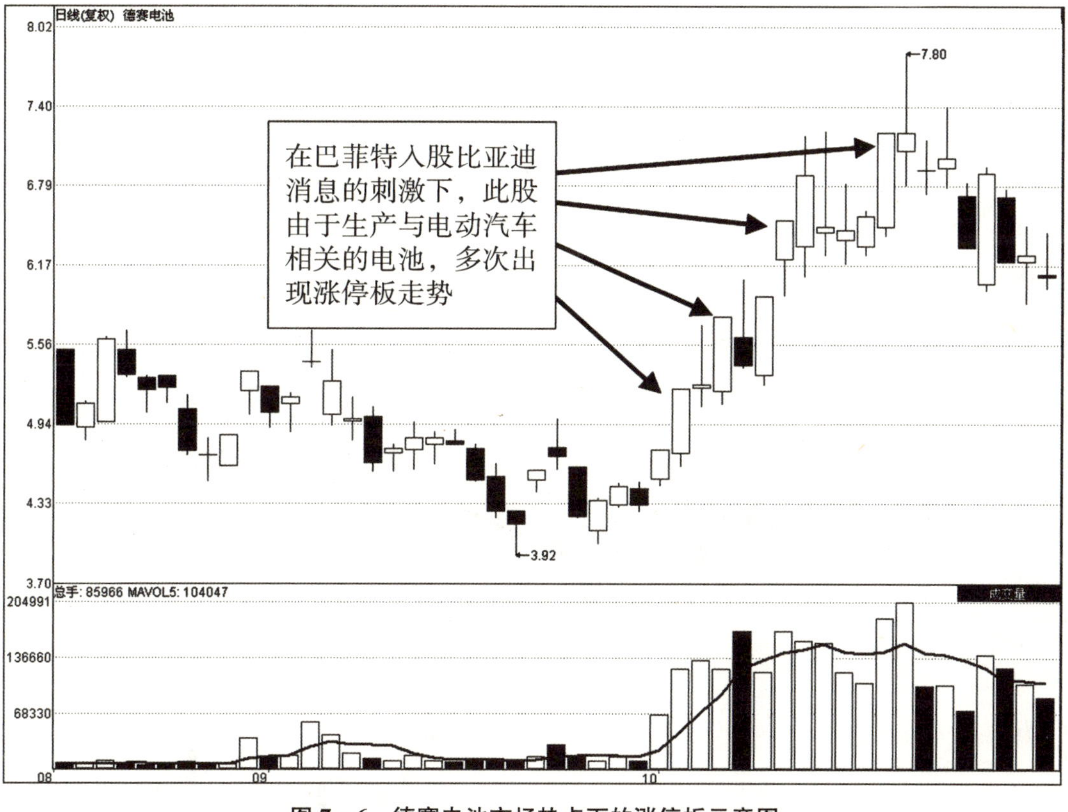

图 7－6　德赛电池市场热点下的涨停板示意图

第二节　跌停板为何出现

在理解涨停板之后，对于跌停板，我们就比较容易理解了。涨停板多预示着机会，是财富增值的信号；而跌停板则预示着风险，是财富缩水的信号。本节中，我们就来看看跌停板常在哪些情况下出现。

一、公司重大事项导致的跌停板

上市公司若出现资产重组失败、生产车间受到损坏、因偷税漏税受到调查、受到自然灾害影响、在金融投资中操作不当出现重大损失或者是一些关于上市公司的负面消息等重大利空事项时，往往会形成市场悲观情绪，引发投资者的纷纷出逃，从而出现跌停板走势。

如图 7－7 为浦发银行（600000）2007－12－21 至 2008－04－30 期间走势图，如图标注所示，在 2008－02－20 当日出现跌停板走势，也许很多投资者在当时还不明白为何股价出现这种极端走势，但随后在第二天就可以明白原因了。2008－02－21 浦发银行公布消息：“浦发银行：正在研究以公开发行方式募集资金，补充核心资本。”很明显，昨日的资金出逃是由于市场已提前获知了上市公司的恶意圈钱计划，当时由于股市正处于弱市，弱市的最大特点就是对于利空消息有放大效应，当时市场都把这个方案称为恶意圈钱的计划，毫无疑问，当时的市场环境下，这则消息无疑是重大利空，会引发投资者的严重不满情绪，因而出现资金疯狂出逃，股价跌停的情况。

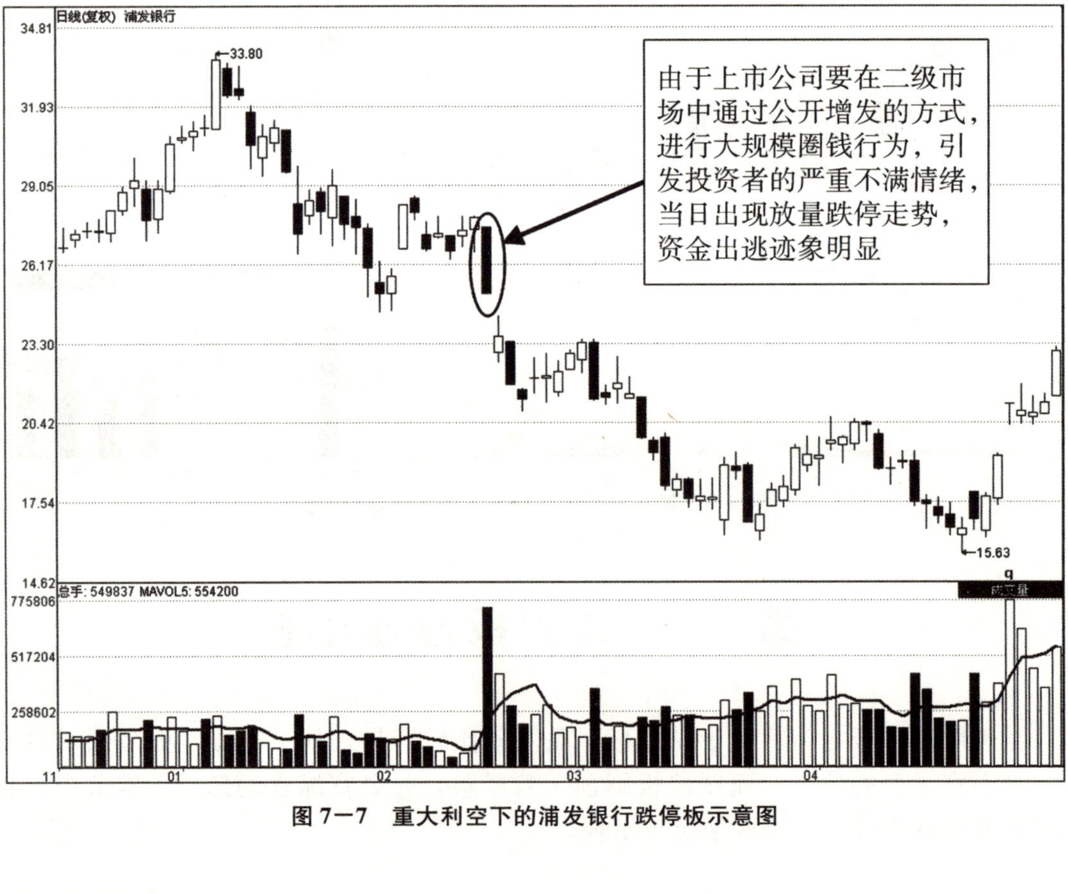

图 7—7　重大利空下的浦发银行跌停板示意图

二、政策利空导致的跌停板

股市的暴涨暴跌对于实体经济的发展是极为不利的，为了防止过度投机造成股市的大起大落，政府会在股市过热时降降温，这时由于政策的预警，往往会使很多资金出现不安，从而夺路而逃，反映在个股盘面上就是跌停板频现。

如图 7－8 为时代万恒（600241）2007－03－12 至 2007－07－15 期间走势图，从图中可以看到此股前期一直处于上升趋势中，且并无趋势见顶迹象。但由于 2007－05－30 发布的上调印花税政策的影响，股价急转直下，连续出现了跌停板走势，由此可见，政策对于股价走势的影响力。

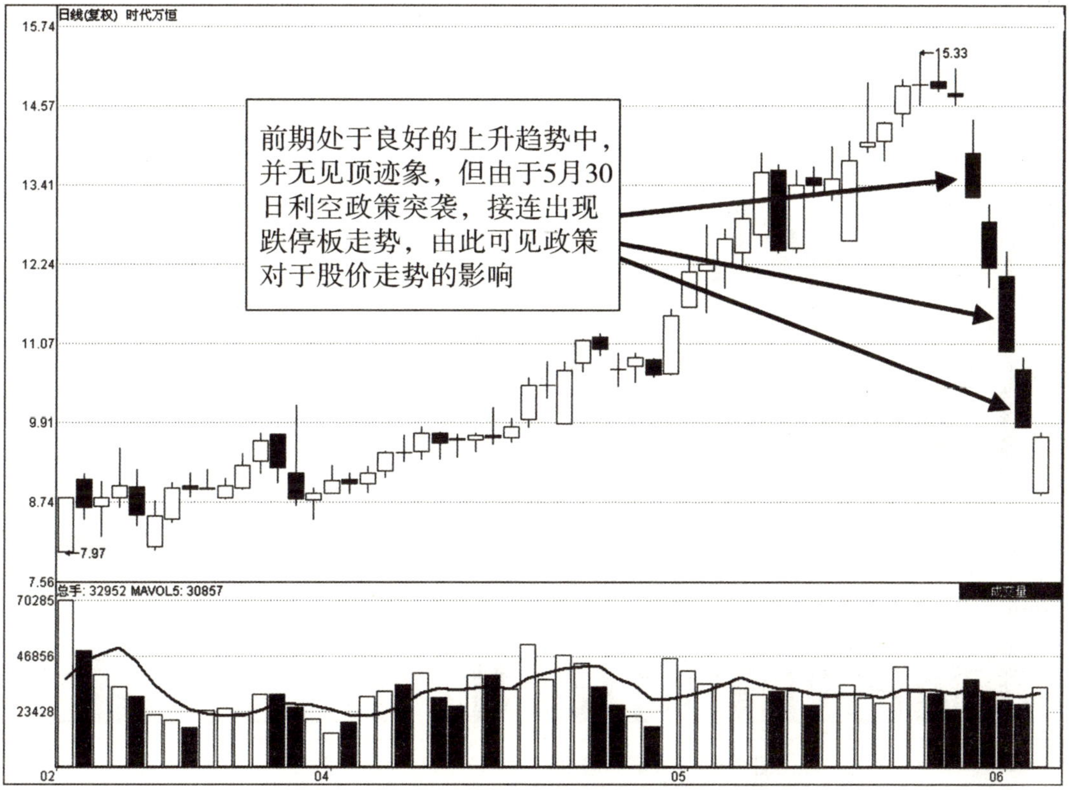

图 7—8 时代万恒政策利空下的跌停板示意图

三、业绩预减或大幅亏损导致的跌停板

业绩始终是股价波动的核心因素。短期个股的股价可以受到诸如消息、主力、题材等因素的影响，但是从长远的角度来看，股价仍是在围着业绩波动。贵州茅台、苏宁电器、万科 A 等上市公司之所以实现了股价的连年上涨，就是因为它们的业绩

始终保持着较高的增速，业绩对股价形成了支撑。当一只个股公布季报或年报时，如果其业绩出现大幅亏损或大幅预减，则很有可能在业绩公布当日出现跌停板走势。但是，据笔者经验，一般来说，业绩公布时，若出现业绩大幅增长，则涨停的可能性较大；若出现业绩大幅减少，多是在大盘当日大幅下跌的配合下或者个股前期经过了明显的炒作，才有较大的可能出现跌停板走势。

如图 7—9 为双环科技（000707）2009—02—27 至 2009—07—14 期间走势图，如图标注所示，此股在 2009—08—31 发布季报“双环科技：2009 年 1～6 月每股收益—0.043 元，净利润同比减少 110.62%”，而这一亏损是由于公司营业收入、营业利润和净利润比上年同期大幅下滑导致的，因而投资者对于此股多会出现信心不足的现象，在投资者大量出逃的情况下，此股当日也走出了跌停板的走势。

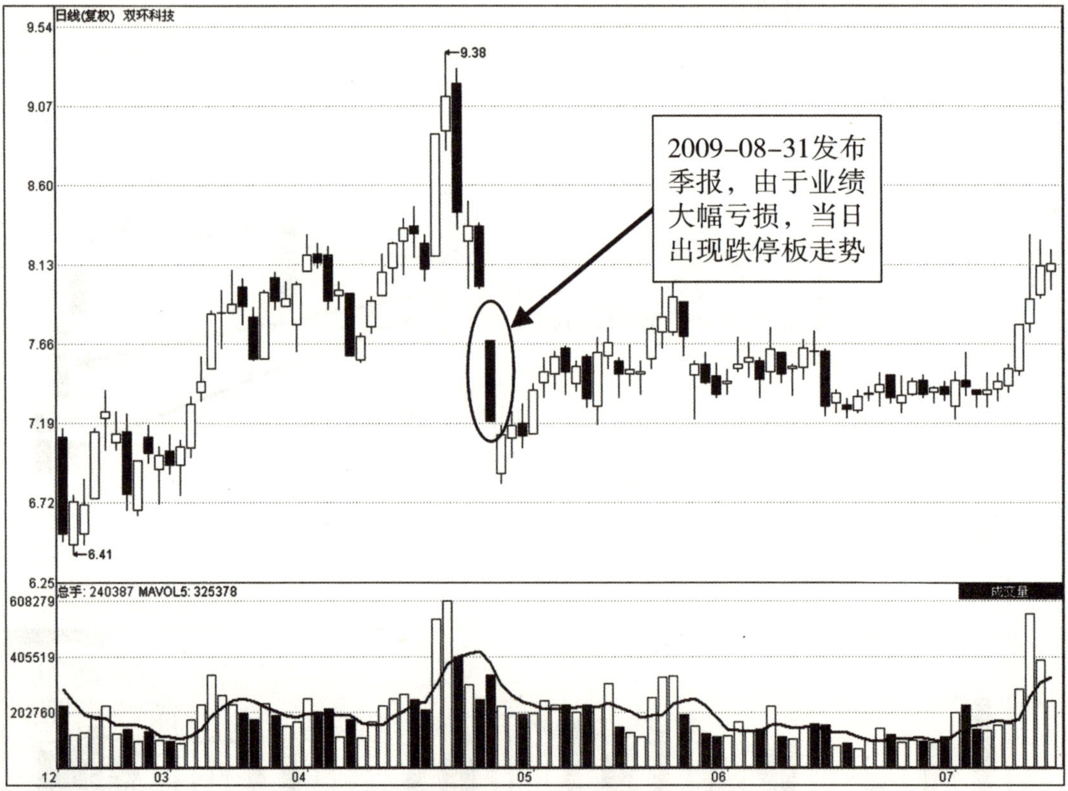

图 7—9 双环科技业绩亏损下的跌停板示意图

第三节 涨停板下的操作策略

涨停板出现在个股运行的不同阶段往往有不同的含义，一般来说，在我们关注涨停板时，首要关注的就是个股的运行趋势，然后是涨停板的量能效果，这两点决定了涨停板的后期走势。本节中，我们以量能为出发点，来讨论一下不同成交量下的涨停板要如何操作？

有的涨停板开盘就直接封死，有的涨停板会在涨停价位处反复地开板与封板，也有的涨停板是通过尾盘突袭导致的，出现的背景不同，在量能上往往就会出现很大的差别。

一、放量涨停板

放量涨停板出现当日，一方面是股价的飙升，另一方面是量能的急剧放大。一般来说，若非个股处于深幅下跌后的急速反弹阶段，或是低位横盘后的突破、或是短线主力爆炒题材股这三种情况之下，这种放量涨停板出现后的次日及随后几日走势情况一般不会太好。因为只有在“个股处于深幅下跌后的急速反弹阶段、低位横盘后的突破、短线主力爆炒题材股”这三种情况之下时，涨停板的放量才体现出资金涌入意图，是主力资金做多的积极表现；若出现在其他阶段，则涨停板的放量更多的是体现出资金的出逃。

如图 7—10 为三友化工（600409）2009—01—21 至 2009—08—10 期间走势图，如图标注所示，此股在一个相对的低位区长期横盘之后，出现了一个放量涨停板突破的走势，投资者在操作这种涨停板时，可以结合股价所处的位置。一般来说，处于股价相对低位区的横盘后突破，可以积极追入；而处于高位区的横盘后突破则有可能是主力的假突破、真出货操盘手法，此时应注意风险。

图 7—10　三友化工横盘后的涨停板突破示意图

如图 7－11 为中兵光电（600435）2008－11－11 至 2009－07－07 期间走势图，从图中可见，此股在前期出现了大幅上涨，在经历了一段时间的高位横盘后，此股再次出现涨停板向上突破的走势，但考虑到前期此股的巨大累计涨幅，且之前已有高位滞涨迹象，因而这种放量涨停板多意味着主力出货的意图，涨停板下的放量说明市场跟风盘踊跃，真实的买盘来自于市场散户，而真实的卖盘则来自于主力，主力再加以顺势引导，就达到了利用涨停板进行出货的目的。这种情况下的放量涨停板其后期走势是不容乐观的，投资者要注意风险，不宜追涨介入。

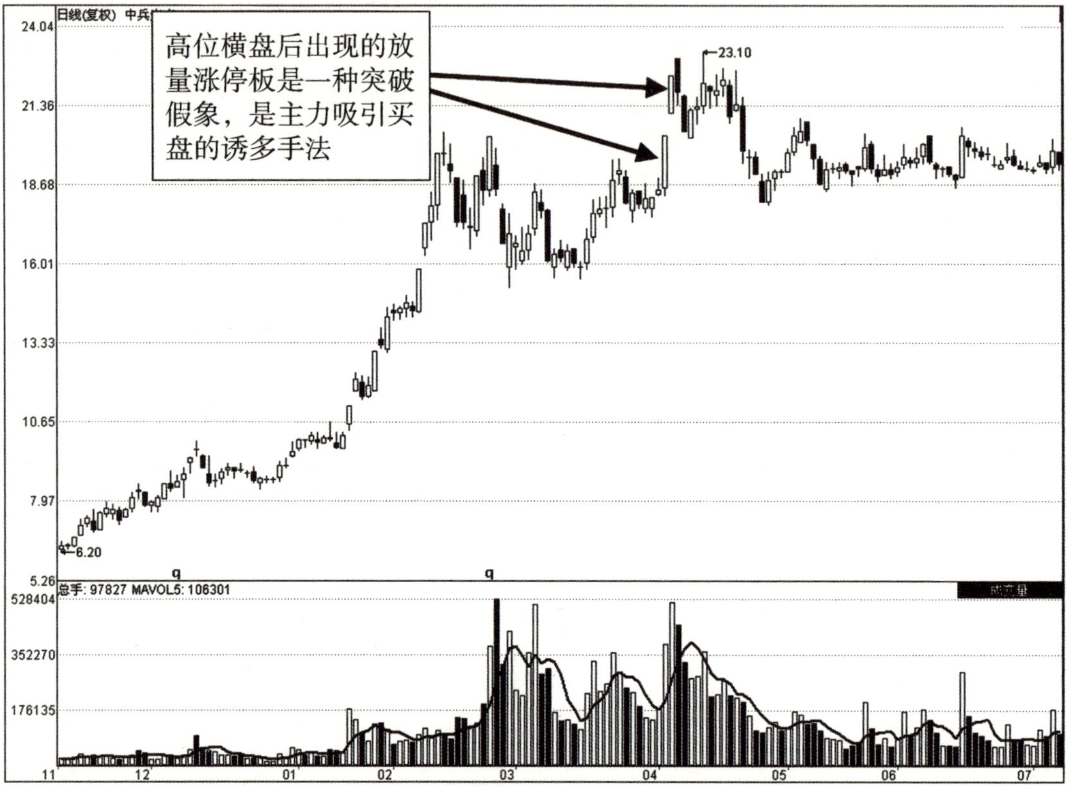

图 7－11　中兵光电高位横盘后放量涨停板示意图

二、缩量涨停板

缩量涨停板的出现是抛盘意愿极低的表现，一般体现出了主力或市场投资者积极做多的坚决心态。这种涨停板的封板时间多是出现在早盘时间，早盘开盘后股价强势上冲封涨停，而且这种涨停往往一直封到收盘，这就会让卖盘减低抛出意愿，而买盘则无法买进，从而使得涨停板上的交易较为清淡，出现当日缩量的情况。此外，对于那些发布重大利好消息的个股来说，由于当日 10％的股价波动无法反映出这一利好消息，因而会出现连续缩量涨停的情况。如图 7－1 中我们介绍过的首开股份的利好消息公布后的连续缩量涨停就属于这种情况。

缩量涨停板是机会的象征，当它出现之后，个股往往还有很好的上涨空间，这是投资者要格外关注的涨停板。一般来说，我们可以通过早盘快速查阅“涨跌排行榜”来捕捉当日哪些个股有出现缩量涨停板的可能，在个股封涨停之前快速介入，不过这需要较高的技术水平，并且要承担较大的风险，只适宜在强势市场上操作。

如图 7—12 为大杨创世（600233）2009—07—30 至 2009—09—23 期间走势图，从图中此股走势可以看出，在股价以涨停板的方式脱离了前期横盘区域后，并没有出现获利盘大量抛出导致的放量现象，反而是一个缩量涨停板，这与此股当日早盘快速封板并且直至收盘没有开板有密切关系，这也从另外一个角度说明了主力做多此股的坚决信心。随着这个脱离平台区的缩量涨停板的出现，此股走出了短期大幅上涨行情，可以说，缩量涨停板是短期机会的预兆，一旦捕捉成功，我们将面临着极好的短期收益。

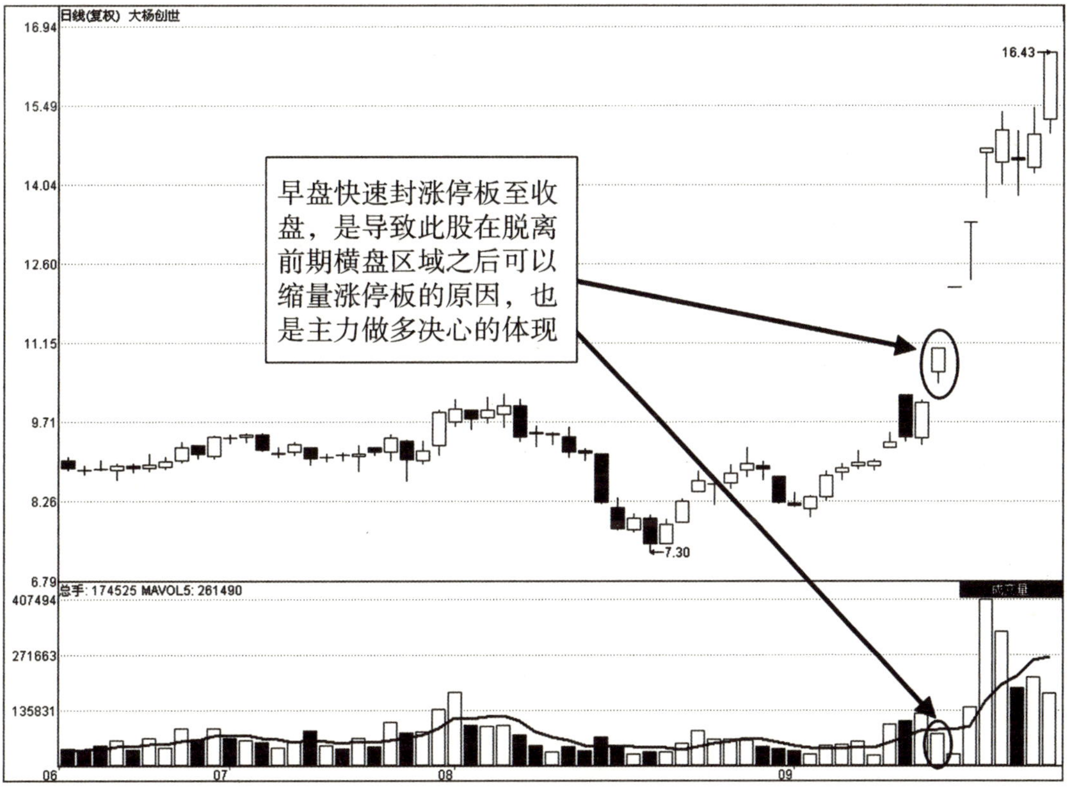

图 7—12 大杨创世缩量涨停板示意图

第四节 跌停板下的操作策略

跌停板出现在个股运行的不同阶段往往有不同的含义，一般来说，在我们关注跌停板时，首要关注的就是个股的运行趋势，然后是跌停板的量能效果，这两点决定了涨停板的后期走势。本节中，我们以量能为出发点，来讨论一下不同成交量下的跌停板要如何操作。

一、放量跌停板

放量跌停板出现当日，一方面是股价的大幅下跌，另一方面是量能的急剧放大。一般来说，无论放量跌停板出现在什么区域，它都是资金出逃的信号，若此时个股处于高位区，则毫无疑问的是，放量涨停板出现后，此股很可能就步入下跌趋势；若此时个股处于下跌途中或是深幅下跌之后，由于跌停板的放量导致了空方力量短期内的大幅减弱，此股随后可能迎来一个止跌平台。但这个止跌平台一般很难成为趋势反转平台，它更多地充当了趋势的中继平台，当空方力量在平台区域再次聚集完毕后，个股仍将继续下跌。如果放量涨停板的出现是机会与风险共存，那么放量跌停板则几乎等于风险的到来，它出现后，投资者应坚决回避。

如图 7—13 为中国平安（601318）2008—02—22 至 2008—11—04 期间走势图，从图中可以看出，此股已形成下跌走势，如图标注所示，在下跌途中出现了放量跌停板。放量跌停板的出现是空方力量强大的表现，它虽然导致了空方力量的短期急速释放，从而使此股迎来一个止跌平台，但这个止跌平台仅是一次下跌途中的整理而已，一旦空方力量再次集聚，此股仍将再次步入跌途。

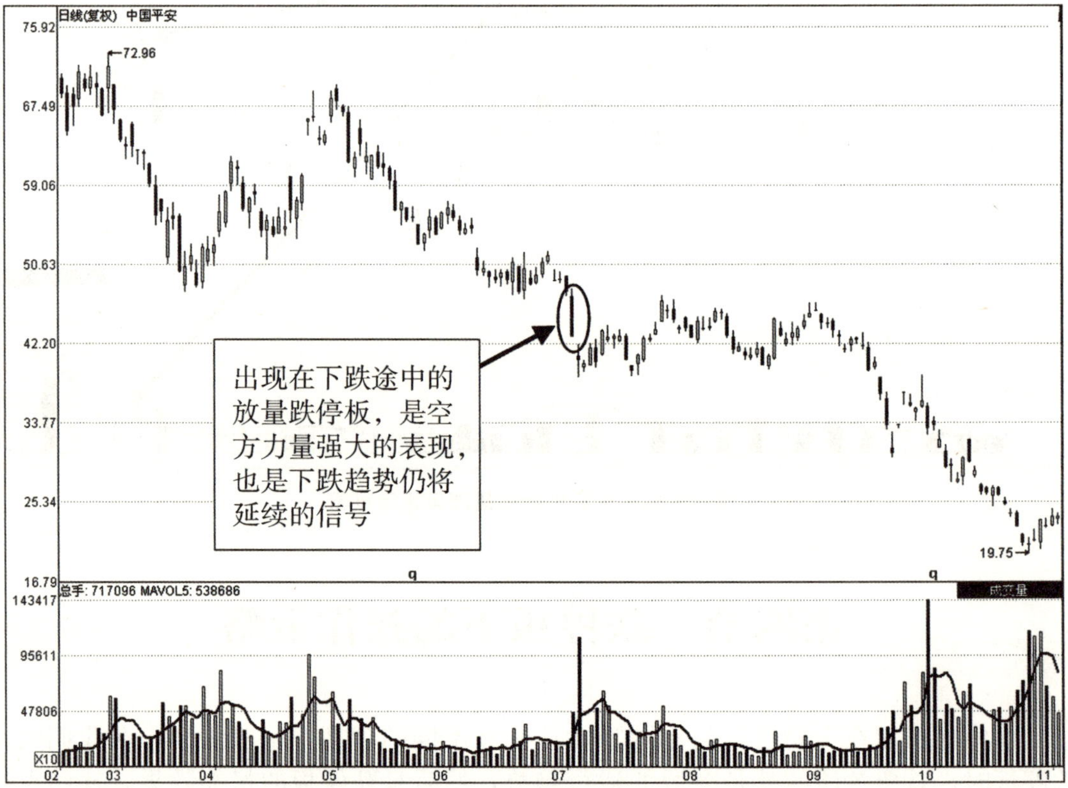

图 7—13　中国平安下跌途中放量跌停板示意图

二、缩量跌停板

缩量跌停板或是出现在新股上市首日股价被爆炒、或是由于个股出现重大利空、或是由于个股长期停牌后的补跌（停牌期间，大盘出现大幅下跌走势，复牌后就会面临补跌走势）等情况之下。缩量涨停板在短期内可以促使股价重心上移，而缩量跌停板则在短期之内促使股价重心下移。由于缩量跌停板出现当日，投资者难有卖出的机会，因此，我们只能提前出局，才可以规避缩量跌停板的风险。具体来说，投资者应如何避免自己手中持有的个股出现缩量跌停呢？

首先，对于首日新上市的个股来说，如若出现较大的涨幅（新股上市首日不设涨跌限制），并且新股在盘中出现过停盘警示，这样的新股，投资者就不宜再买入了，因为，随后此股很可能出现连续缩量跌停板的走势。其次，对于高位横盘震荡的个股，我们也应尽量少参与，因为一旦这些个股出现停牌，而停牌期间大盘又出现暴跌走势，则此股复牌后，若没有极其重大的利好，也会走出缩量跌停补跌的走势。

如图 7－14 为四川成渝（601107）2009－07－27 至 2009－09－07 期间走势图，如图标注所示，此股于 2009－07－27 作为新股上市交易，此股上市首日受到爆炒，当日涨幅远高于与其一同上市的其他新股，且盘中两次出现风险警示并暂停交易的情况，对于这种股票，其随后缩量跌停板是可以预见的，投资者应坚决回避。

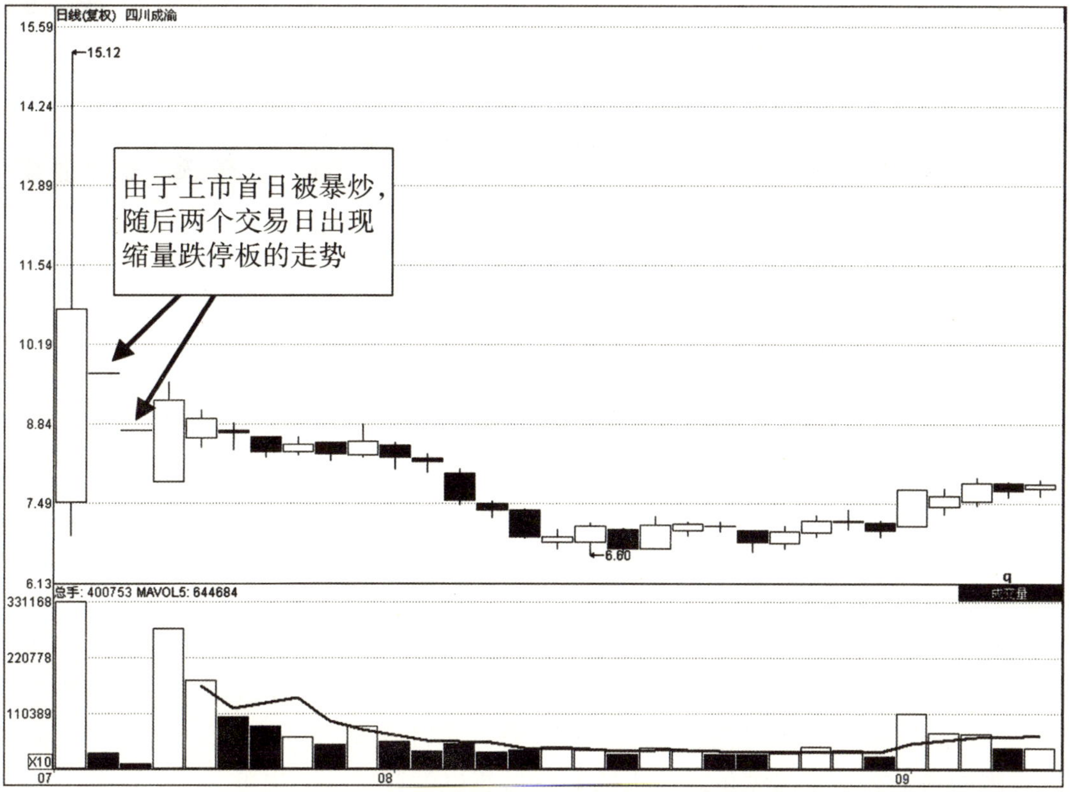

图 7－14 四川成渝新股上市后的缩量跌停板示意图

如图 7－15 为鲁信高新（600783）2007－11－12 至 2008－10－31 期间走势图，如图标注，此股于 2008－01－31 之后因要发布重大事项而停牌，而在此之前，此股一直处于高位横盘震荡走势之中，随后于 2008－09－03 复牌交易，并发布公告："鲁信高新：拟向鲁信集团定向增发 1.7 亿股收购山东高新 100％股权；本次增发有利于拓宽公司的业务范围和规模，提升公司的盈利能力，增强上市公司的综合竞争力，促进公司的可持续发展。"

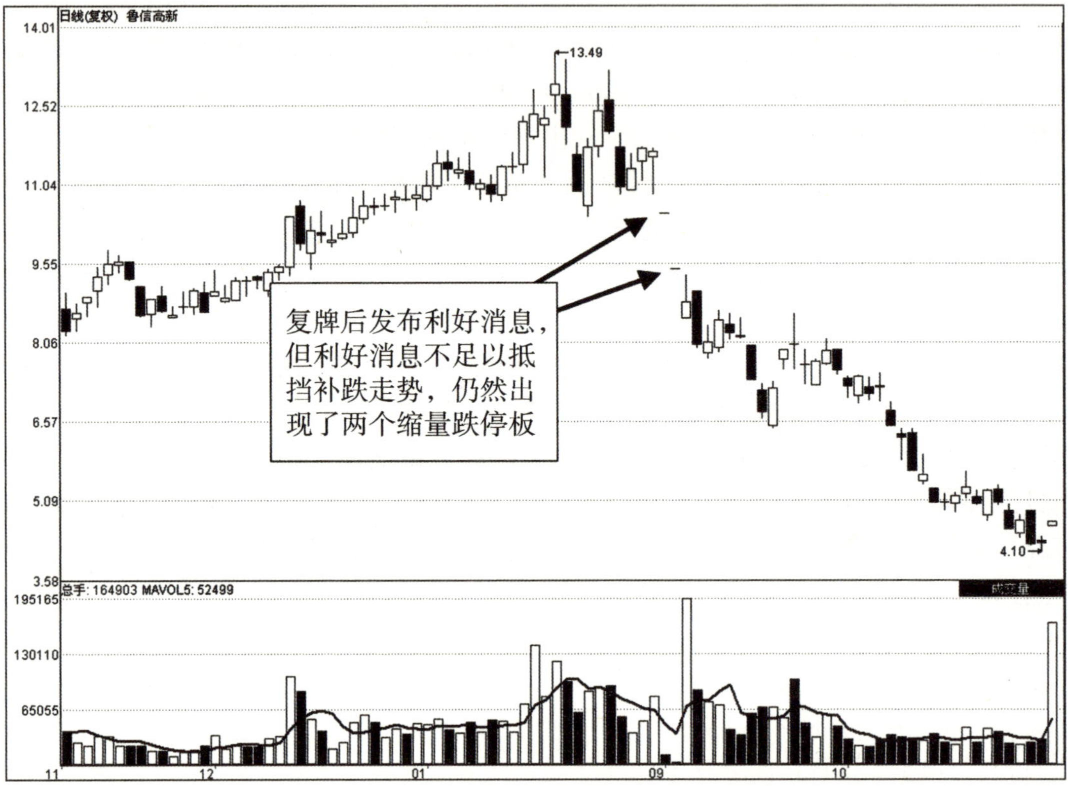

图 7－15　鲁信高新复牌缩量补跌示意图

鲁信高新的原有主营业务为磨具、磨料、耐火材料等生产和销售，属于一般竞争性领域。但该业务受到企业财务状况的限制，产业规模难以做大，上市公司的盈利能力一直在低水平徘徊。本次交易完成后，山东高新将成为鲁信高新的全资子公司，鲁信高新将拥有山东高新的全部资产和业务，鲁信高新的经营业务得以拓展。除原有的磨具、磨料外，主营业务将增加创业投资业务。创投产业具有较高的盈利能力，该优质资产注入鲁信高新后，不仅能极大地改善上市公司的财务状况，提高上市公司的盈利能力，为投资者带来较高的投资回报，而且可以解决磨料、磨具产业发展过程中的资金瓶颈问题，有利于上市公司整体业绩的提高。

通过这次增发，鲁信高新成为了沪深两市的创投第一股，可以说这是一个重大利好消息，但即使是这样的利好消息，仍不足以抵挡此股的补跌走势，因为在 2008－02－01 至 2008－09－03 期间大盘深幅下跌，累计跌幅达到了 50％（如图 7－16 标注），因而鲁信高新走出缩量跌停板的补跌形态也就在情理之中了。

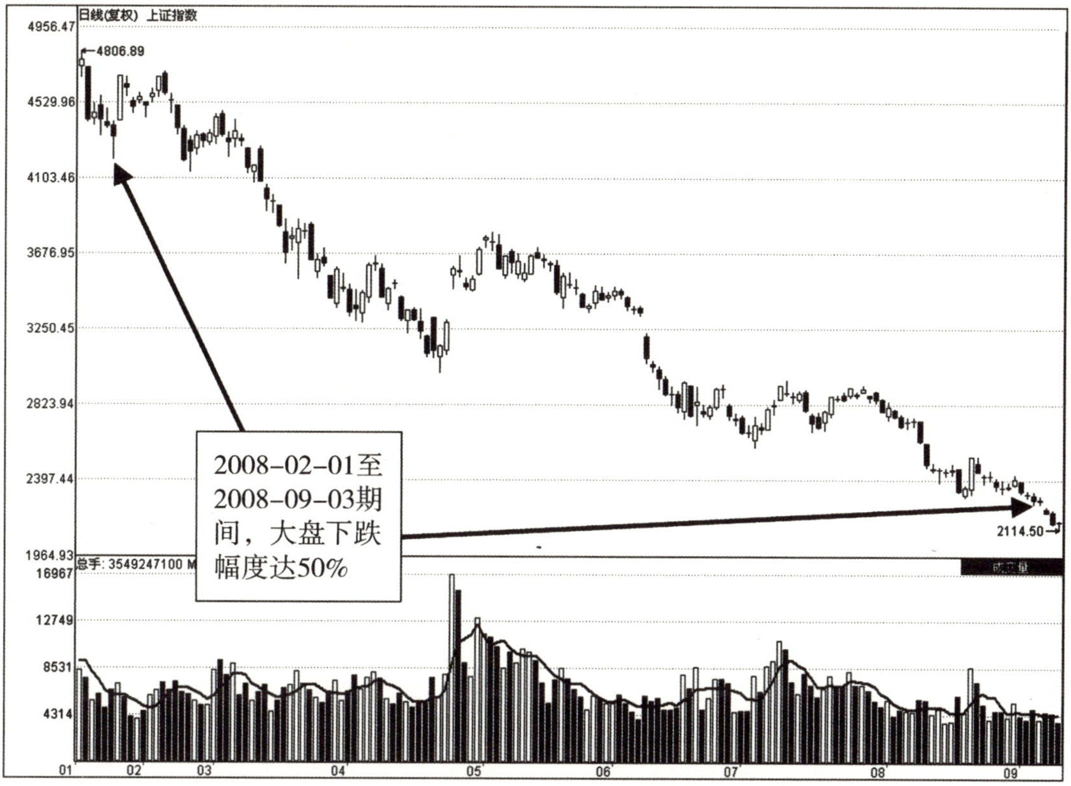

图 7-16 上证指数 2008-02-01 至 2008-09-03 期间走势图

第八天　学会看早盘

◆第一节　如何看待高开与低开
◆第二节　理解早盘头 30 分钟的市场含义
◆第三节　早盘放量下跌
◆第四节　早盘强势拉升

第一节　如何看待高开与低开

A股市场的交易方式是，每个交易日的9:15开始集合竞价，直到9:25确立开盘价，开盘价是当天第一笔成交的价格，体现个股多空力量的转变，是市场各方对当天股价的一个预期。一般来说，将开盘价与昨日收盘价相比较，我们可以区分为高开、低开与平开。由于股市的开盘价有一个惯性，就是如果今天股价上涨的话，第二天会高开，反之则低开。开盘价不仅体现了多空双方的实力转变，往往也预示了当日的主力动向，如主力欲拉升个股时，很可能控制个股大幅高开，吸引市场跟风加入，从而形成共振推升股价；当主力出货时，则很有可能个股大幅低开，以减轻投资者的抛售意愿，从而方便自身出货。但在个股实际走势中，情况远非这么简单，由于平开的实战意义不大，在本节中我们主要讨论一下高开与低开。

一、高开

我们所说的高开多指幅度大于2%的开盘，因为若幅度过小的话，就不具有研究意义。个股高开说明了在集合竞价时，买盘的力量要明显强于卖盘的力量，由此导致了当日的开盘价明显高于昨日的收盘价。个股高开的原因很多，有的是由于消息的影响，比如：业绩预增、签订大订单、与外资合作、外围股市高涨等等；有的是主力运作的结果，也有的是因为集合竞价数量极少，极少量的买盘就制造了大幅高开的开盘价。前两种情况的高开，往往预示着个股当日的盘中走向，对我们来说有实战意义；最后一种情况则纯属偶然，我们可以不去关注。高开究竟是风险，还是机会呢？在强势市场中，高开的个股经常出现高开高走，甚至上封涨停板的情况。但是在弱势市场中，则多会出现高开低走的情况，是风险的象征，不同的市道、不同的高开方式，我们应灵活应变，采取不同的策略。下面我们通过实例来分析一下高开。

如图8－1为大橡塑（600346）2009－10－16的分时线，从图中可以看到此股当日大幅高开，高开幅度达5%，且此股当日并无消息面支撑，因而这种高开是缘于主力的运作，那么主力控制开盘价的目的是什么呢？分析主力目的时，我们一定要结合此股运行的总体趋势来进行，如图8－2为大橡塑股在2009－10－16之前的K线走势图，从图中可以清晰地看到此股在2009－10－16当日正处于高位横盘震荡区，且当日的股价交投区间正好接近前期的顶部。通过分析我们可以知道，此股在涨幅巨大的情况下，出现的高开极有可能是主力拉高出货，并且由于此时的股价交投区间与前期顶部区间接近，从而会面临解套盘的抛压，因而这种高开多是风险的象征，投资者不宜介入。在实际操盘时，我们就是要风险与收益成正比，并且最好是收益远大于风险的情况下，才应介入，否则是应坚决场外观望的。

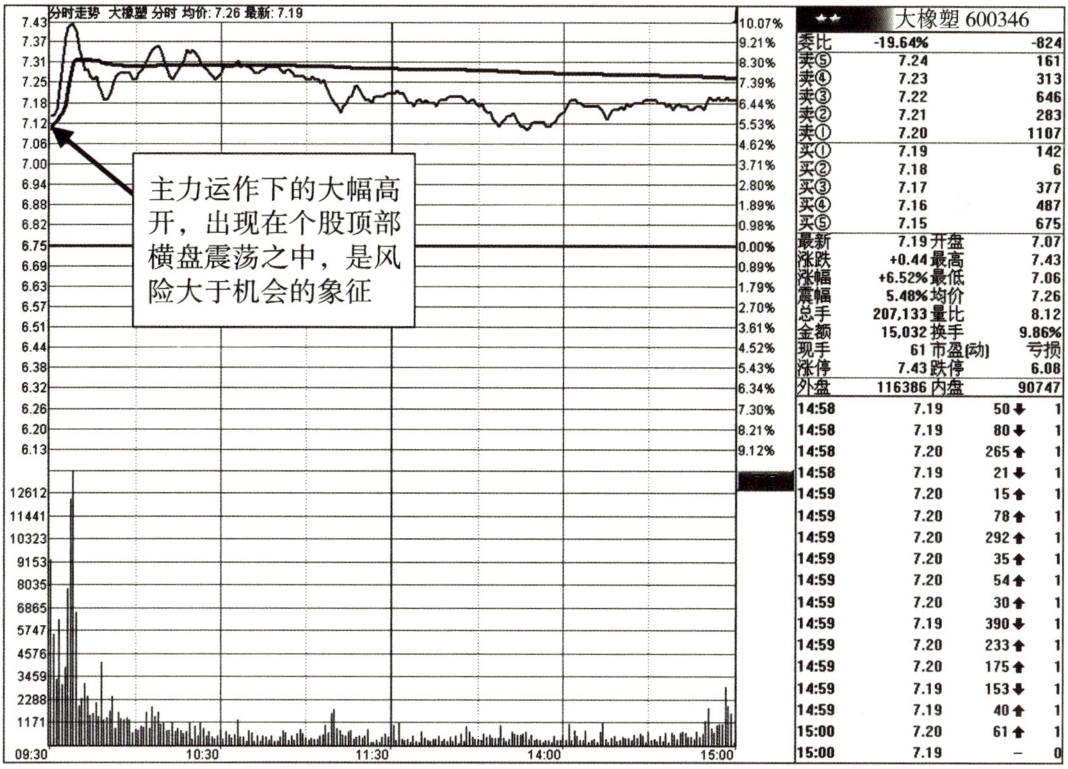

图 8－1　大橡塑 2009－10－16 大幅高开示意图

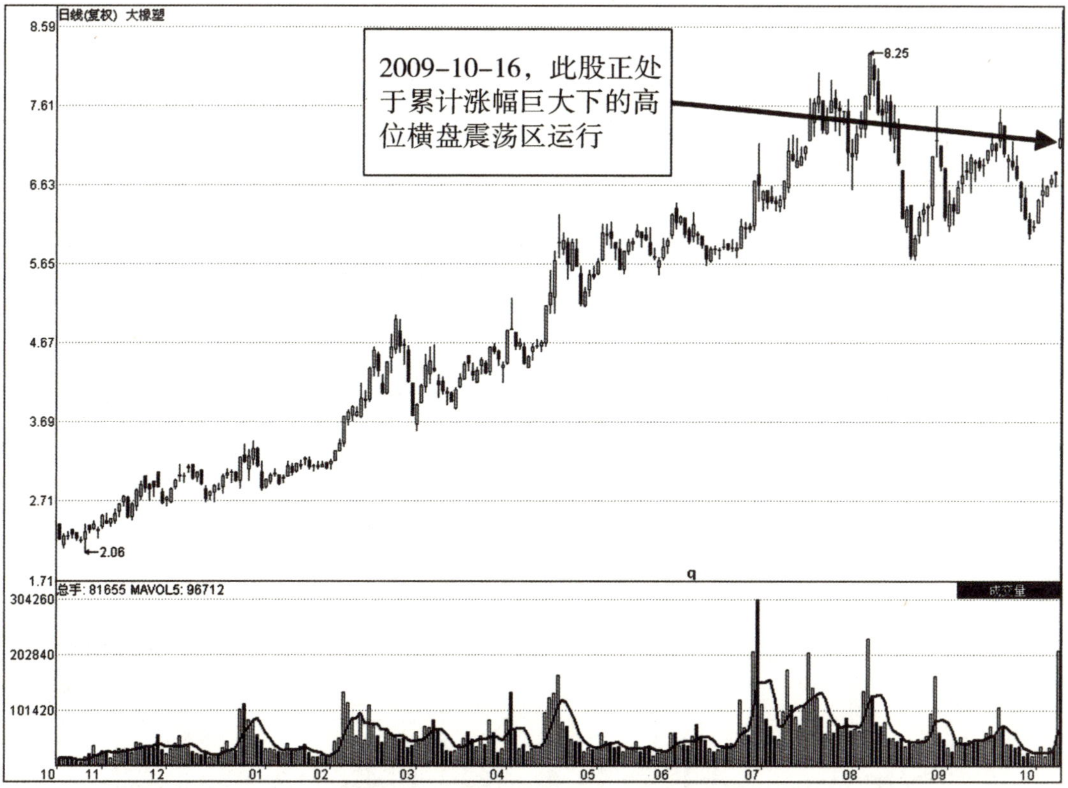

图 8－2　大橡塑 2009－10－16 前走势图

如图 8—3 为国阳新能（600348）2009—03—18 分时图，当日此股高开近 3%，而前几个交易日此股处于回调后的盘整状态，这一高开说明前期的股价小幅下跌仅是一次回调，此股做多的动能仍然十分充足，而且这次高开在无任何消息支撑的情况下出现，也给了我们发现主力行踪的机会。如图 8—4 为此股 2009—03—18 之前的

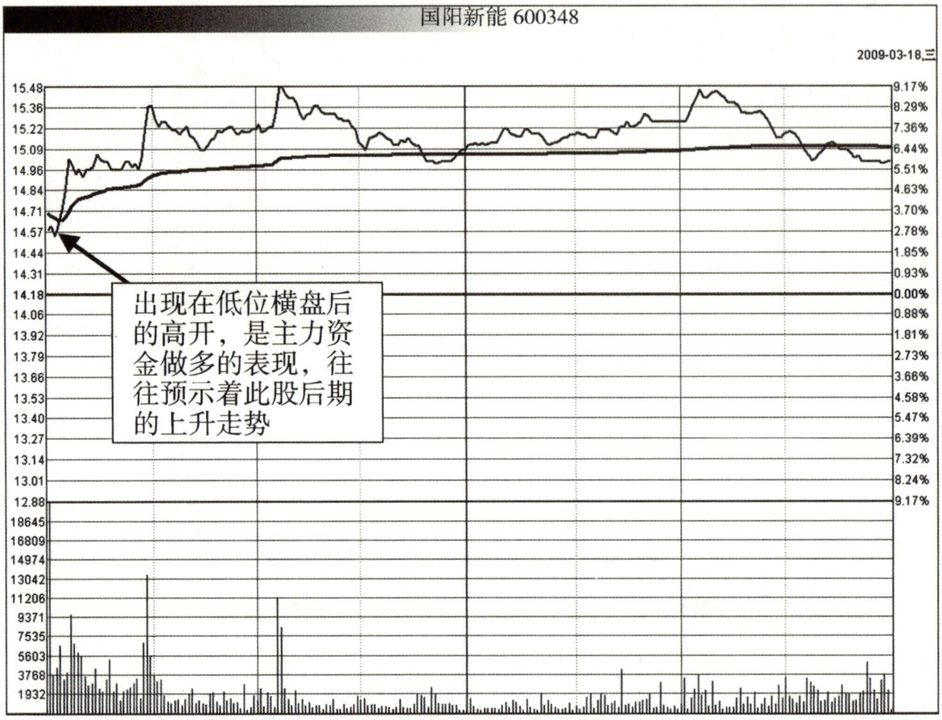

图 8—3　国阳新能 2009—03—18 高开示意图

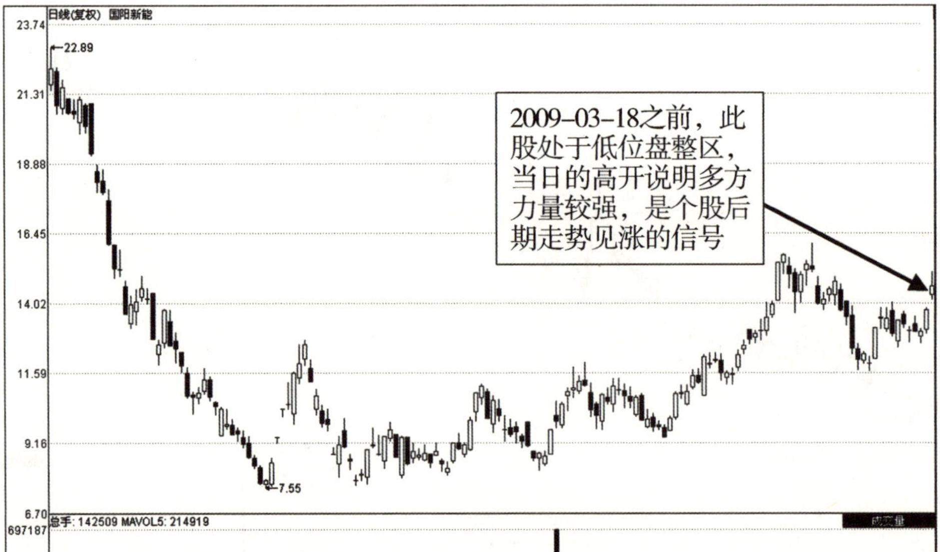

图 8—4　国阳新能 2009—03—18 前走势图

K线图，从图中可以看到，当此股在经历了2008年的暴跌之后，在低位区出现了止跌企稳的走势，且股价重心逐步上移，这是趋势转向的信号，在这一大背景下，2009—03—18的高开，对于我们来说就是一次发现主力踪迹从而紧跟主力步伐的机会。

二、低开

与高开相对应的就是低开，它同样是一种不同寻常的开盘。我们所说的低开多指幅度大于2%的开盘，因为若幅度过小的话，就不具有研究意义。个股低开说明了在集合竞价时，卖盘的力量要明显强于买盘的力量，由此导致了当日的开盘价明显低于昨日的收盘价。个股低开的原因很多，有的是由于消息的影响，比如：业绩预亏、受突发自然灾害影响、传出财务做假、外围股市暴跌等等；有的是主力运作的结果，也有的是因为集合竞价数量极少，极少量的卖盘抛出就制造了大幅低开的开盘价。前两种情况的低开，往往预示着个股当日的盘中走向，对我们来说有实战意义；最后一种情况则纯属偶然，我们可以不去关注。低开究竟是风险，还是机会呢？在强势市场中，低开的个股经常出现低开高走，甚至上封涨停板的情况。但是在弱势市场中，则多会出现低开低走的情况，是风险的象征，不同的市道、不同的低开方式，我们应灵活应变，采取不同的策略。下面我们通过实例来分析一下低开。

如图8—5为龙建股份（600853）2009—10—16低开示意图，当日大盘运行平稳，但是此股却出现低开走势，这一低开原因我们可以从此股2009—10—15的分时图中发现线索。此股在2009—10—15出现了涨停板放量的走势（如图8—6），且这一日的股价位于一波反弹后的高点，当日此股发布了业绩预增公布，主力顺势将股价拉至涨停板，然后在涨停板附近大量出货，从而导致当日的成交量急剧放大，当个股在阶段性高点出现放量涨停板时，投资者一定要注意，这是一种典型的拉高出货方式。由于主力的出货，此股在次日（即2009—10—16）出现了大幅低开，随后全天低位运行，走势疲软，当日的这种低开明显是主力运作的结果，其目的是很明显的，就是让昨日在涨停板附近介入的市场买盘没有解套出局的机会，也只有这样，才不会有市场散单和主力抢着出货的情况发生。

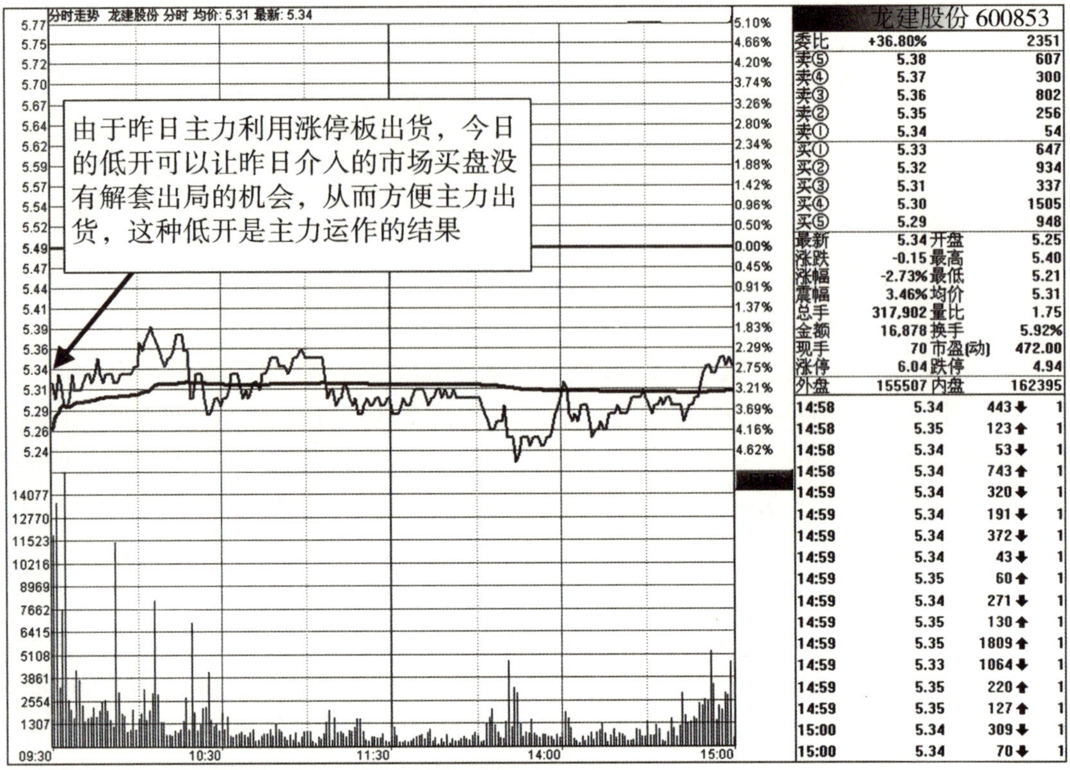

图 8－5　龙建股份 2009－10－16 低开示意图

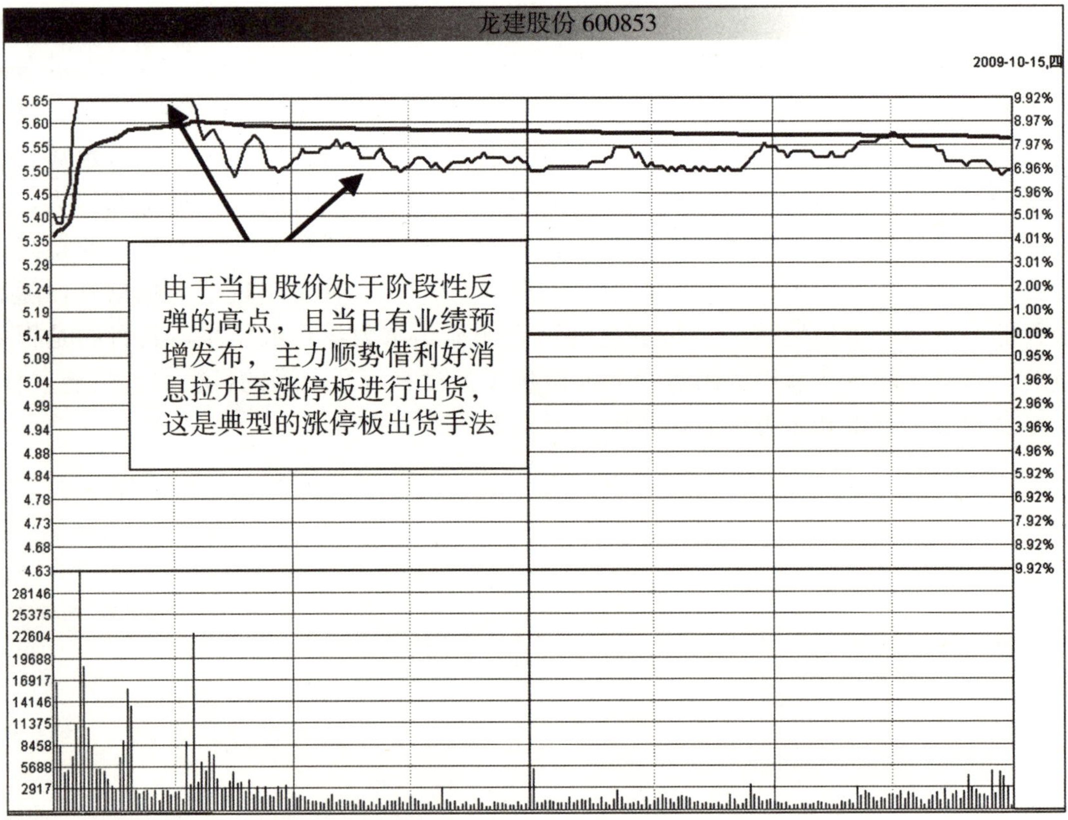

图 8－6　龙建股份 2009－10－15 涨停板出货示意图

第二节　理解早盘头 30 分钟的市场含义

在看早盘的过程中，开盘后的前 30 分钟的股价走势极为重要，因为前 30 分钟的走势既对昨日走势起到了修正作用，又预示着个股今日的强弱格局。说前 30 分钟的走势是对昨日的修正，是因为在经过上一交易日后 22.5 小时的思考之后，投资者再作出买卖的决策是较为理性的。而且主力也往往喜欢在前 30 分钟兴风作浪，通过在早盘前 30 分钟内捕捉异动股，我们就可以发现主力活动的踪迹，进而采取操作策略。可以说，前 30 分钟的走势（无论对于大盘，还是对于个股）是我们在看盘时要格外关注的。

如果昨日此股贸然拉高，仅凭昨天的一日走势，我们难以把握这种拉升的性质何在，它仅仅是一个偶然跳动的音符，还是主力要拉升此股的迹象呢？或是多空力量转变的信号呢？通过当日前 30 分钟的走势，我们就可判断个八九不离十了。若昨日拉升是主力大幅拉升或是多空实力转变的信号，则此股在今日前 30 分钟势必会保持住昨天的胜利果实，出现强势运行格局；若昨日的拉升仅是一次偶然的杂音，则今日的头 30 分钟，个股会出现疲软的走势，以修正昨日的异动。同理，如果此股昨日出现跳水走势，我们也可以依据当日前 30 分钟的情况来进行判断。下面我们结合实例，来具体看一下如何分析早盘前 30 分钟的个股走势。

如图 8—7 为航天长峰（600675）2009—10—16 分时图，如图所示，此股在早盘

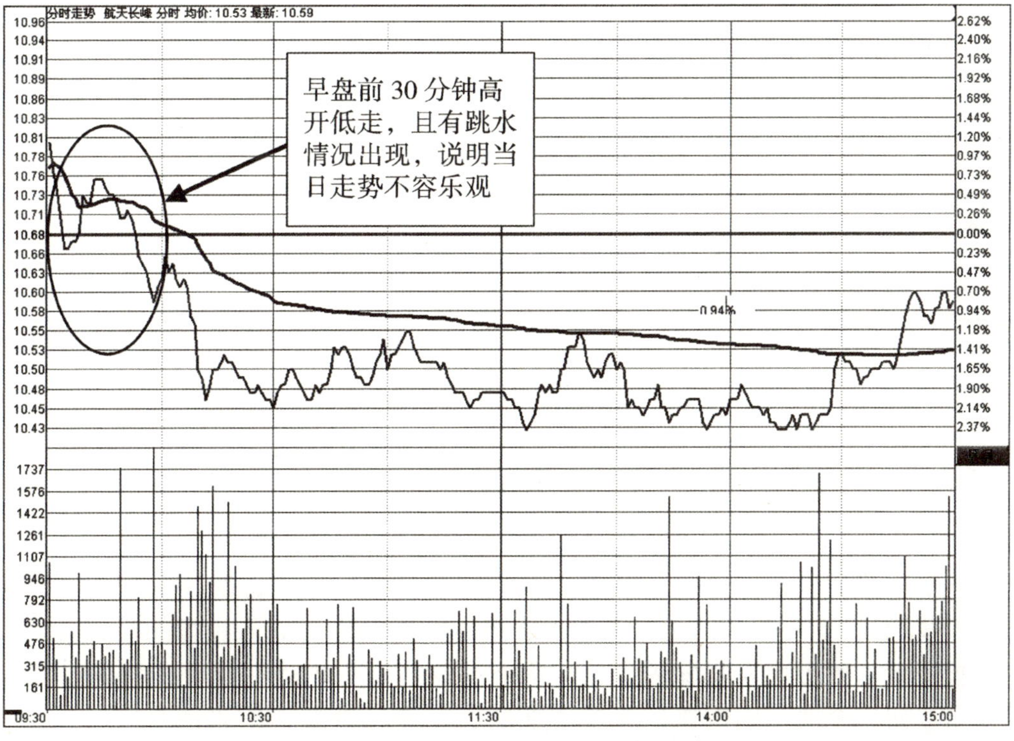

图 8—7　航天长峰 2009—10—16 走势图

前 30 分钟出现了“高开—低走—反弹无力—跳水”的走势，这种走势说明此股当日难有好的表现，早盘走势的疲软往往也预示着当日全天走势的疲软。

如图 8—8 为安源股份（600397）2009—10—16 分时图，读者可以对比一下上例航天长峰，同样是 2009—10—16 这一天，它们处在相同的大盘背景之下（当日大盘小幅波动），但早盘前 30 分钟的走势却截然不同。如图所示，我们可以看到此股在早盘前 30 分钟出现了高开后股价横向运行的稳健走势，并且出现了一波急速拉升，这是主力当日做多此股的表现，随后，股价始终运行于均价线上方，当日强势特明显，并于 10:30 之后上封涨停板。通过本例可以看到，我们完全可以在早盘的前 30 分钟内判断出个股当日走势的强弱，而这正是我们进行短线操作的必要条件，即“提前判断，准确出击”。

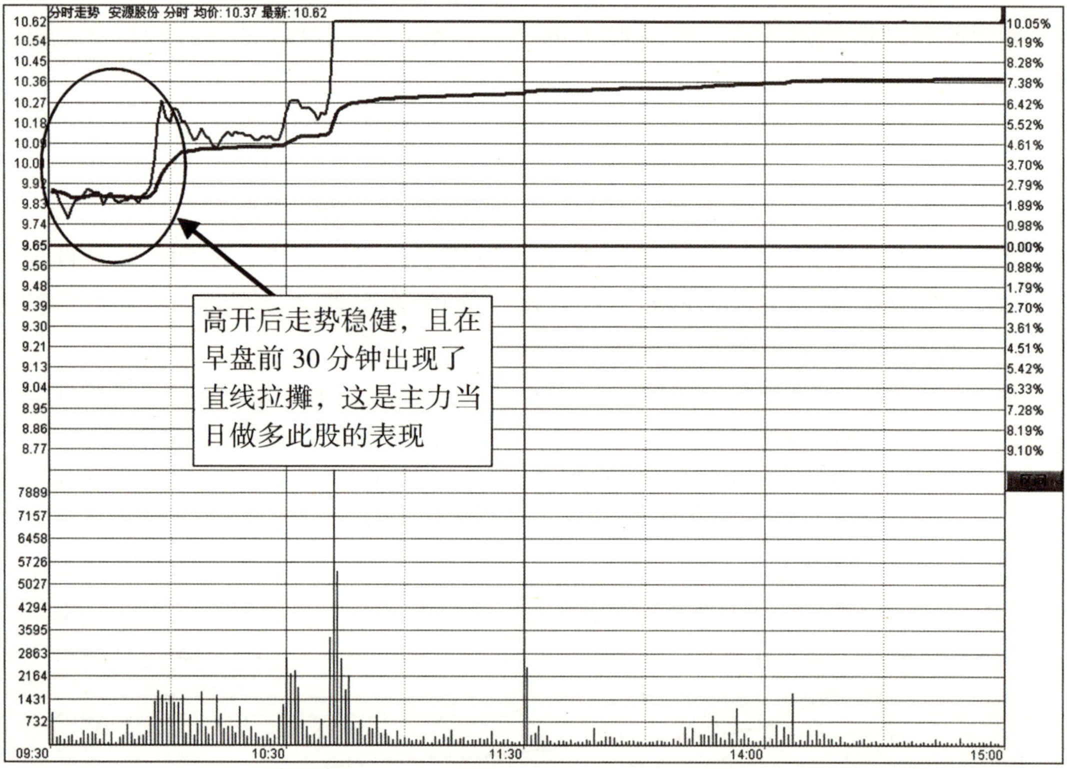

图 8—8 安源股份 2009—10—16 走势图

第三节 早盘放量下跌

上一节，我们分析了早盘前 30 分钟的走势，虽然早盘的前 30 分钟有重要的实战意义，但仅通过这 30 分钟的走势就作出决策，特别是作出买入决策的投资者，多属于短线投资者，更为稳妥的方法是观察整个早盘的走势再进一步作出决策。我们通过早盘主要研判个股短期走势是见顶还是见底，早盘的走势无非是两种：一种是上涨，另一种是下跌。缩量状态下的下跌多属于小幅度的震荡，实战意义不大。本节中，我们将分析早盘放量下跌这一实战意义重大的走势。读者通过我们下面的实例讲解可以看到，早盘的放量下跌虽然可能是机会的预示，但多数情况下却是风险的预示，是个股短期大幅下跌的提前预警。

如图 8—9 为汇通能源（600605）2009—08—07 分时图，从图中可以看到此股当日早盘出现了放量下跌的走势，股价始终运行于分时线的下方，股价重心逐步下移，这是空方力量明显占优的表现，如果此股处于相对高位，则往往预示着随后的大幅下跌行情。如图 8—10 为汇通能源 2009—08—07 前的股价走势图，从图中，我们可以看到此股正处于高位横盘运行之中，且在这一日之中出现过一次大幅度的单日跳水行情。结合此股 2009—08—07 当日早盘的走势，我们发现空方力量已不止一次示威，种种迹象都表现一波深幅下跌就在眼前，这就是早盘放量下跌给我们的预警信号。

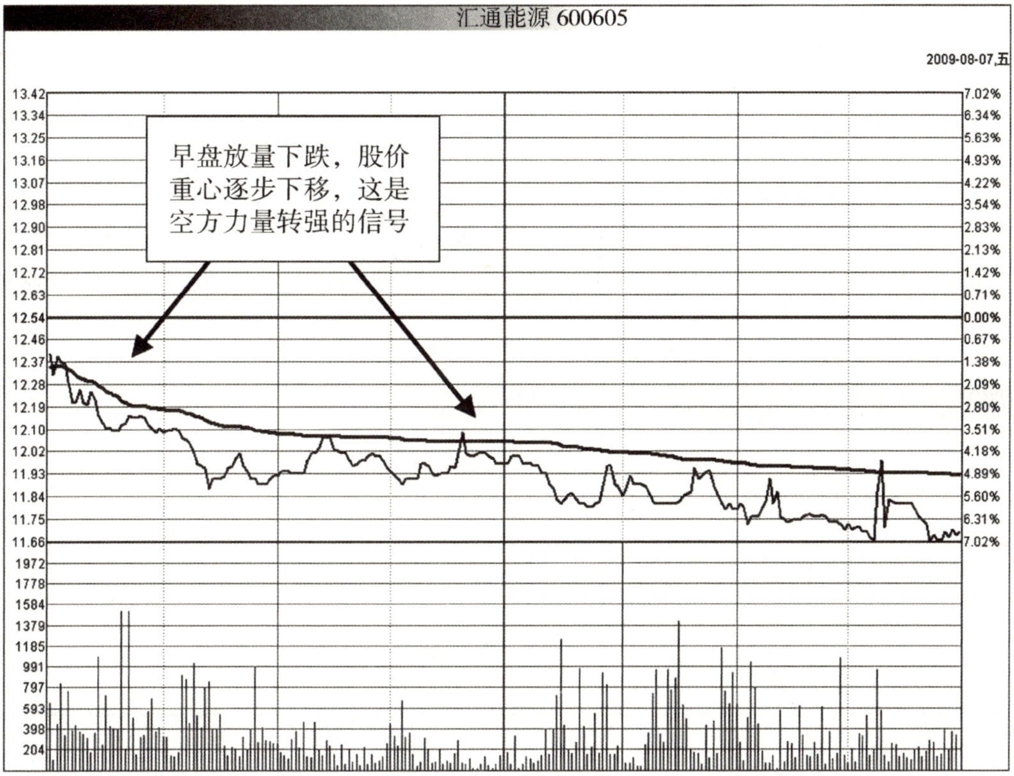

图 8—9　汇通能源 2009—08—07 早盘放量下跌示意图

如图 8—11 为上实医药（600607）2008—09—01 分时图，从图中可以看到此股早盘走势极为糟糕，一路下跌并出现成交量相对放大的情况，分时线始终运行于均价线的下方，这是空方力量仍占主导地位的表现，多意味着随后下跌行情仍将继续。如图 8—12 为此股 2008—09—01 前的股价走势图，从这张图中我们可以看到此股在前期一直处于总体下跌的趋势之中，且在 2008—09—01 之前几日出现了一个止跌的平台，但这一平台之后股价如何走向呢？2008—09—01 的早盘放量给出了答案，它说明此股前几日止跌横盘的走势已结束，新一轮下跌即将展开。可以说，早盘放量下跌是一个较为准确的风险警示信号，它提示我们暂时宜离场观望或尽快出局。

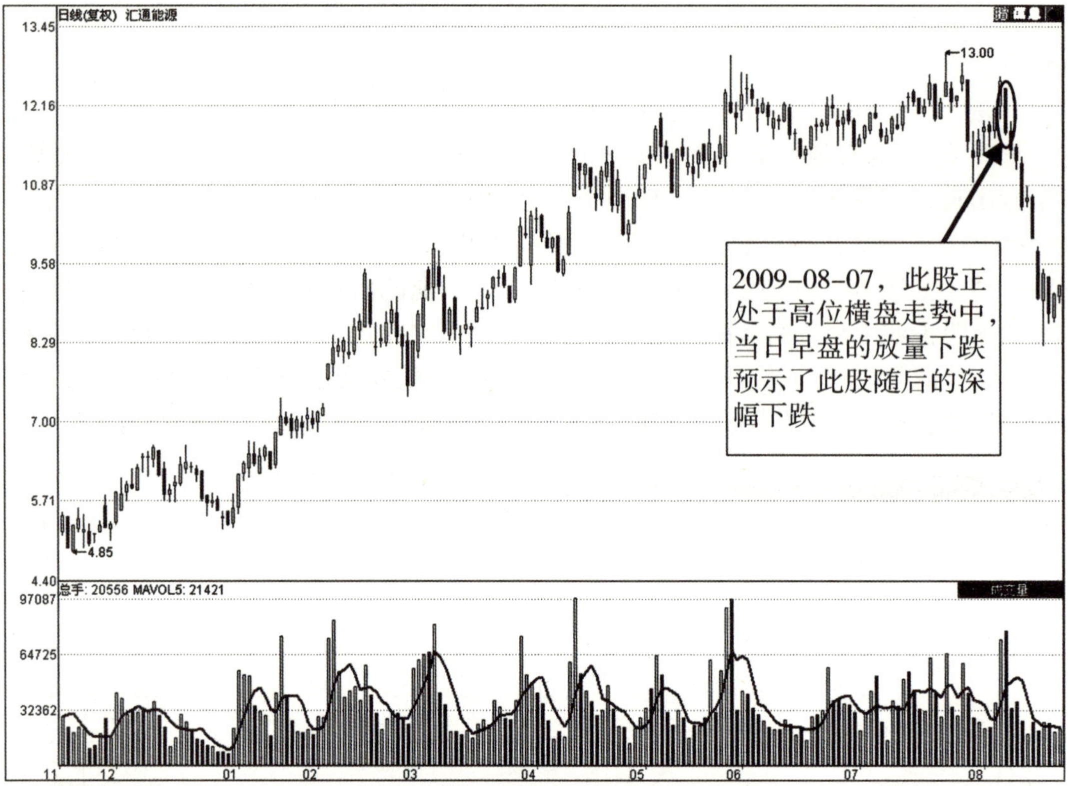

图 8—10 汇通能源 2009—08—27 前走势图

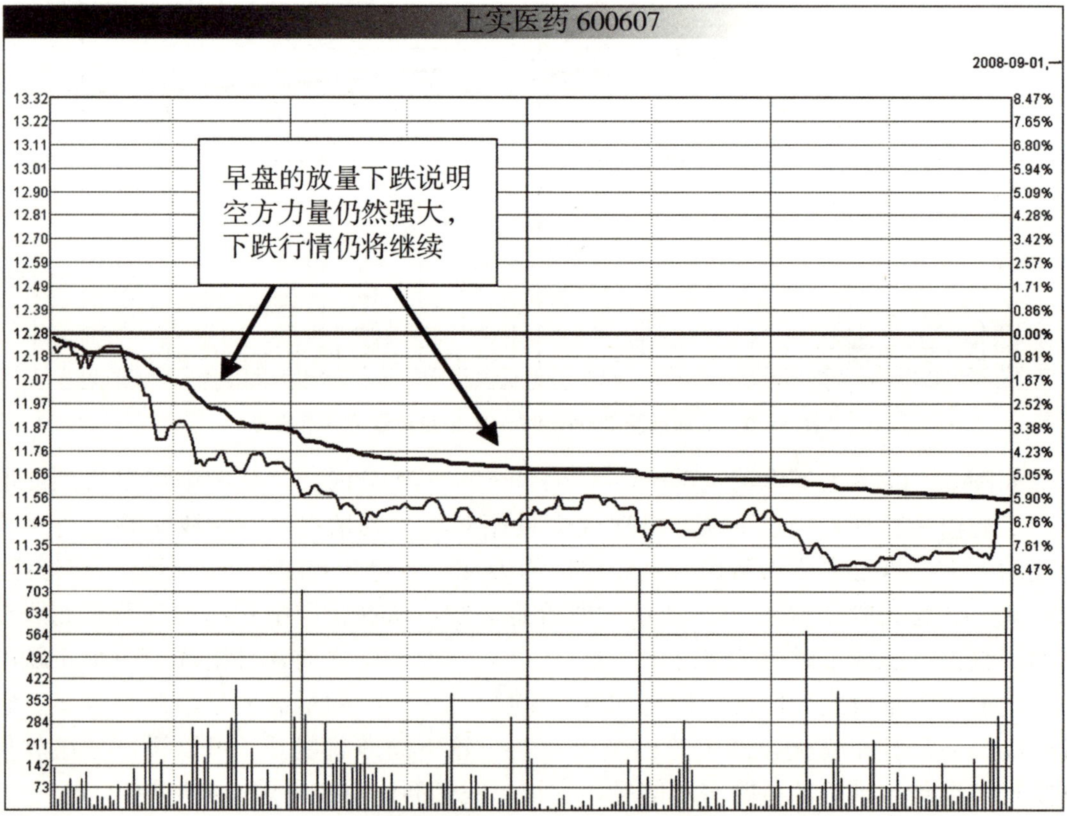

图 8—11 上实医药 2008—09—01 早盘放量下跌示意图

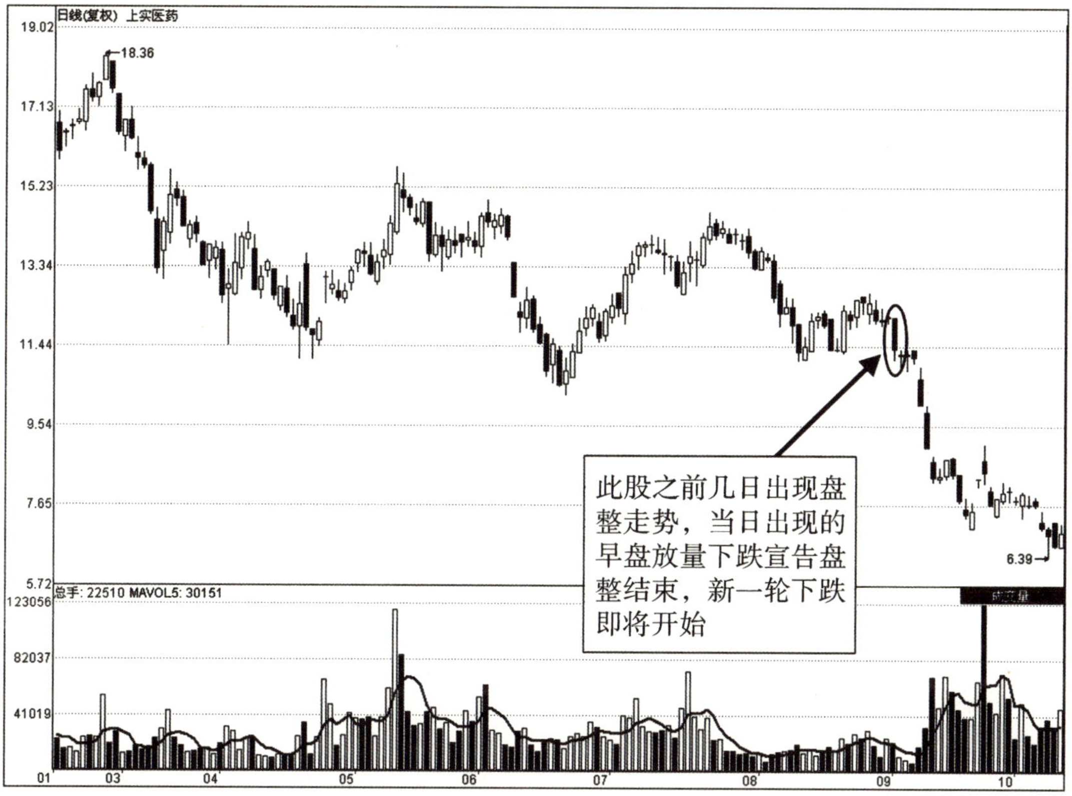

图 8—12　上实医药 2008—09—01 前走势图

第四节　早盘强势拉升

与早盘放量下跌相对的一种情况是早盘的强势拉升，如果说早盘放量下跌意味着下跌行情的出现，那么早盘的强势拉升则意味着机会与风险并存。读者在此要注意，我们大多数情况下可以根据一只个股早盘放量下跌，来预测它随后的下跌，但是却不可以根据一只个股早盘强势拉升去预测它随后的上涨。判断一只个股在早盘强势拉升后，能否走出一波上涨行情，要结合很多因素，比如：放量的程度、个股所处位置、早盘强势的原因等等。一般来说，早盘拉升时若放量过大，则不利于后期行情的展开；个股处于高位横盘区时出现早盘强势拉升，则多是主力出货时的诱多手法。下面我们结合实例来具体分析。

如图 8—13 为丰华股份（600615）2009—06—08 分时图，从图中可以看到此股的当日早盘走势极为强势，在股价两波明显的拉升之后，于早盘收盘前上封涨停板，这是主力做多的表现，预示着随后此股仍将继续上涨。但是在分析早盘的强势拉升时，我们一定要结合个股的运行趋势来作综合判断，才能使我们的结论更为准确。如图 8—14 为丰华股份 2009—06—08 前后的股价走势图，图中标示了 2009—06—08 这一日的放量涨停，从图中可以看到此股前期处于一个相对高位区的平台横盘震荡，但由于这一平台处于底部区的第一浪强势拉升之后，因而我们不能将其称之为高位的顶部区（真正的顶部区都是经过几浪的强势上涨后才形成的），由于 2009—06—08 的股价突破使得前期平台筹码均处于获利状态，因而对于当日放量我们就不难理解了，这是主力做多股价的表现，与此相应的随后走势理应为一波上涨行情。

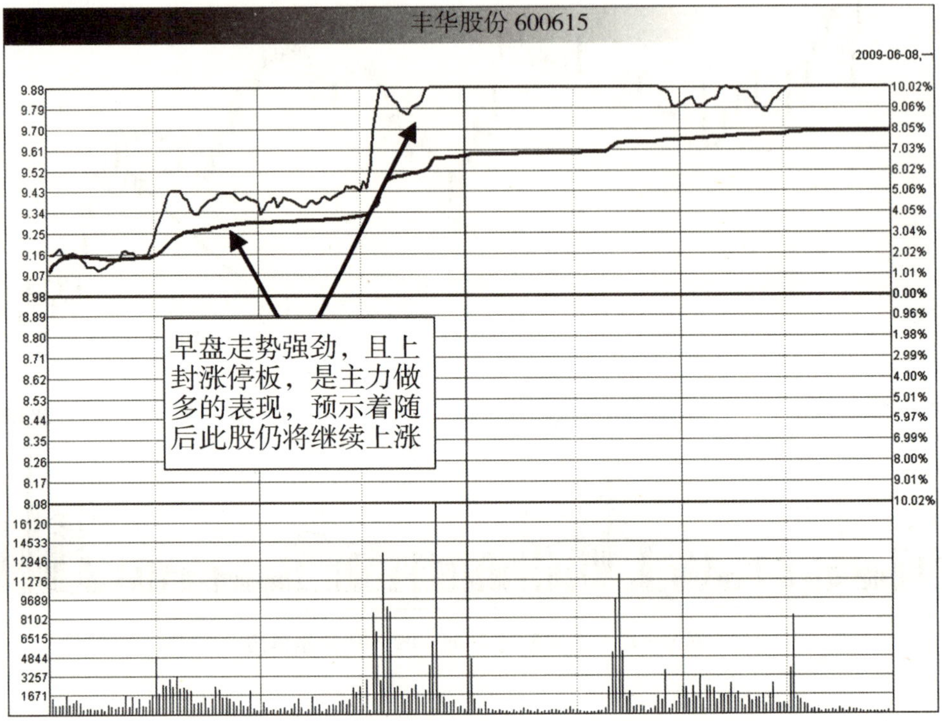

图 8—13　丰华股份 2009—06—08 早盘强势拉升示意图

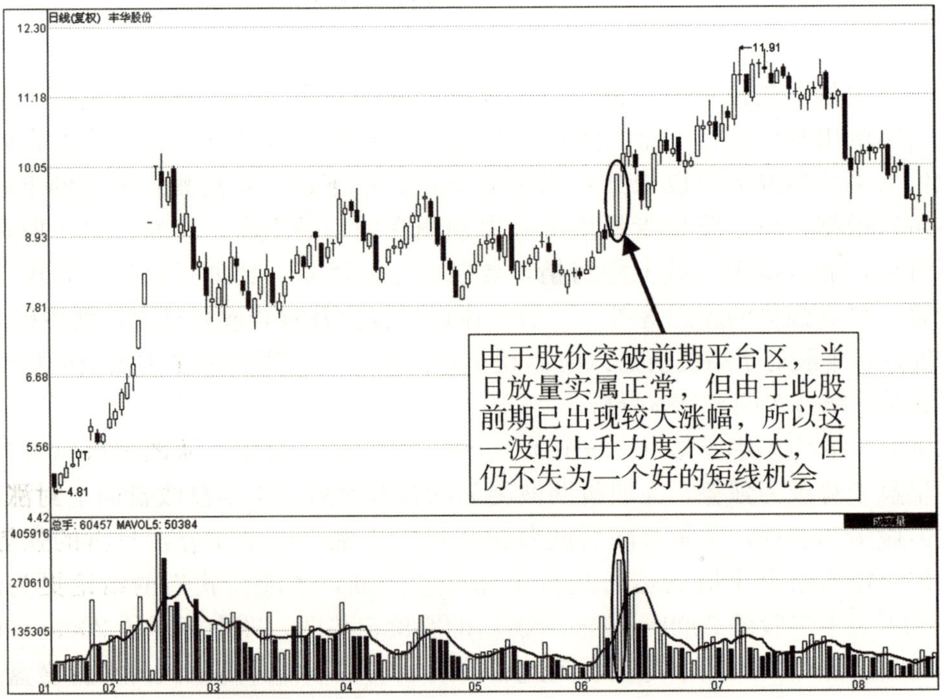

图 8—14　丰华股份 2009—06—08 前后走势图

第九天　学会看盘中

◆第一节　盘中怎样去看分时线
◆第二节　盘中关注大盘走势
◆第三节　盘中关注涨跌个股的数量比
◆第四节　盘中关注个股波动形态

第一节　盘中怎样去看分时线

分时线体现了指数或个股的即时波动情况，在看分时线时，如果我们结合一些要素来综合研判，就会大大提升我们对于分时线波动形态的理解。那么，我们应如何去看分时线呢？一般来说，可以从以下几点入手，即：看多日分时线形态的连续性、看分时线与均价线的关系、看分时线与分时量的配合。下面我们来一一介绍。

一、看多日分时线形态的连续性

单日的分时线代表了当天个股的股价走势，但如果我们仅仅查某一个交易日或当天的分时线波动情况，就很难准确判断出个股整体运行情况，如：在个股处于下跌途中时，也常常会出现分时线大幅上涨的情况，我们不能仅凭当日的分时线上涨就误认为是主力资金介入或趋势反转。在个股处于上涨趋势时，也常常会出现分时线大幅下跌的情况，同样，我们不能仅凭当日的分时线下跌就误认为是主力资金出货或趋势反转。通过以上分析，我们可以看出，把目光局限于当日的分时线走势中，往往会得出片面的结论，因而，只有通过看连续多天分时线的走势，才可以得出较为客观、准确的结论，从而根据分时线的连续波动情况去分析主力的控盘行为，对股价的后期走势作出合理的预测。

从以上分析可知，在对连续多日的分时线形态分析之后，我们会得出关于主力行为的结论，但这种结论是否可靠呢？对其进行验证是最好的方法。最好的验证方法有两种：一种是跟踪此股的后期走势，看与我们的分析是否一致，但这是后话；另一种较为可行的验证方法是，通过趋势运行特点来验证，如我们得出的关于“主力行为”的结论与K线走势的特点一致，就可以认为这一结论是较为可信的，可以积极地将其运用于短线实盘操作之中；如果推测结论不一致，则证明两者将有一个是错误的，为避免操作失误，此时最好放弃操作。

二、看分时线与均价线的关系

分时线的波动较为剧烈，容易受一些偶然因素的影响，也如某家机构突然买进或卖出等等，而均价线的波动较为平缓，它代表了当日交易中买盘的平均持仓成本，其走向代表了多空力量的转变过程（如果呈逐渐下移的走势，说明卖盘的抛压强于买盘介入；如果呈逐渐上移的走势，说明买盘的介入强于卖盘的抛压），并且对投资者也有较大的心理影响，所以，我们常常看到均价线对分时线运行起到了支撑或阻挡作用。

均价线对个股走势的影响主要体现在两点上，一是体现了个股当日走势的强弱；二是对分时线有“引力”作用。当个股股价在盘中大部分时间中位于均价线上方运行时，说明股价每当跌至均价线附近，都有买盘积极吸纳，是买盘力量较强的表现；当个股股价在盘中大部分时间中位于均价线下方运行时，说明股价每当反弹至均价线附近，都有持股者逢高卖出，是卖盘力量较强的表现。而且在股价快速脱离均价线后，由于推动股价运行力量一般来说不会一直持续下去，当这种突然而来的力量减弱时，股价会在随后买盘介入或卖盘涌出过程中，再一次向均价线方向靠拢。

如图 9—1 为航天长峰（600855）2009—10—20 分时图，从图中我们可以看到此股在当日的走势中，股价始终运行于均价线的上方，这是个股当日强势运行的盘面表现。这种当日强势运行的盘面形态往往也会反映到下一个交易日中。

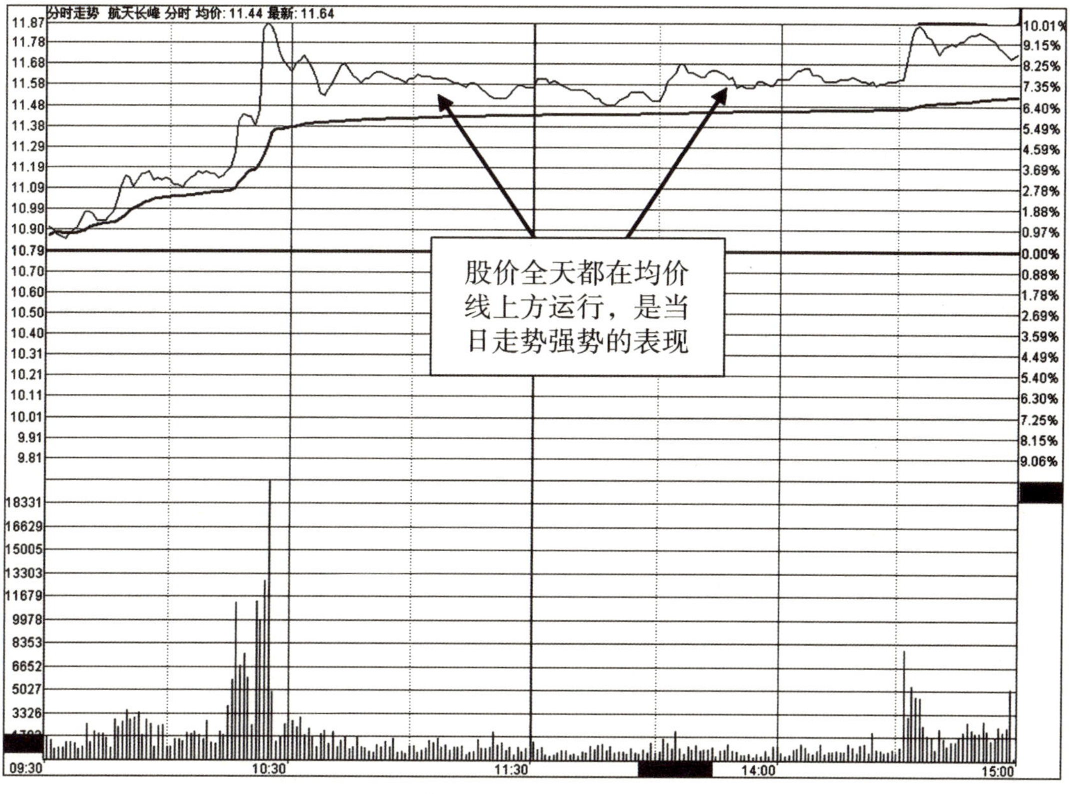

图 9—1 航天长峰分时线强势运行示意图

如图 9—2 为江淮汽车（600418）2009—08—31 分时图，从图中我们可以看到此股在当日的走势中，股价在全天基本都运行于均价线的下方，这是个股当日弱势运行的盘面表现。这种当日弱势运行的盘面形态往往也会反映到下一个交易日中。

如图 9—3 为铜锋电子（600237）2009—10—20 分时图，如图所示，在盘中此股出现了一波急速上涨走势，使得股价快速脱离了均价线，这是由于买盘大力介入导致的，但是买盘不可能这样一直持续大量介入，随着之后买盘力度的减弱及抛盘的涌出，股价又回落到了均价线之上，这就是均价线对于股价的“引力”作用，也是我们依据分时线展开短线操作的重要依据之一。

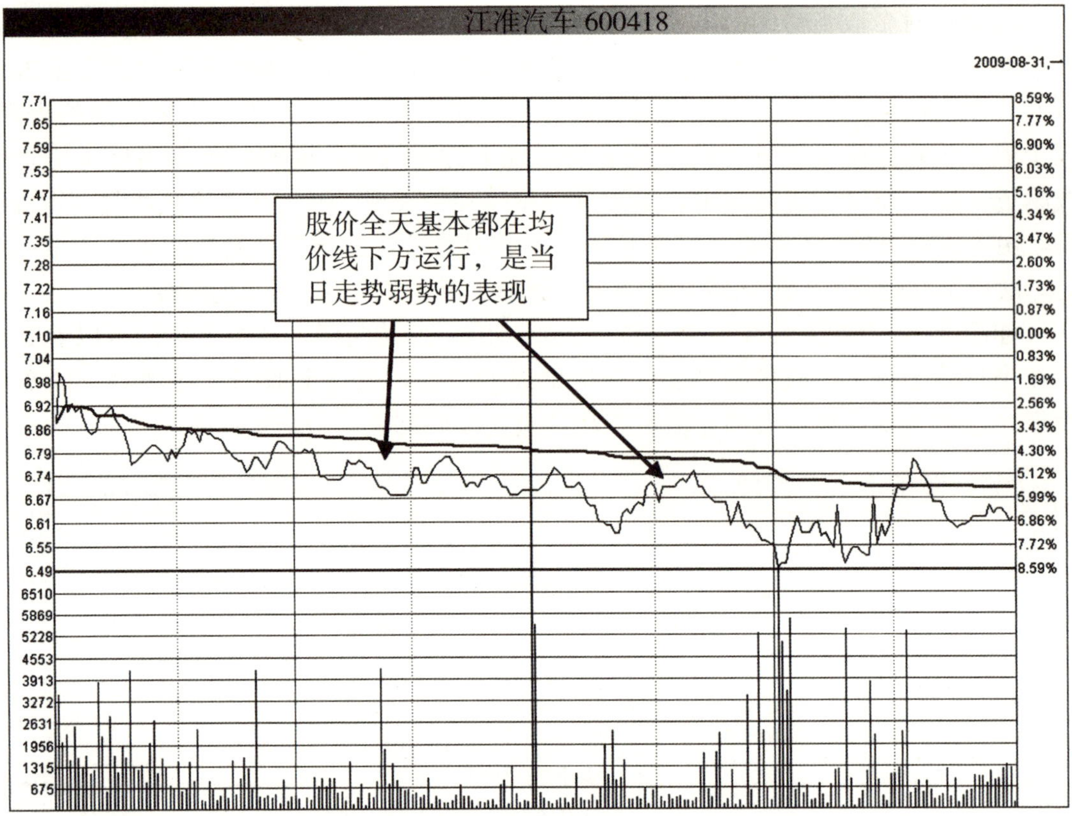

图 9－2　江淮汽车分时线弱势运行示意图

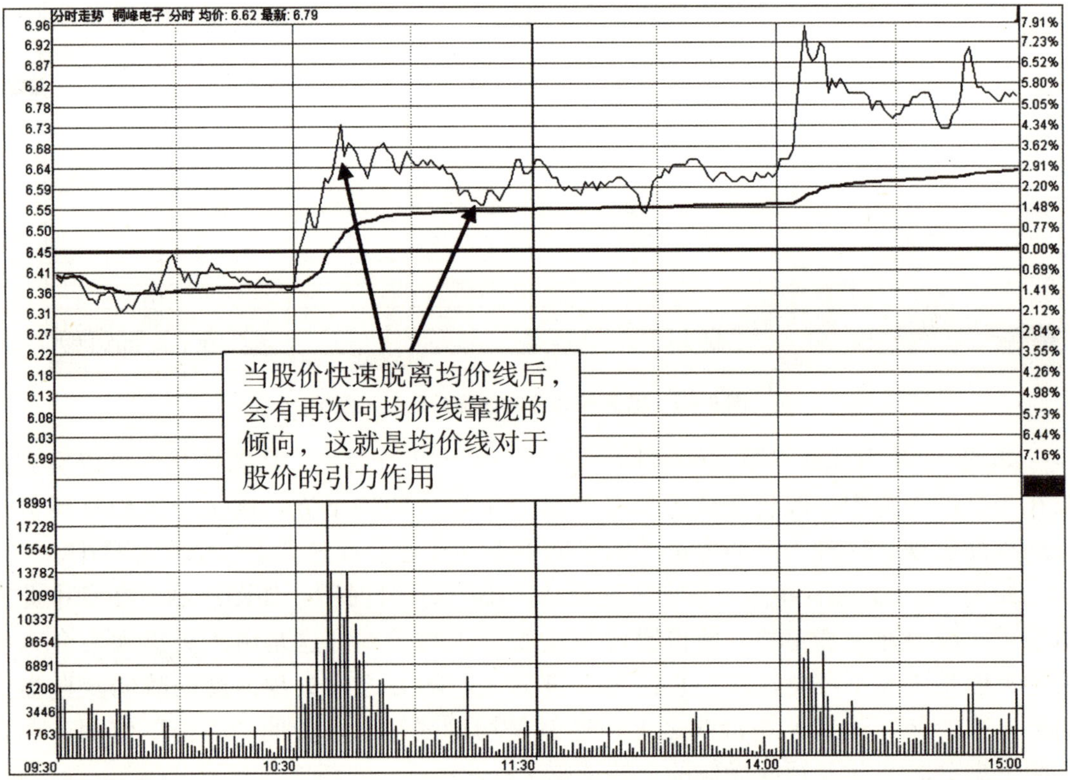

图 9－3　铜峰电子均价线“引力”作用示意图

三、看分时线与分时量的配合

运用“量价关系”去展开实盘操作，不仅出现在K线与日成交量的配合之上，也可以出现在分时线与分时量的配合之上，它们的原理是相同的，只不过一个时间周期为“日”，而另一个时间周期为“分钟”。

前面我们讲过，分时量是指出现在分时线下方的柱形图，每一根柱形代表了这一分钟的成交量，分时量直观地体现了股价实时波动过程中的成交量变化情况。一般来说，若分时线的上涨得到分时量相应放大来配合，则我们会认为这是健康的上涨，多预示着这种上涨的可持续性较强；而分时线的上涨若得不到分时量的放大来配合，则这种上涨很可能是虚假的上涨，预示着上涨的可持续性并不强。但在实际操作中，投资者不必墨守成规，如：当个股出现上涨时，呈现“缩量上涨”的量价背离关系，就认为这种上涨不健康，股价仍会跌下来；当个股出现下跌时，呈现“缩量下跌”的量价背离关系，就认为这种下跌不成立，股价仍会涨回来，在实际操作中，我们一定要灵活应变。因为“缩量上涨”这一形态既然可以出现在主力大力吸筹后拉升途中（体现为日K线与日成交量缩量上涨的配合之上），当然也就可以出现在盘面的分时线形态之中，当个股出现量价背离关系时，我们最好看看此股的总体运行趋势再作结论也不迟，要避免得出片面的结论。

如图9－4为延长化建（600248）2009－10－20分时图，如图标注所示，从图中我们可以看到，虽然在股价上涨过程中得到了分时量的有效配合，但这并不代表这种上涨极其牢靠，此时我们还要结合个股的总体运行趋势来判断。如图9－5为延长化建2009－10－20前的股价整体运行走势图，图中标注出2009－10－20这一日所处的位置，从图中可以看到，2009－10－20这一日处于总体运行的高位区，也是局部上涨中的高位区，因而随后下跌的可能性要远大于上涨的可能性，分时线上出现的放量上涨形态很可能是主力拉高出货的手法。

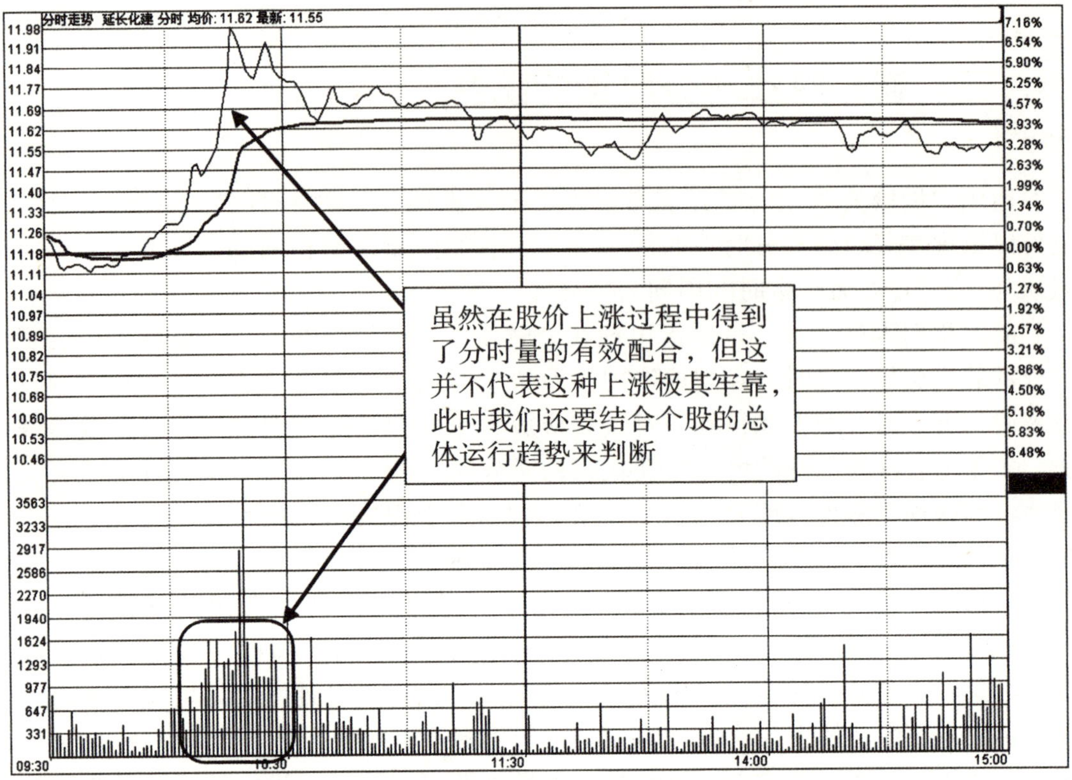

图 9－4　延长化建分时线与分时量配合示意图

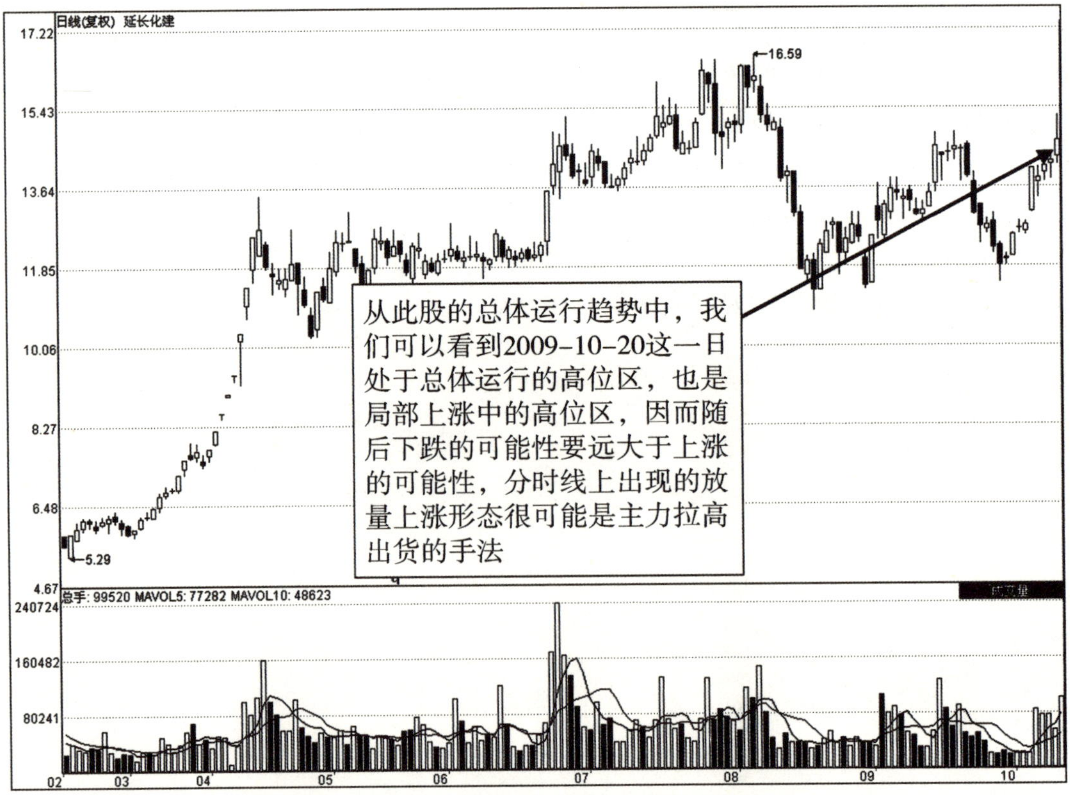

图 9－5　延长化建 2009－10－20 前股价走势图

第二节 盘中关注大盘走势

所谓盘中就是指 10:00～11:30 及 13:00～14:30 这三个小时的交易时间，由于盘中时间占据了全天大部分的交易时间，因而可以说是多空双方交锋的主要区域。而且，个股在盘中也往往发生转势，即由早盘的强势转为盘中的弱势，或由早盘的弱势转为盘中的强势，在某一交易日的看盘过程中，我们要从全局出发来进行整体观察，之所以将全天的交易拆分为早盘、盘中、尾盘这三个时间段，既是为了讲解上的方便，也是因为在这三个时间段中，我们看盘时关注的重点有所不同。那么，在盘中，我们应重点关注哪些因素呢？据笔者经验，在盘中我们应重点关注以下几方面：大盘走势、个股涨跌数量比、个股波动形态、挂单情况、大笔成交，在本节中，我们先来看看盘中如何关注大盘。

大盘是个股运行的大环境，当大盘强势时，多数个股也呈现出强势，当大盘弱势时，多数个股也呈现出弱势。虽然也有一些个股的走势脱离大盘，但这毕竟是极少数的个股，就概率来说，我们能手中持有这样的个股既需要水平，也需要运气，可以不夸张地说，如果当日大盘暴跌，那你手中的股票也难逃下跌的境况，如果大盘暴涨，那你手中的股票也将一路盘升。当我们在盘中关注大盘走势时，就可以更好地理解个股的上升、跳水究竟是大盘带动的，还是主力运作的。一般来说，若盘中出现与大盘同步的上涨或下跌走势，则可以对主力的行踪忽略不计，我们可以这时的股价异动看作是多空力量的自然转变；反之，如果当大盘大幅上涨或大幅跳水，个股的走势明显与大盘不和谐，比如：大盘大涨它不涨，或大盘跳水它不跳，这时，我们可以将此特立独行的走势看作是主力运作的结果。

因此，通过对比大盘与个股的盘中走势情况，我们就可以对个股的盘中走势了解得更透，也能更准确地作出随后的买卖决策。

如图 9—6 为准油股份（002207）2009—07—19 分时图，从图中可以看到此股在下午 2:00 后出现快速跳水走势，而引起此股跳水的原因正是当日大盘的大幅跳水（如图 9—7）。通过对比两者的跌幅，我们可以看到，在大盘跳水的情况下，此股的多方力量变得不堪一击，其跌幅明显大于当日的大盘跌幅，可以预料的是，此股的随后走势多半会弱于同期的大盘走势。通过这种对比分析，我们就可以将重点转移至对大盘后期走势的分析之上，如果大盘后期走势不容乐观，那么此股也难有表现的空间。

如图 9—8 为准油股份 2009—07—29 前后的走势图，如图标注所示，2009—07—29 之前，此股处于高位横盘之中，且股价重心有下移迹象，联系到此股当日跳水情况，就可以提前判断出随后将出现的下跌行情。

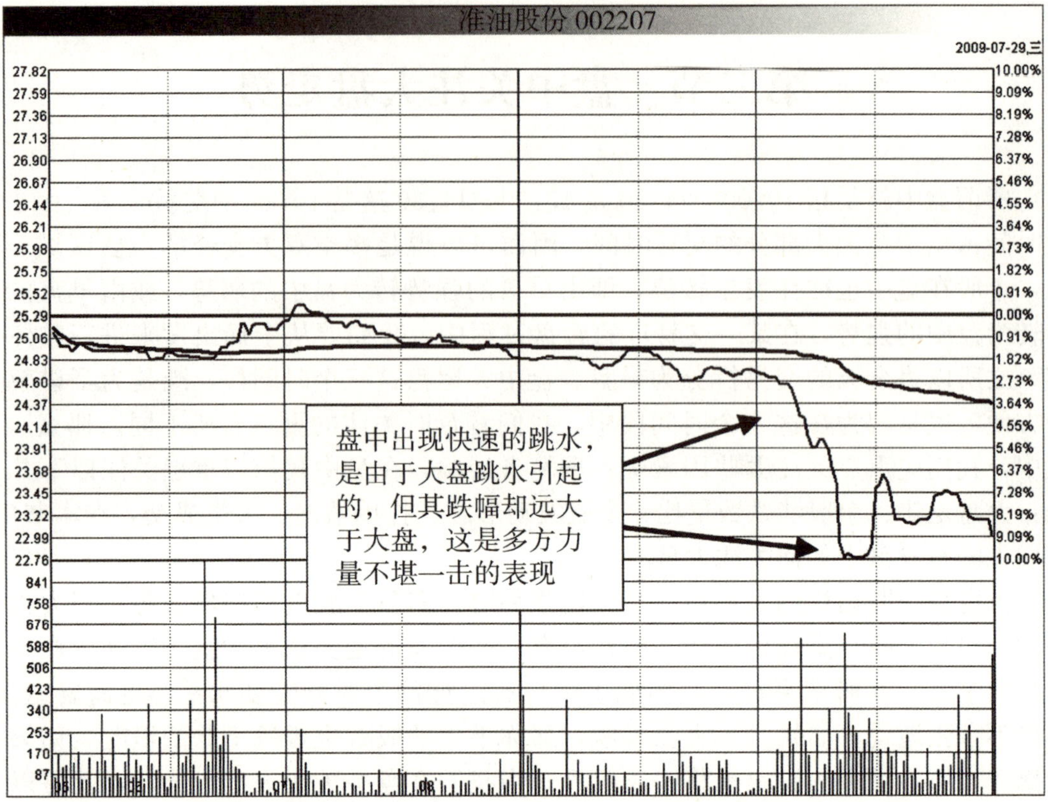

图 9—6　准油股份 2009—07—19 大幅跳水示意图

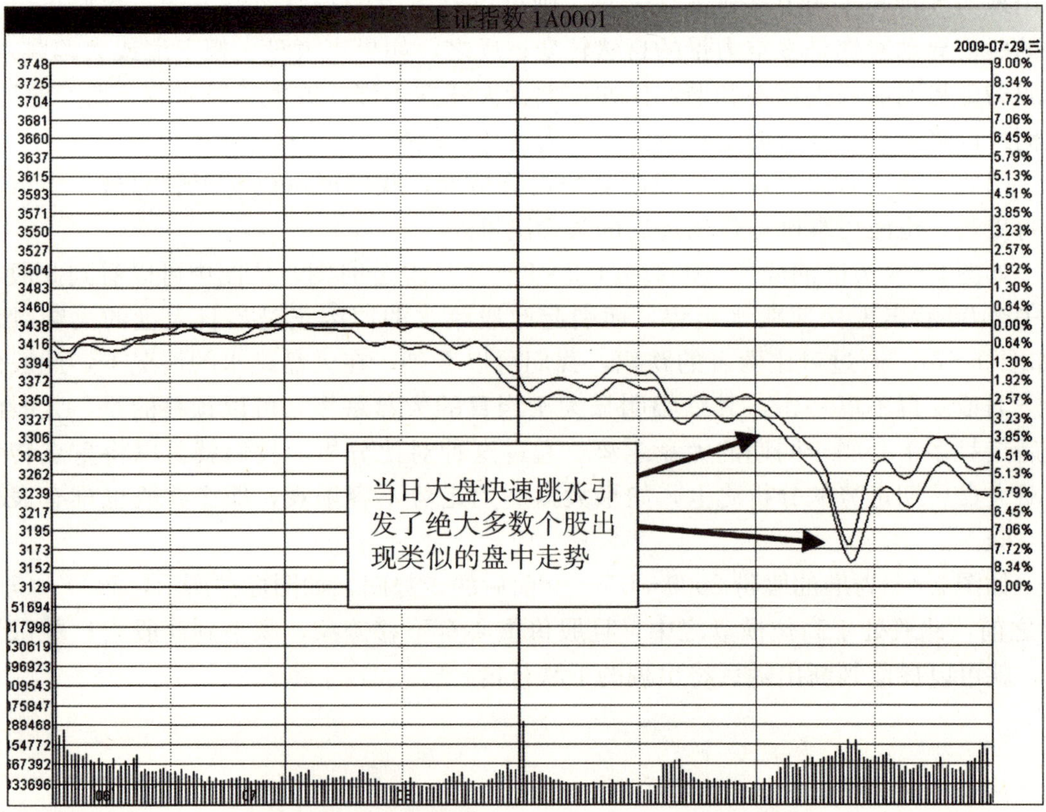

图 9—7　上证指数 2009—07—19 大幅跳水示意图

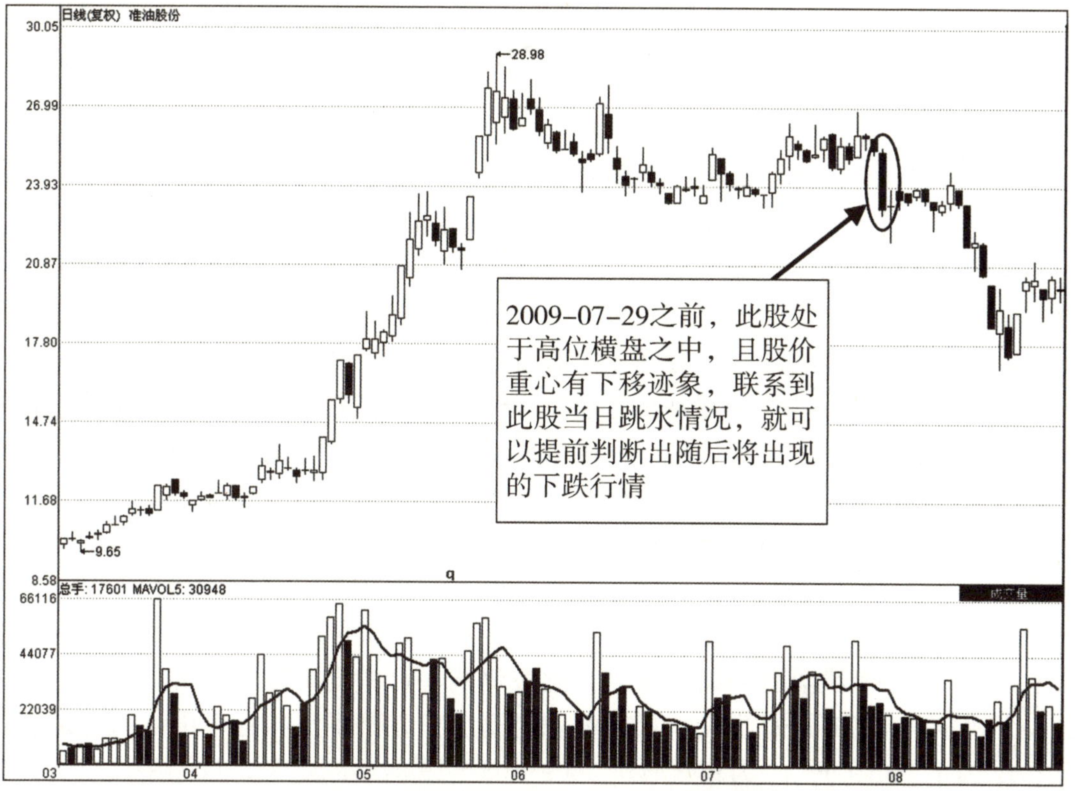

图 9—8 准油股份 2009—07—29 前后走势图

第三节 盘中关注涨跌个股的数量比

涨跌个股的数量比反映了整体市场中，是上涨个股数量多，还是下跌个股数量多，且两者相差多少。通过涨跌个股的数量比，我们可以得到大盘的“真实”运行情况，之所以称其为“真实”，这是因为大盘指数很容易受到指标股的操纵，少数的指标股大幅上涨，就可以使指数大幅上升，从而让人误以为市场整体表现强势，但在这种指标股带动下的大盘上涨是不真实的，它无法体现出市场的整体情况。在实战中，当我们发现大盘指数在上涨，并且上涨个股数大于下跌个股数时，这说明市场整体呈强势，短线操作可以积极展开；如果大盘指数上涨，而下跌个股数量却要明显多于上涨个股数量，这说明大盘的上涨源于少数指标股的推动，短线操作不宜盲目展开。当我们发现大盘指数在下跌，并且下跌个股数大于上涨个股数时，这说明市场整体呈弱势，短线操作应积极回避；如果大盘指数下跌，而上涨个股数量却要明显多于下跌个股数量，这说明大盘的下跌是由于少数指标股下跌导致的，此时我们可以针对目标个股进行短线操作。

第四节　盘中关注个股波动形态

个股的波动形态无疑是我们盘中的关注重点，因为它直接体现了个股股价的盘中运行情况，而且也是我们分析多空实力、推测主力意图的根据。

在经过了早盘前 30 分钟的交战后，多空双方一般会在盘中积极地扩大战果，个股走势往往会出现明显的倾斜，若多方占据优势，会把股价不断推高；若空方占据优势，则股价往往持续跌落。通过盘中股价走势，我们可以看到多方力量在早盘前 30 分钟后的持续性或空方力量在早盘前 30 分钟后的持续性，若多方力量在早盘前 30 分钟取得了主动，并且持续性极好，则说明此股的后期走势仍将乐观，反之，则有可能出现“多转空”的情况；若空方力量在早盘前 30 分钟取得了主动，并且持续性极好，则说明此股的后期走势仍旧不佳，反之，则有可能出现“空转多”的情况。

如图 9－9 为双钱股份（600623）2009－08－19 分时图，从图中可以看到，此股盘中呈现强势运行格局，而此股当日的股价交投区间正位于突破了前期横盘区的位置上，在这样一个满盘获利的位置处，此股仍能在盘中走出如此强势，说明有资金在大力做多，考虑到这时此股刚刚突离前期横盘区，因而我们有理由认为它随后仍有上升空间。如图 9－10 为双钱股份 2009－08－19 前后的走势，从图中可以看到在 2009－08－19 之后，此股正式步入上升通道，股价出现了急速的上涨。

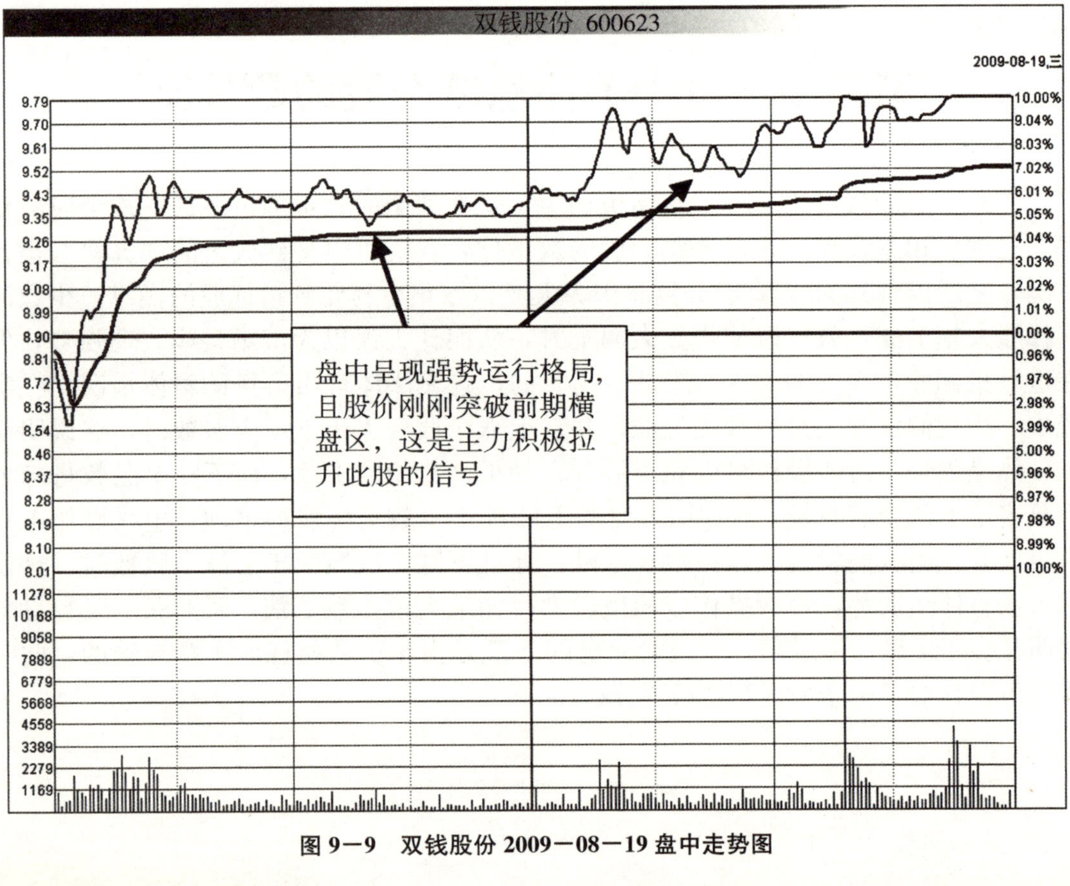

图 9—9　双钱股份 2009—08—19 盘中走势图

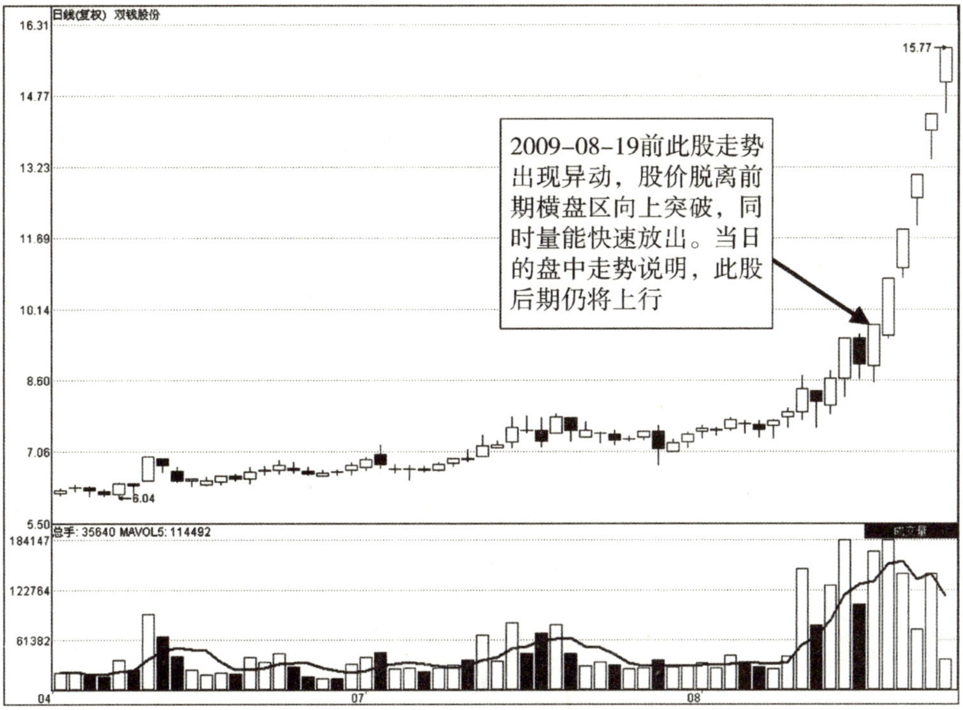

图 9－10　双钱股份 2009－08－19 前后走势图

如图 9－11 为华夏银行（600015）2009－06－03 分时图，从图中可以看到此股股价在全天绝大部分时间内都处于均价上方运行，这是买盘强劲的迹象，如图标注

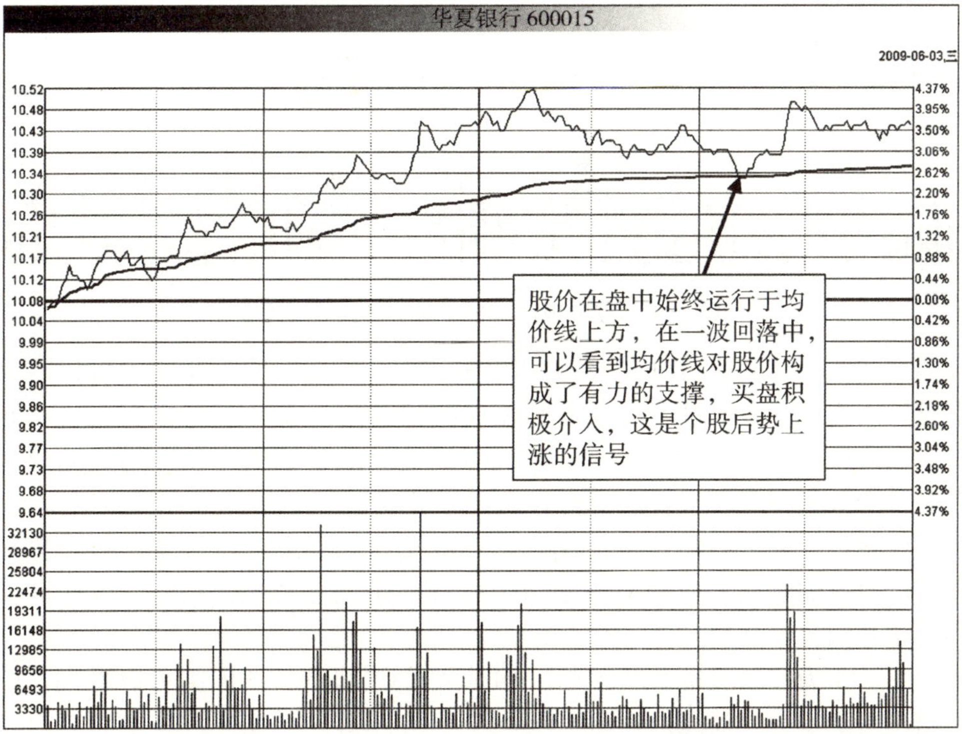

图 9－11　华夏银行 2009－06－03 盘中走势图

所示，由于大盘的一波下跌导致股价向下回落至均价线上，但是在这位置处却涌入了大量的买盘，均价线对股价形成了有力的支撑，这是多方力量充足的表现，若此时有个股整体走势相配合，则后期上涨的概率是极大的。

如图 9－12 为华夏银行 2009－06－03 前后的走势图，图中标注了 2009－06－03 当日所处的位置，从图中可以看出此股在前期经历了较长时间的横盘震荡蓄势，且股价重心出现了上移倾向，这是多方力量强于空方力量的表现，预示着股价在横盘整理后仍将上行，如果再结合此股在 2009－06－03 的分时线特点，我们就可以准确地把握此股即将到来的这一波行情。

图 9－12　华夏银行 2009－06－03 前后走势图

如图 9－13 为首创股份（600008）2009－07－21 分时图，从图中可以看到，此股在开盘后出现了一波拉升，但是很明显这波拉升的意图并不是推高股价，而是主力出货，在此股随后的盘中走势中，我们可以清晰地看到主力资金出逃的迹象。当日此股股价全天运行于均价线的下方，且随着走势的继续，股价在下方离均价线越来越远，试想一下，若不是大资金出逃，个股又怎么会走出如此疲软的走势呢？当然，在看分时线的时候，我们还要结合个股的整体走势来综合判断，这样得出的结论才不至于片面化。

如图 9－14 为首创股份 2009－07－21 前后的走势图，从图中可以看到，此股在总体上出现了不小的累计涨幅，而 2009－07－21 当日正处于一波拉升中，但是这一日的形态却极其难看，出现了一个放量大阴线的形态，这是主力资金出逃的明显迹象，预示着个股短期深幅下跌即将出现。再结合 2009－07－21 当日的盘中分时线弱势形态，我们在当日的操盘策略就应是卖出，而不是抄底。

图 9－13　首创股份 2009－07－21 盘中走势图

图 9－14　首创股份 2009－07－21 前后走势图

如图 9－15 为上海机场（600009）2009－02－16 分时图，图 9－16 为此股 2009－02－17 分时图，从此股在这连续两日的盘中走势中，我们可以明显地感觉到它的弱势运行状态，弱势的出现原因是买盘出现减少，而卖盘却出现了明显增加，由于买卖双方实力出现差距，由此导致了股价在全天大部分时间内都位于均价线下方运行，这种分时线形态多预示着此股短期回调走势的出现。

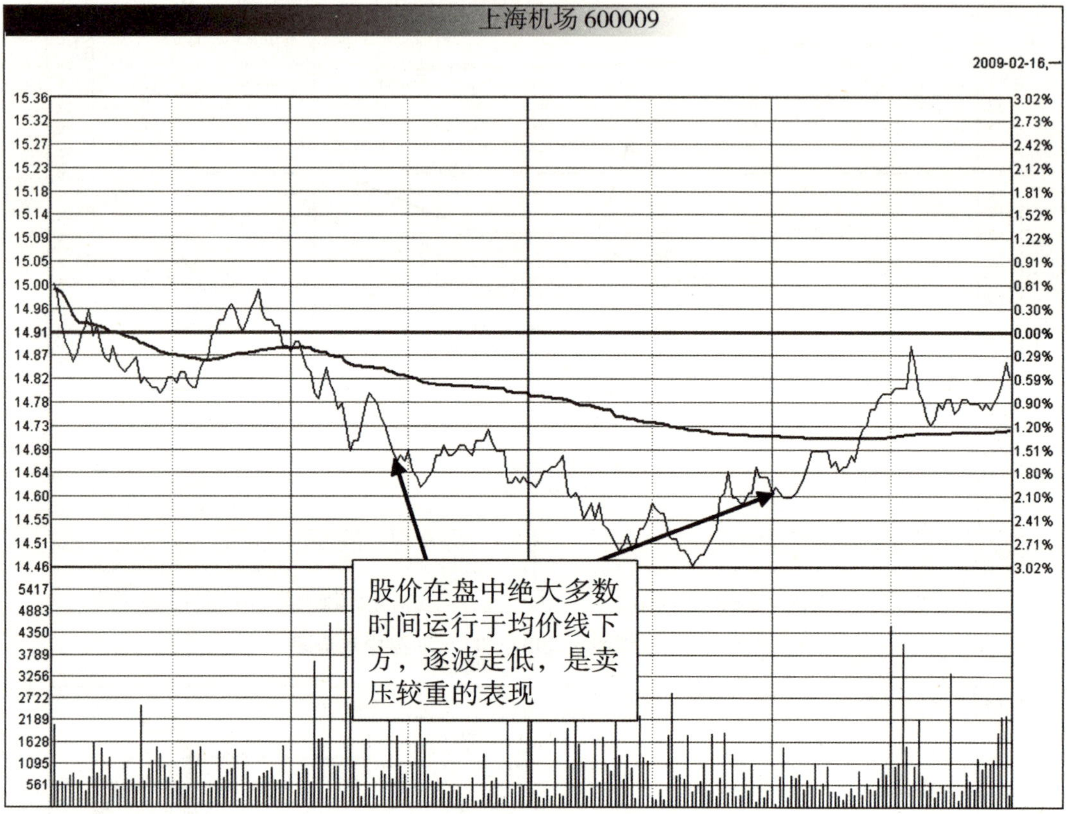

图 9－15　上海机场 2009－02－16 盘中走势图

如图 9－17 为上海机场 2009－02－16 及 2009－02－17 前后的走势图，从图中可以看到在这两日之前，此股出现了一波较为明显的上涨，且前期经过低位的持续震荡，可以预料的是，这一波的上涨将会使市场获利盘的抛售意愿明显增加，毕竟投资者中的多数仍是短线投资者。结合此股在 2009－02－16 及 2009－02－17 盘中分时线特点，我们宜短线做空。但由于此股目前已随大盘处于回暖走势之中，而分时线形态只对个股的短期走势有预示作用，长期走势我们仍要看趋势运行特点，综合考虑，我们宜短线卖出，回调后再择机介入。

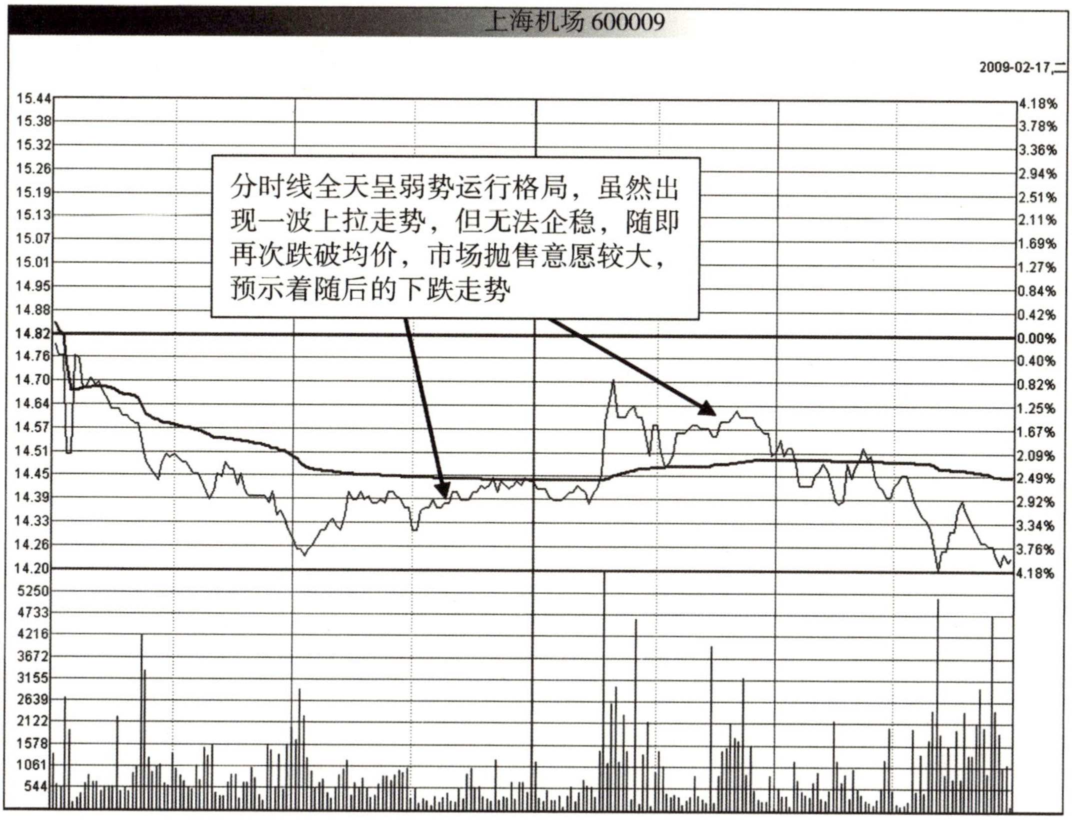

图 9—16　上海机场 2009—02—17 盘中走势图

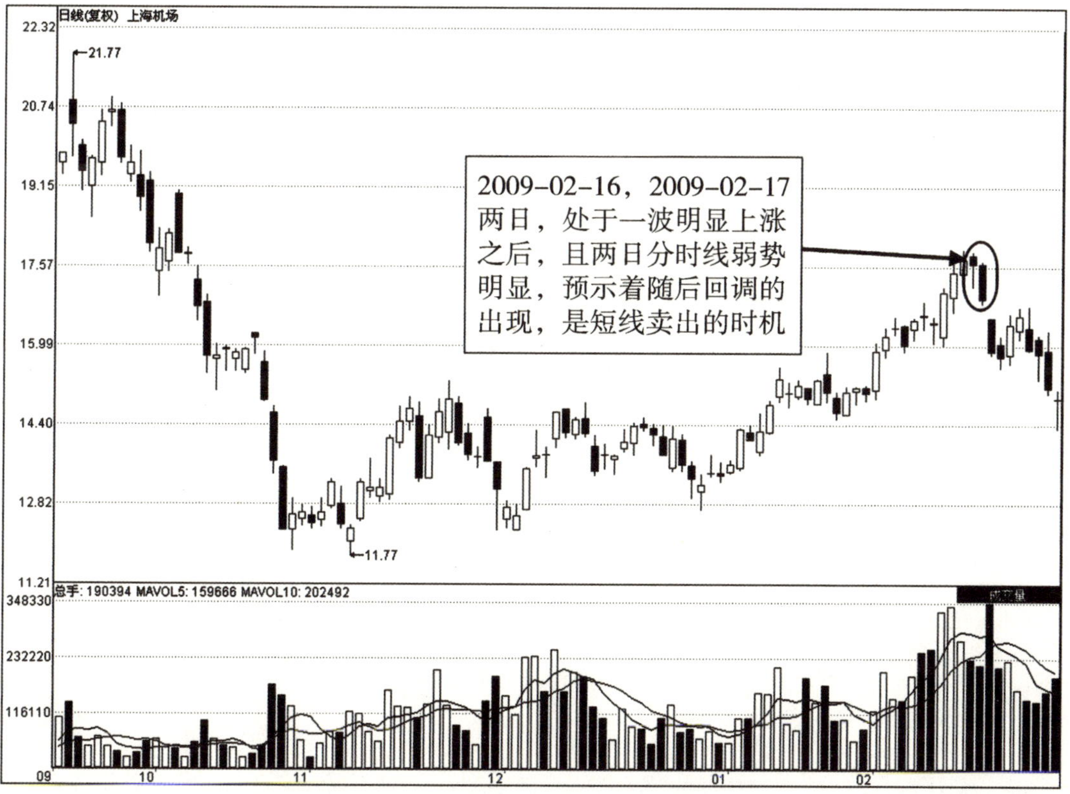

图 9—17　上海机场 2009—02—16 前后走势图

第十天　学会看尾盘

◆第一节　尾盘走势的意义
◆第二节　看懂尾盘拉升
◆第三节　看懂尾盘打压

第一节　尾盘走势的意义

尾盘是指每个交易日的 14:30～15:00 这半小时，既是一天交易的总结，也影响着次日的开盘，尾盘所起的作用是承前启后，即能回顾前市又可预测后市。在我们全天的看盘过程中，其实我们最关注的仍是股价的变化，因为这直接决定着我们是盈利还是亏损，大盘或个股当日是走出上涨还是下跌行情，尾盘起着极大的作用。那么，通过尾盘，我们可以获取哪些信息呢？

首先，尾盘是我们发现主力动向的窗口。比较早盘前 30 分钟来说，主力更喜欢利用尾盘的价格变动来实施控盘计划。主力多喜欢在尾盘对持仓个股进行控制，以达到技术上的骗线目的，或者人为地制造出多头或空头陷阱。我们只要留心尾盘，就可以看到很多个股会在尾盘出现拉升或打压的异动走势，这就是主力典型的做盘手法——利用尾盘制造收盘价。

如图 10－1 为嘉宝集团（600622）2009－04－13 分时图，从图中可以看到此股当日出现了尾盘异动走势，且股价变动的方向为上，在考虑个股尾盘异动时，我们一定要结合个股的整体走势来分析，如图 10－2 为嘉宝集团 2009－04－13 前后的走

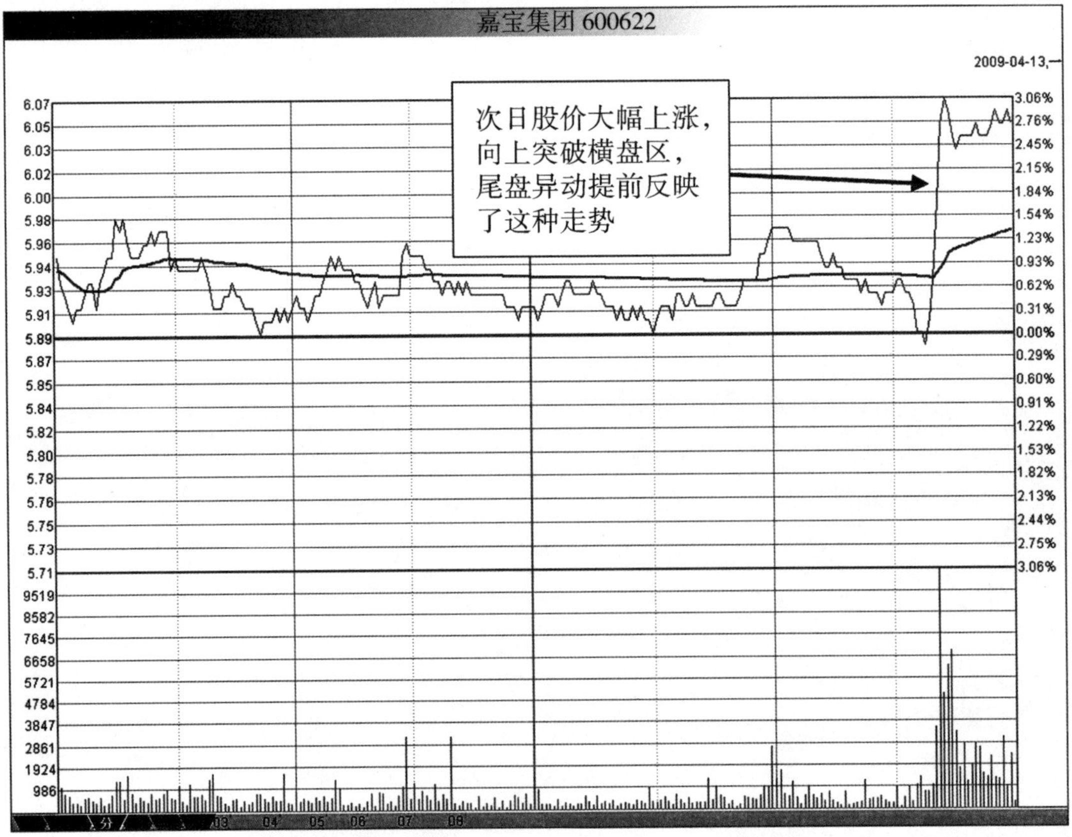

图 10－1　嘉宝集团 2009－04－13 尾盘异动示意图

势图，图中标注了 2009—04—13 这一日的 K 线位置，从图中可以看出，当日此股正位于较低位的横盘震荡之中，且股价重心有逐步上移的趋向，在这种情况下，此股当日的尾盘向上异动就是一种盘整后的突破信号，是主力利用尾盘实施提前小幅拉升从而完成后期大幅拉升的一种手段。同一个主力在实际的控盘过程中往往采用相同的操盘手法，其实嘉宝集团中的主力这种利用尾盘先小幅拉升从而再大幅拉升的手法早在之前就已有体现。如图 10—3 为嘉宝集团 2009—02—03 的分时图，结合图 10—2 来看，我们可以发现在 2009—02—03 之后，此股出现拉升行情。

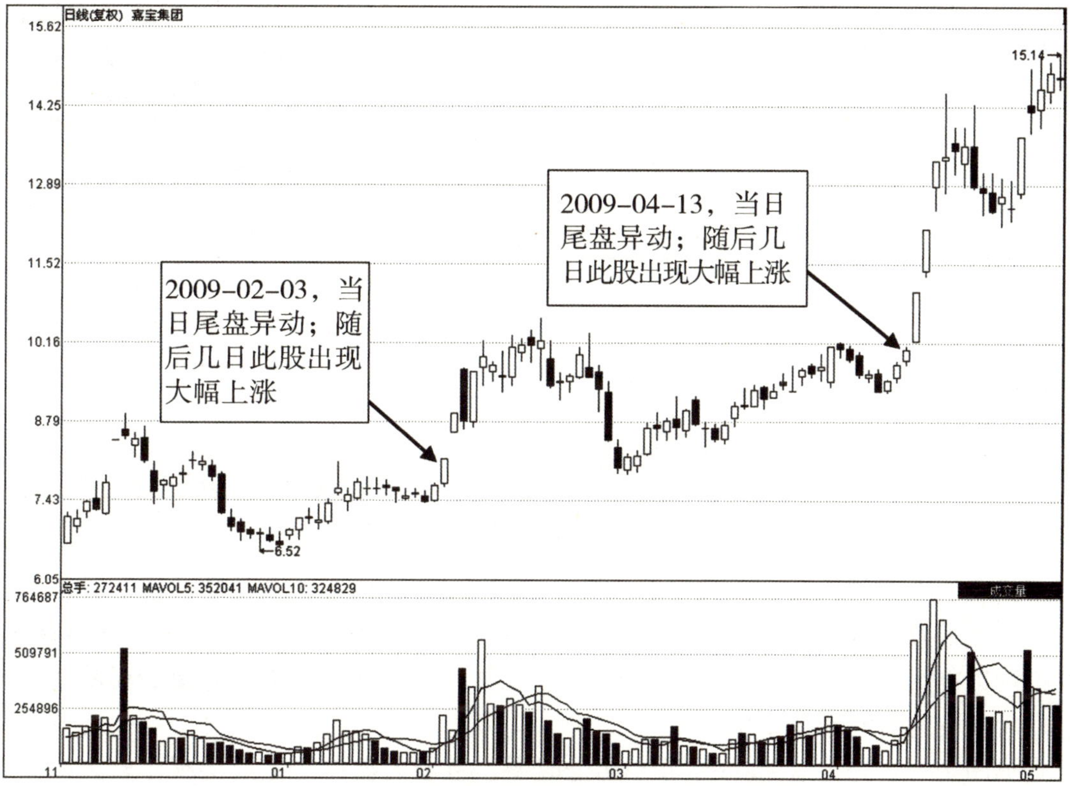

图 10—2　嘉宝集团 2009—04—13 前后走势图

其次，尾盘也是散户投资者集中交投时间，对于次日走势影响重大。投资者在对盘面进行了一天的观察后，往往在尾盘采取操作，如果看好后市，则于尾盘买入，如果看淡后市，则于尾盘卖出。因而，尾盘会出现放量形态，只要我们看一下大盘的分时图，就会发现这样一种现象，即：几乎每一天的尾盘这一时间段，都是当天成交量最多的时间段。正是基于尾盘大量的交易，股指或个股往往出现大幅变动，从而打破当日的盘中形态，若尾盘放量过大且振幅过大，则说明多空双方力量已然在尾盘发生了转变，次日的股价走势很可能仍将延续尾盘时的方向。

再次，尾盘异动是我们及时发现趋势转向的信号。大盘或个股全天交投过程应是持续、稳步发展的，这代表趋势仍将继续，此时我们可以采取原有的策略，即：在升势中持仓，在跌势中持币。然而，趋势不可能一直延续下去，若个股全天走好，而尾盘急速下跌，且个股正处于一波大幅上涨之后，则多意味着短期大幅回调的开

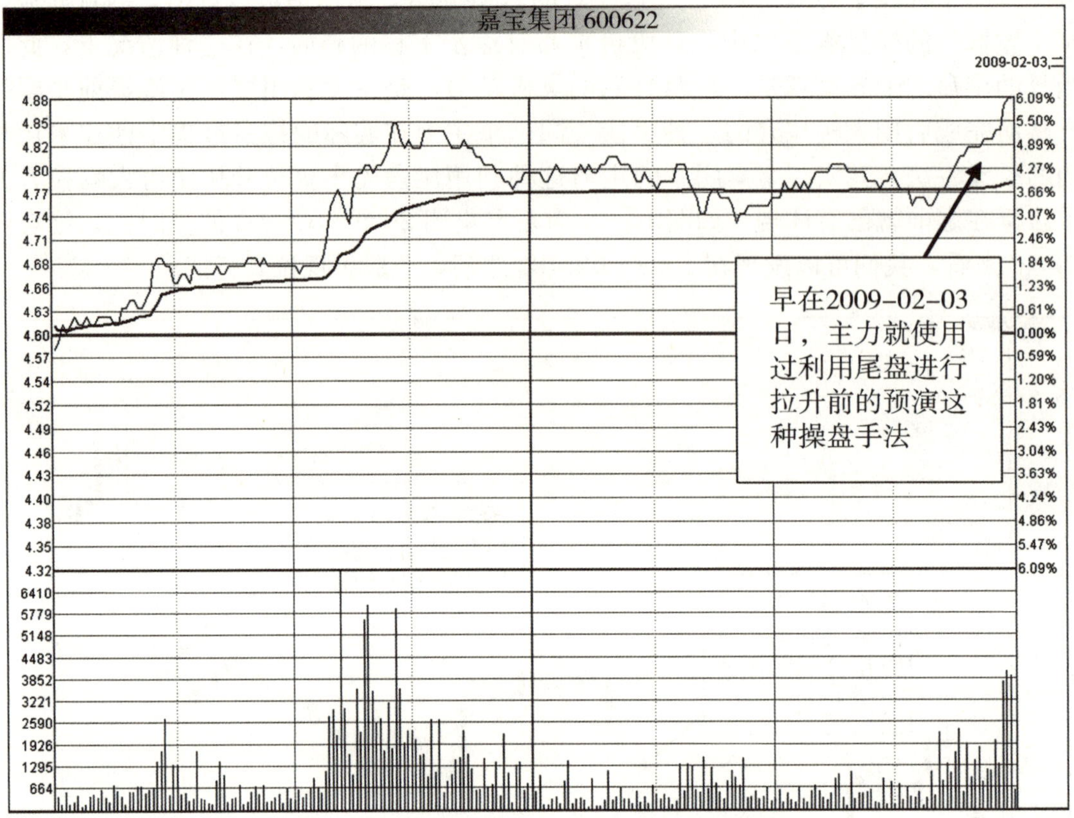

图 10—3　嘉宝集团 2009—02—03 尾盘异动示意图

始，是我们卖出的机会；反之，若个股全天走弱，而尾盘急速上扬，且个股正处于一波大幅下跌之后，则多意味着大幅反弹的开始，是我们买入的机会。通过尾盘，我们可以在第一时间发现趋势是否已出现转向，从而及时出手，避免贻误战机，毕竟股价的变化有时来得太快。

如图 10—4 为大盘 2009—08—07 分时图，由于大盘在此之前出现了较大的累计涨幅，且已出现过一次盘中大幅跳水的走势，当大盘指数于 2009—08—07 再次出现尾盘跳水时，就说明一波下跌行情就在眼前了，是趋势转向的信号。

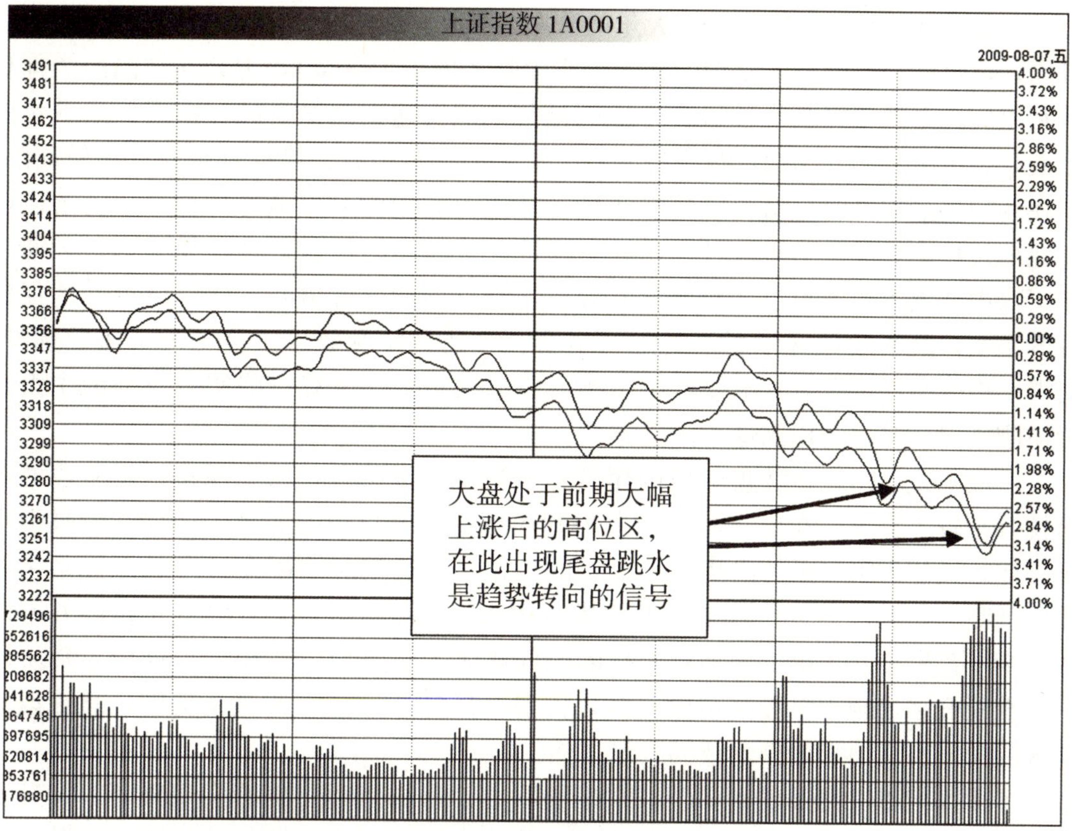

图 10—4　上证指数 2009—08—07 尾盘跳水示意图

第二节　看懂尾盘拉升

当主力处于不同的控盘阶段时（即：吸筹、拉升、洗盘、出货），其尾盘拉升的目的也不相同，因而，关注个股整体走势，是我们避免出现大方向判断错误的出发点。

当个股或市场整体在经过了大跌的洗礼之后，会处于明显的低位区运行，此时市场交投清淡，套牢盘不愿抛出，而短线客若无小利，也不会出局。此时，主力尾盘拉升股价的目的就是入场吸筹，特别是在大盘当日出现下跌时，由于持股信心不足，多会产生获利了结的心态，因而通过尾盘拉升，既让这些信心不足的散户投资者有出局机会，也让主力有大量吸筹的机会，散户注重的是短期小利，而主力注重的是后期大利，尾盘拉升可以让主力快速吸筹，加速实现后期获得暴利的过程，主力又何乐而不为呢？一般来说，主力利用尾盘逆市拉升来收集筹码，其拉升幅度一般情况下不会超过 5%涨幅，因为此时的主力不希望暴露自己的吸筹行为。当然，在遇到上市公司即将公布利好消息，而主力没有充足时间吸筹时，主力有时会一口气拉出巨大涨幅甚至以涨停通吃的方式收集筹码。

当个股处于拉升阶段时，利用尾盘实现拉升比起盘中拉升能节约大盘的控盘资金，对于实力较弱的主力来说，不失为一个好的选择。因为若在盘中进行大幅度的拉升，股价在拉高后，自然会有大量的获利盘抛出（这些获利盘可能来自其他大户、机构，也可能来自隐在此股中的另一个实力强大的主力资金），主力在拉高后为保住胜利果实，必然要将股价维持在一定的高位，而要达到这一目的，接下一定数量的抛盘是必不可少的，因而，盘中拉升对于主力的控盘能力、控盘资金要求是较高的。但在利用尾盘拉升时，情况就完全不同了，主力利用偷袭尾盘方式拉高，就可以极大地缩短拉高后股价的横盘时间，减少维持股价高度的控盘资金，只要第二天通过在买盘中挂出大买单或控盘开盘价的方式，给市场持仓者信心，就可以很好地保住拉升果实，既节约拉升中所需的控盘资金，又达到拉升效果，是一个不错的选择。值得一提的是，尾盘拉升不仅适用于实力较弱的主力，也有一些实力极强的主力在行情刚刚启动时也会用到这一操盘方式。

一般来说，出现在洗盘阶段的尾盘拉升情况较为少见，而出现在出货阶段的尾盘拉升则较为常见。在出货阶段，主力利用尾盘大幅拉高的股价，往往既能吸引市场关注，又能为第二天的出货寻一个好的价位，而且这时的尾盘拉升也可能是主力高抛低吸的结果，主力在盘中的低位进行买入。在尾盘时，突然将股价拉高并不需要多少控盘资金，而第二天则有大把的时间给主力在高位进行出货。这种出货阶段的尾盘拉升多出现于个股高位横盘区，投资者只要打开它的K线走势图，就可以对这种假拉升、真出货的操盘伎俩一目了然。

下面我们以中路股份（600808）来看看主力是如何利用尾盘实现吸筹、拉升及出货的。从图10—5中我们可以看到以下将要介绍的各个日期的分时图所处具体位置，在下面的讲解中，我们将结合各日的分时图及此股总体走势图10—5来展开。

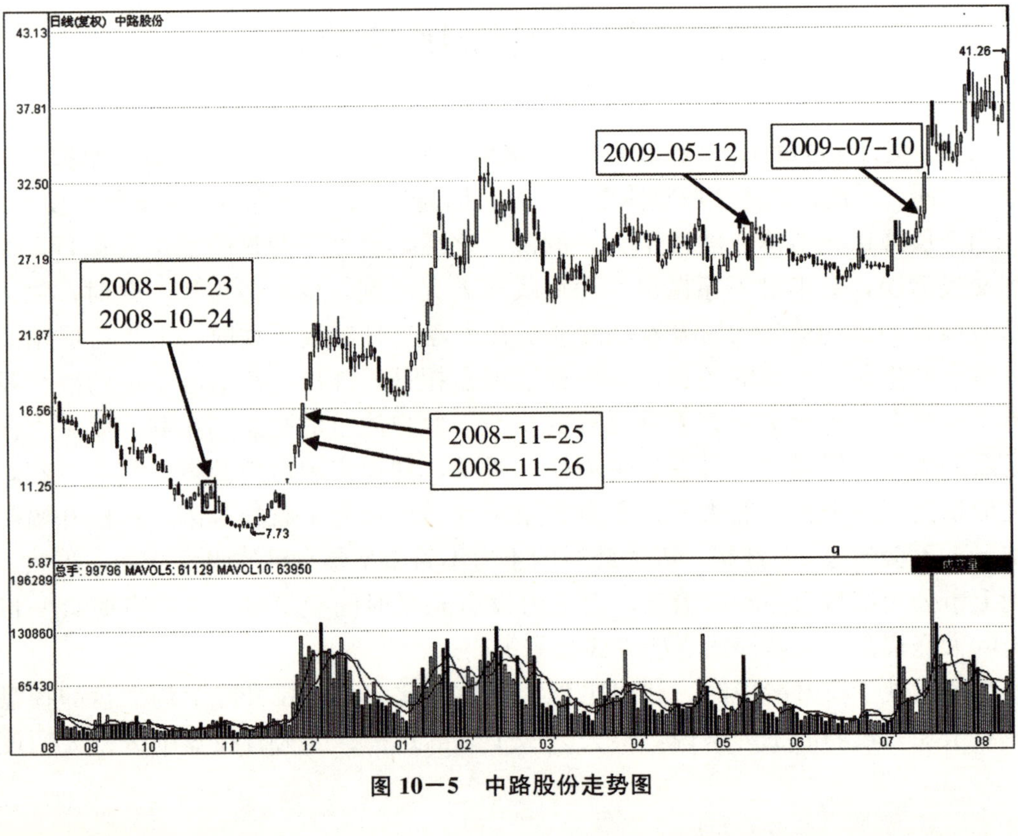

图10—5 中路股份走势图

如图 10—6、图 10—7 为中路股份 2008—10—23、2008—10—24 分时图，通过图 10—5 我们可以看出，此股正处于暴跌之后的横盘区，这两日出现的尾盘拉升明显是资金流入的迹象，而主力正是借大盘同期的宽幅震荡，利用尾盘急速拉升的方式给那些持股信心不足的投资者一个出局机会，主力则借机大量吸筹，当然，由于个股前期下跌幅度过大，这时主力也无法完成大量仓位的吸筹，其主要的吸筹还是来自于后期强势上涨时拉高建仓，特别是在股价刚一启动时，主力充当了大买家的角色，通过前两三个涨停板完成了吸筹任务。

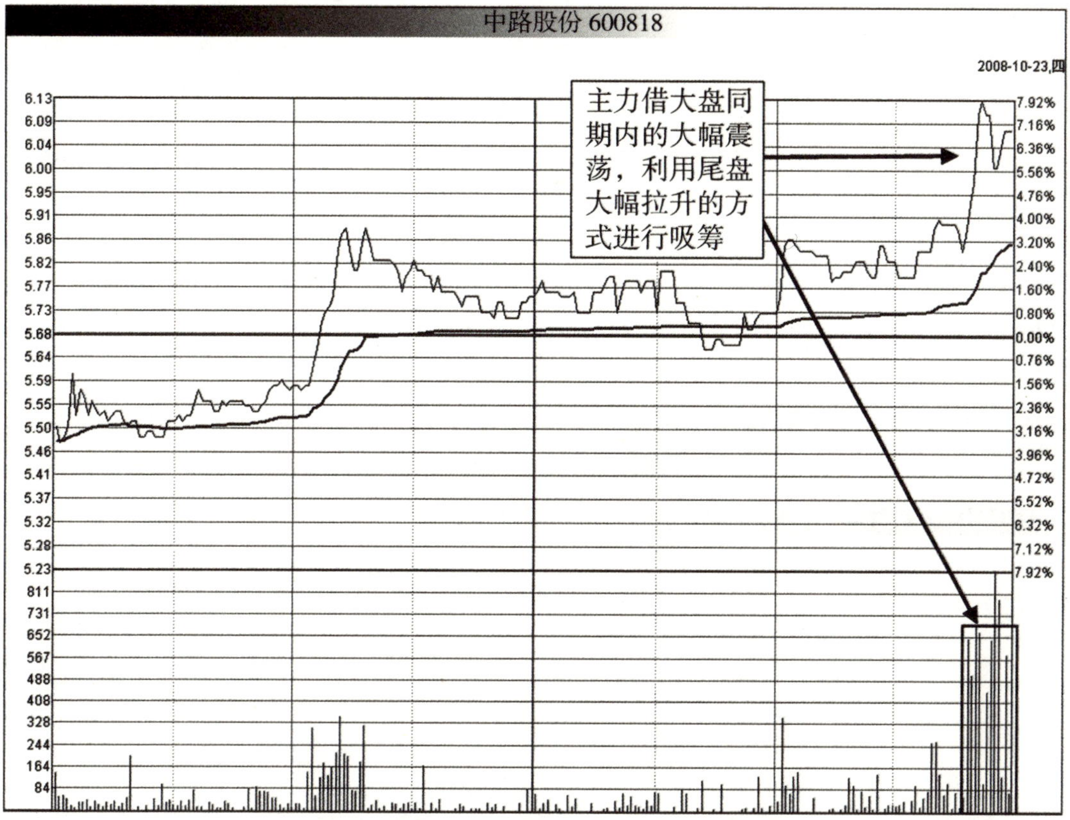

图 10—6　中路股份 2008—10—23 尾盘拉升示意图

如图 10—8、图 10—9 为中路股份 2008—11—25、2008—11—26 分时图，从图 10—5 中我们可以看到此时此股正处于大幅飙升状态，在 2008—11—25，主力利用全天股价大幅震荡实现盘中洗盘，尾盘则再次实现大幅拉升至涨停板，通过尾盘的成交量我们可以看出，主力的控盘能力是相当强的。在 2008—11—26，主力再次利用尾盘实现此股的强势上涨，不给踏空盘或中途下车的投资者回补的机会。这是主力大幅拉升股价的典型方式——利用尾盘进行拉升。

如图 10—10 为中路股份 2009—05—12 分时图，从图 10—5 中我们可以看出此股目前正处于高位区的横盘走势之中，当日出现的尾盘强势拉升至涨停板的走势充分说明了主力控盘能力仍强，持仓力度仍然十分大。那么，在此区域主力进行尾盘拉升的目的何在呢？在如此之高的位置上，其最大的可能就是出货，利用尾盘拉升股

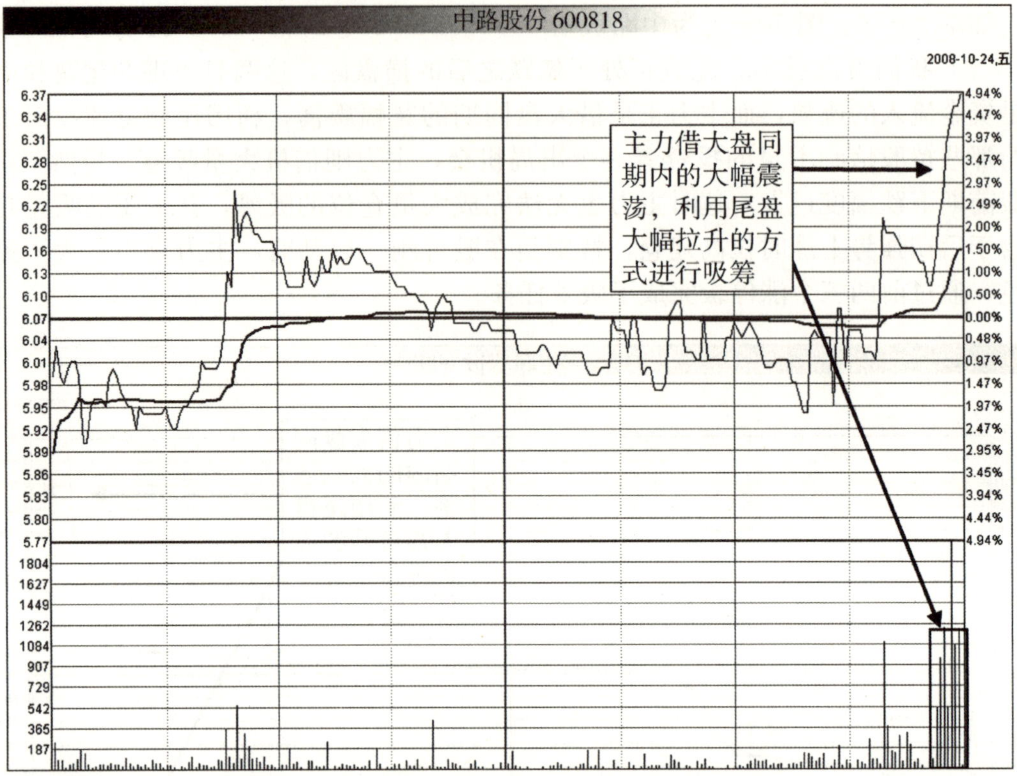

图 10－7　中路股份 2008－10－24 尾盘拉升示意图

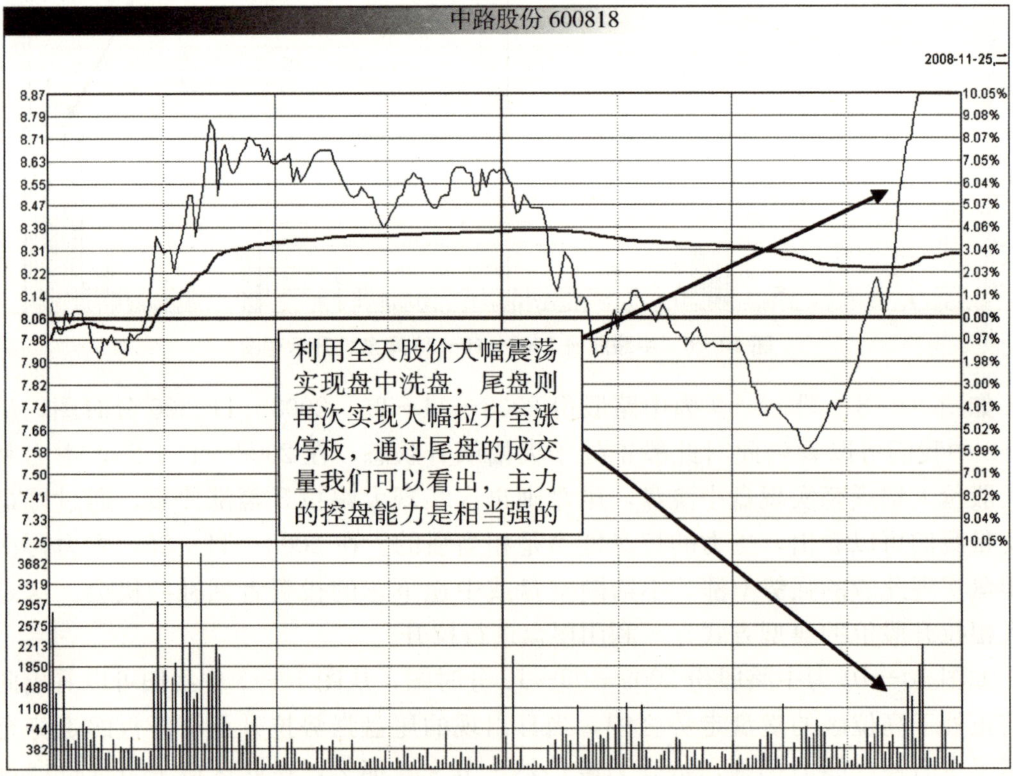

图 10－8　中路股份 2008－11－25 尾盘拉升示意图

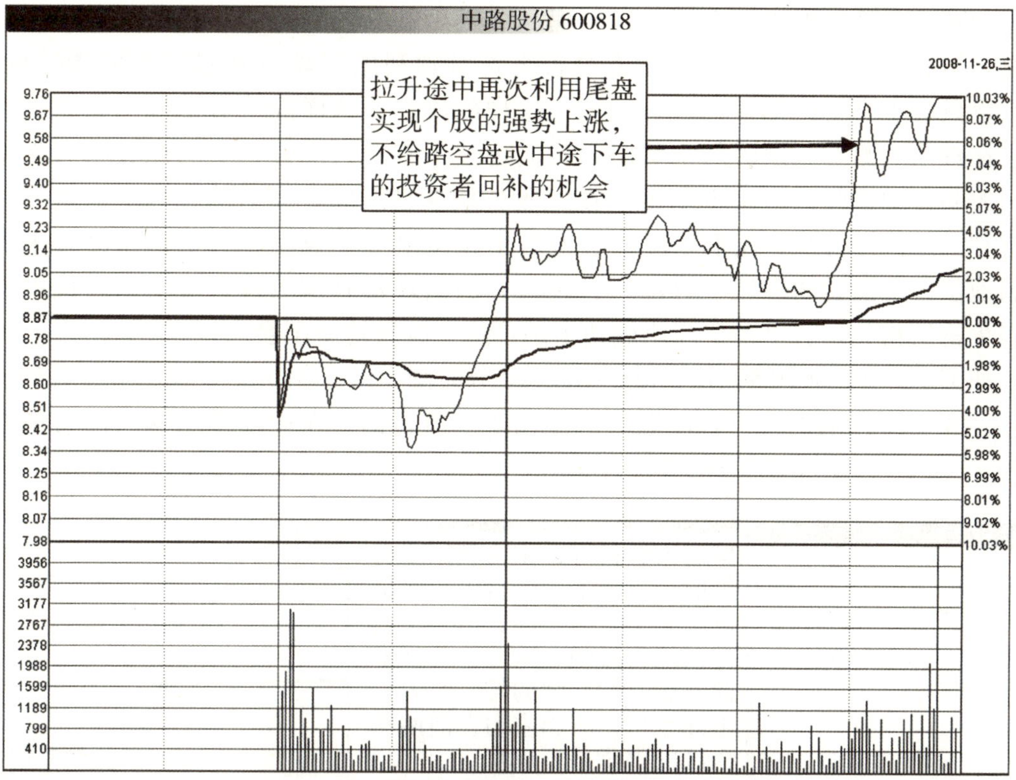

图 10－9　中路股份 2008－11－26 尾盘拉升示意图

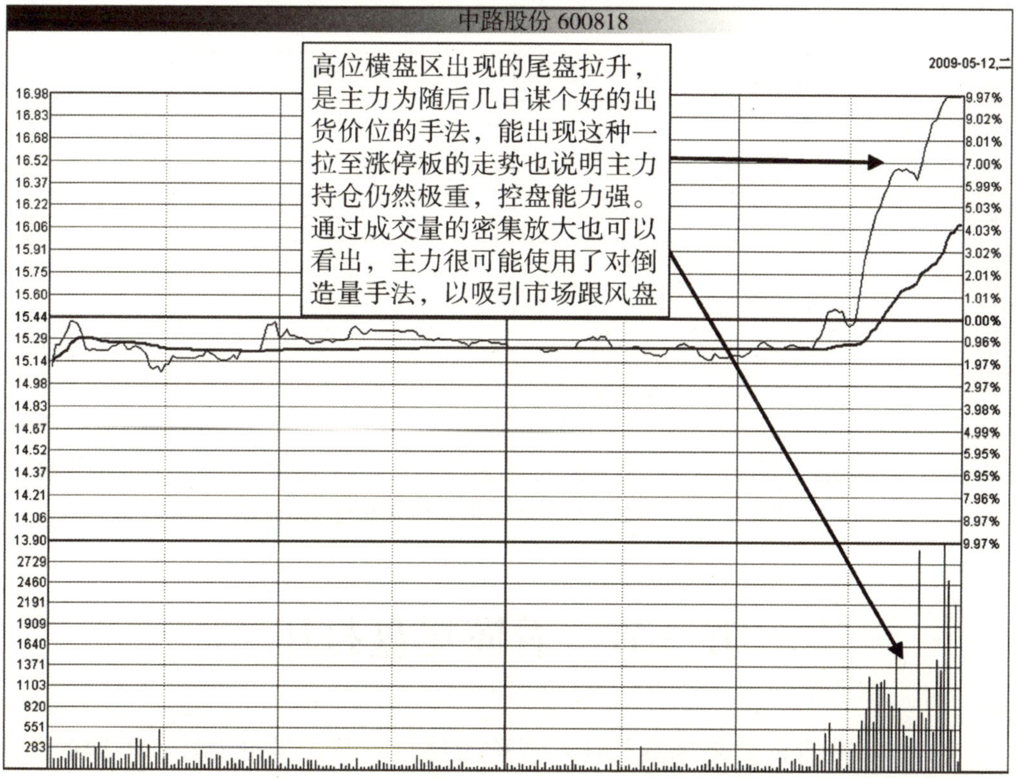

图 10－10　中路股份 2009－05－12 尾盘拉升示意图

价，为随后几日的出货寻个好价位，而此股随后数日的走势也正是如此，股价一路下滑，但成交量也极其低迷，主力是否真正做到利用尾盘拉升然后再出货的目的，其实也只有主力自己知道。这样的股、这样的价位、这样的走势都说明它充满了风险，在难以预测其短期内的走势时，我们还是不宜介入的好，虽然此股随后又出现了一波明显的拉升，但这也是由于在此股长期横盘期间，大盘涨幅极大，这一波行情与其说是拉升行情，还不如说是主力由于高位出货不成功，为了让自己处于更主动的地位，所发动的一波“补涨”行情。它的出现带有偶然性，与主力高位出货数量多少密切相关，若主力在高位成功出逃，这一波行情就不会出现了。

如图 10—11 为中路股份 2009—07—10 分时图，结合图 10—5 我们可以看到，在 2009—07—10 随后的几日，此股再次走出了一波行情，而提前预示这一波行情的也正是 2009—07—10 出现的尾盘拉升走势。

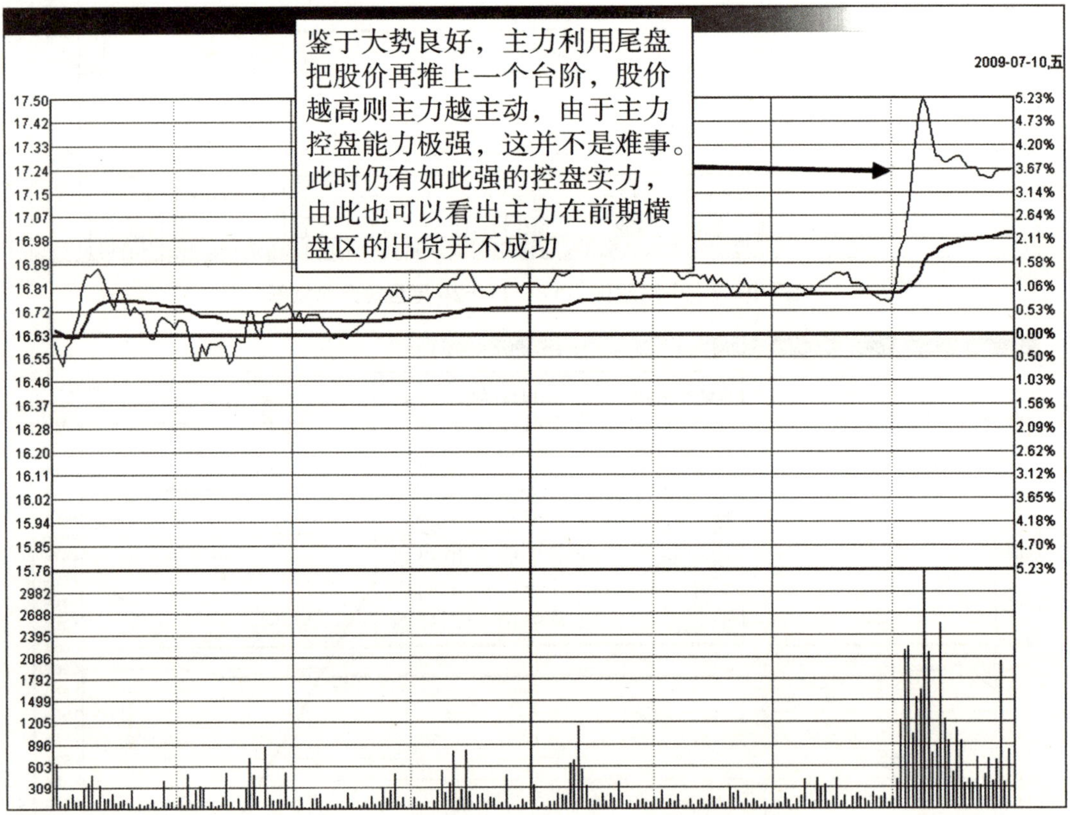

图 10—11　中路股份 2009—07—10 尾盘拉升示意图

第三节　看懂尾盘打压

与尾盘拉升相反的就是尾盘打压，或称为尾盘下跌。当主力处于不同的控盘阶段时（即：吸筹、拉升、洗盘、出货），其尾盘打压的目的也不相同，因而，关注个股整体走势，是我们避免出现大方向判断错误的出发点。

当个股或市场整体在经过了大跌的洗礼之后，会处于明显的低位区运行，此时市场交投清淡，套牢盘不愿抛出，个股处于小幅波动状态，若无股价的大幅变动，是很难让这些持仓者卖出的。若主力此时手中有部分筹码，则可以配合大盘的下跌，利用场外投资者的观望、场内投资者的恐慌，适当地进行打压，使个股跌幅明显大于大盘，则有可能引发市场的恐慌情绪，认为此股的“底”深不可测，从而抛出手中筹码，而主力则借机吸筹。退一步说，若投资者套得不深，对突然而来的打压准备不足，而没有及时卖出。那么，当股价再次反弹到打压前的股价位置时，由于错过了上次的抛出机会，也多会选择抛售，主力正好借机大量吸筹。之所以出现这种情况，是因为投资者的情绪更加不稳定，注重的是个股的短线走势，当个股在打压过后出现明显反弹，多会认为这种反弹力度有限，股价仍会再次下跌，因而进行抛出；而主力则是注重个股的长期走势，当股价反弹到原来打压前的位置时，这时的股价从中长线的角度来说，仍是极低的，不失为一个吸筹的好价位区域。

如图 10－12 为北方国际（000065）2008－08－08 前后的走势图，图中标注了此股在 2008－08－08 所处的位置，从图中可以看出此股在前期随大盘出现了暴跌走势，并于 2008－08－08 之前出现了一个止跌平台，但是这一平台还没构筑完毕，大盘再次出现一波下跌走势，而主力则顺势将股价打低以为吸入更为理想价位的筹码打下基础，如图 10－13 为北方国际 2008－08－08 尾盘打压示意图。其实，从图 10－12

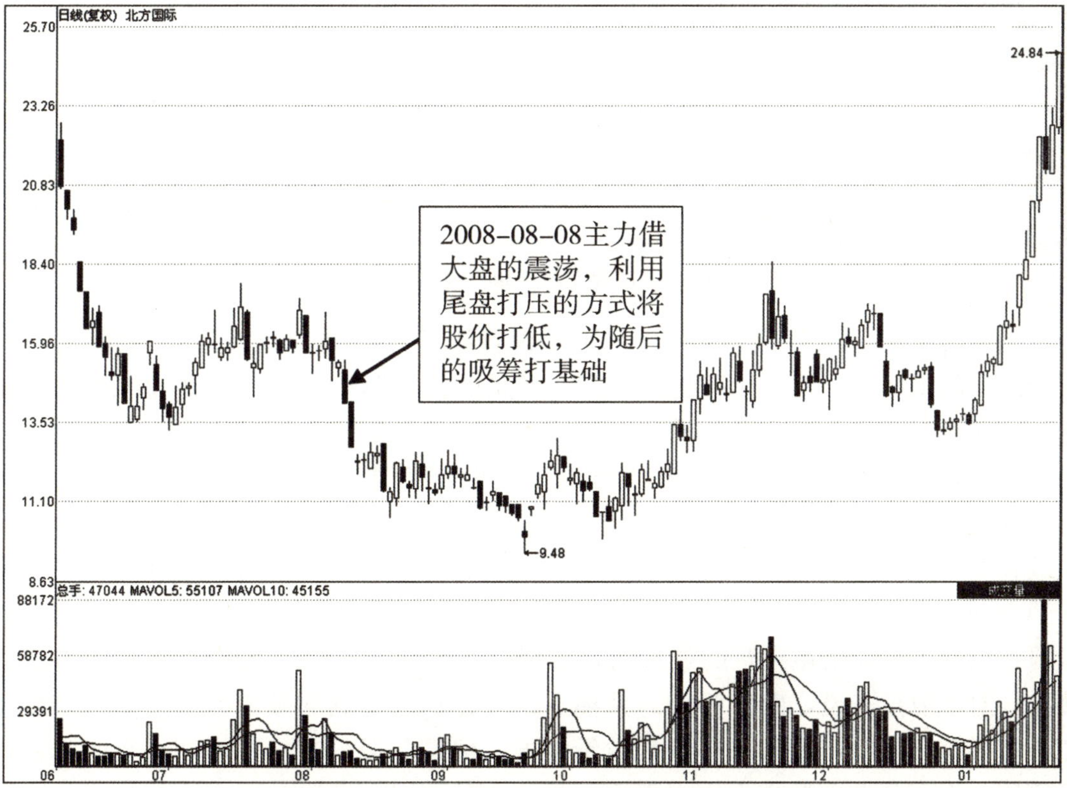

图 10－12　北方国际 2008－08－08 前后走势图

中我们就能看出，在 2008－08－08 之前的这一止跌平台区域，已经出现了股价止跌、成交量温和放大的情况，显示有资金在积极介入，可以说，这一平台区域已经预示着这一区域离底部并不远了。2008－08－08 出现的打压是主力结合大势所采取的一次操作，其目的就是让那些没有耐心、持股信心不足的投资者在底部区域在打压后的反弹中抛出筹码。

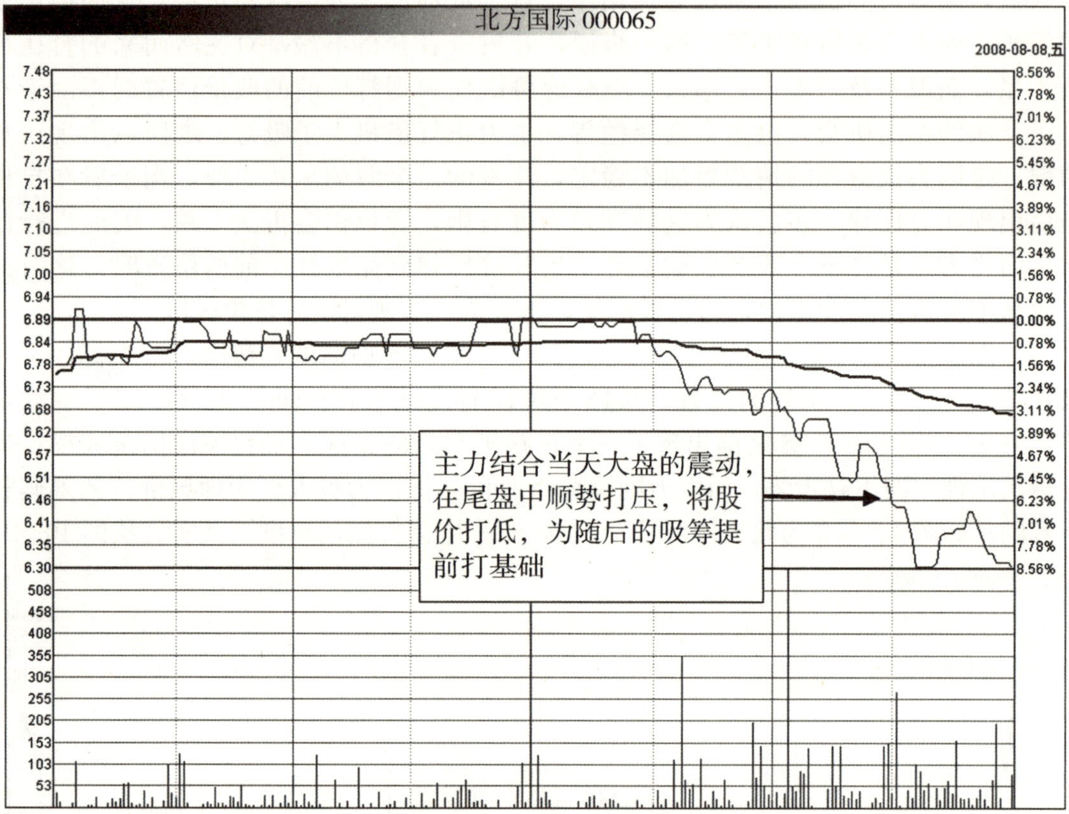

图 10－13　北方国际 2008－08－08 尾盘打压示意图

当主力吸筹完毕后，往往也会利用尾盘打压的方式进行拉升的最后震仓操作。震仓的目的很明显，就是让那些持股信心不足的投资者抛出筹码，让短线投机者出局，这两者对于主力的后期拉升是有不小的阻力的，震出他们，可以让主力在拉升时更从容，可以实现用同样的控盘资金拉升更大幅度的目的。

如图 10－14 为中国软件（600536）2009－02－26 前后走势图，从图中可以看到此股在 2009－02－26 前一直处于振荡缓升走势之中，主力资金介入迹象明显，但是在 2009－02－24 至 2009－10－27 这四日出现了不和谐的音符，连续四日收出阴线，且股价大幅下跌，值得注意的是这四日的成交量明显缩小，市场获利盘并没有出逃迹象。对于散户来说，由于股价的大幅下跌会让自己的利润渐渐减少，多会产生恐慌心态而急于抛售，因而势必出现放量情况，但是此股没有，这说明，大多数的市场筹码并没有掌握在散户手中，那么，只有一种情况，筹码已被主力吸纳了。如图 10－15 所示，在 2009－02－26 这一日，此股在尾盘出现了快速跳水的走势，而当日大盘也正是处于震荡之中，结合此股后期的强势拉升，我们有理由认为这次的尾盘跳水行情是主力拉升前的一次震荡行为。

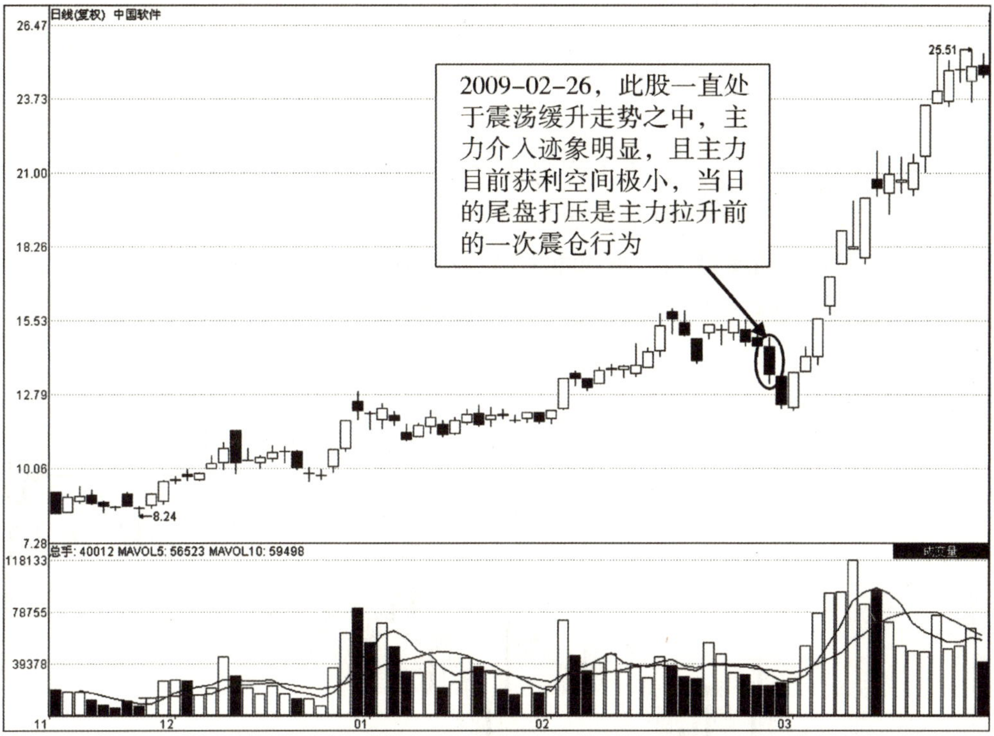

图 10－14　中国软件 2009－02－26 前后走势图

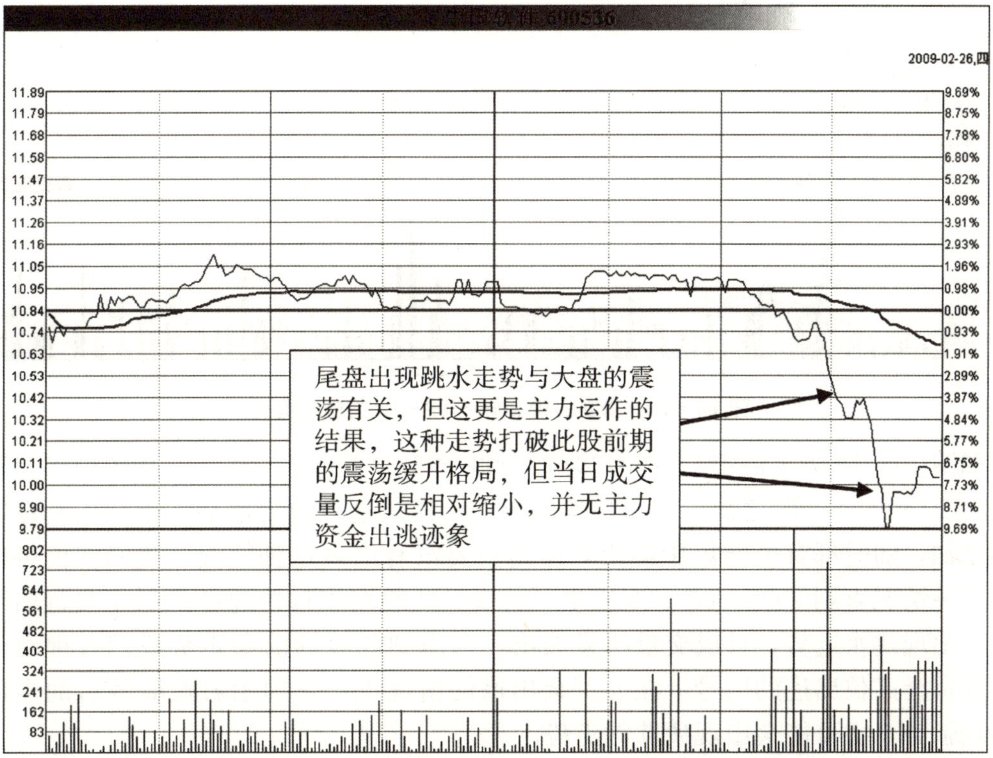

图 10－15　中国软件 2009－02－26 尾盘打压示意图

当主力处于出货阶段时，尾盘打压往往意味着主力在前期的高位已经出掉了不少仓位，为了回避大盘即将出现的下跌或腾挪出资金，主力不惜将价格打低来完成快速出货，高位区的尾盘跳水往往也是个股筑顶完毕、下跌走势开始的信号，值得一提的是，若这种高位区的尾盘跳水完全是个股自发的行为，并无大盘跳水相配合，则多体现了主力出货的急切心态，是个股大幅下跌预示。

如图 10－16 为狮头股份（600539）2009－08－12 前后走势图，从图中可以看到此股 2009－08－12 之前一直处于上涨势头之中，但是当日的尾盘大幅跳水改变了这种运行格局，如图 10－17 为狮头股份 2009－08－12 尾盘跳水示意图，从图中可以看出此股当日尾盘跳水幅度极大、成交量明显放出，结合此股位于阶段性高点及大盘不稳等因素，我们可以认为这是资金大量出逃的迹象，它预示着此股随后下跌行情的展开。

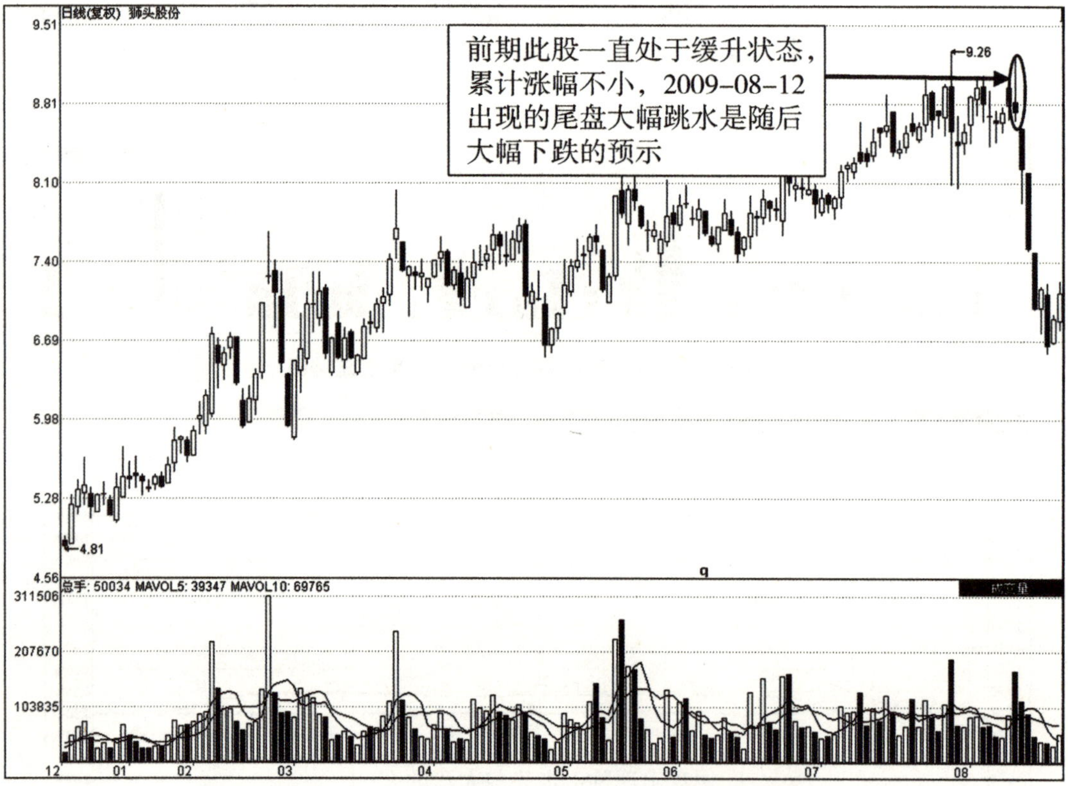

图 10－16　狮头股份 2009－08－12 前后走势图

如图 10－18 为工商银行（601398）2009－06－23 前后走势图，从图中可以看到此股在 2009－06－23 之前出现了快速的上涨，经历这一波上涨后，市场获利盘明显大幅增加，随时都有可能集中抛出，但是只要没有出现这种情况，我们就仍可以持有。这一情况直到 2009－06－23 发生了转变，此股在当日快速拉升后于收盘前半小时突然出现跳水走势，且成交量明显放出，考虑到此股的前期走势我们有理由认为这是大资金高位出逃的信号。在大资金出逃的情况下，它预示着此股随后的走势难以再现强势，很可能会出现疲软的走势。

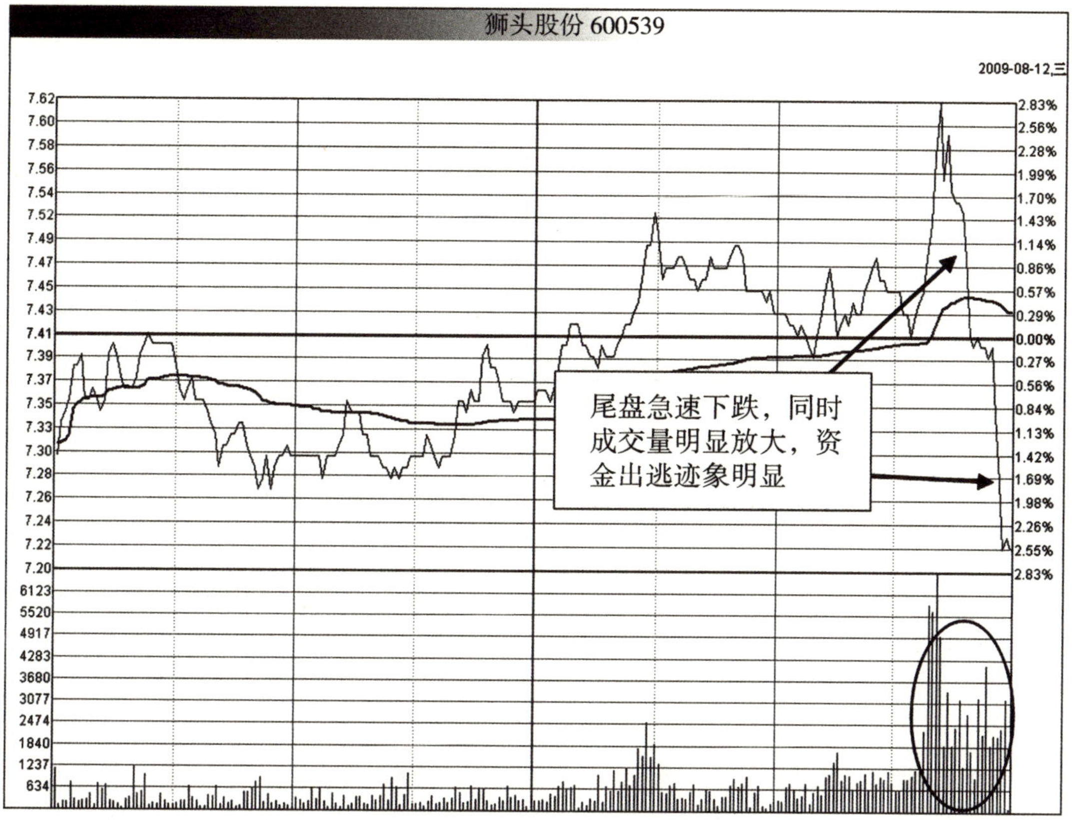

图 10－17　狮头股份 2009－08－12 尾盘跳水示意图

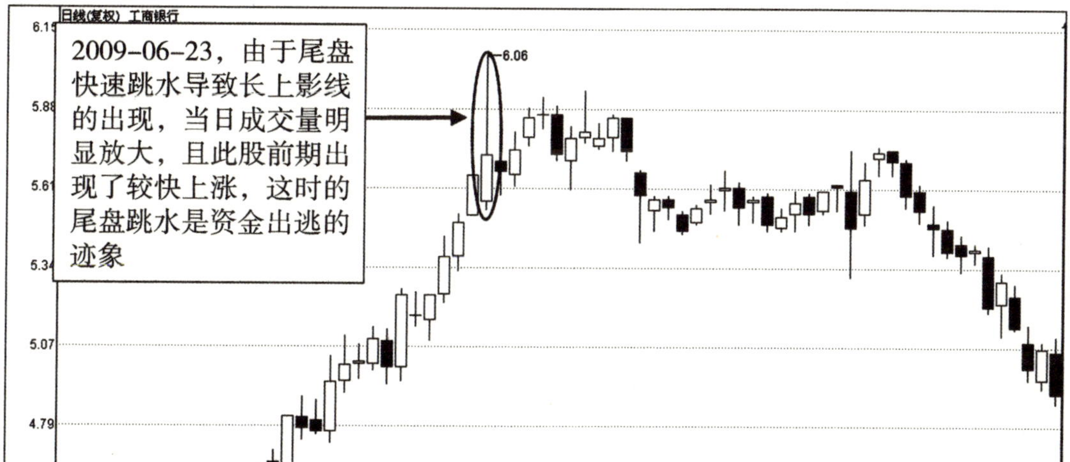

图 10－18　工商银行 2009－06－23 前后走势图

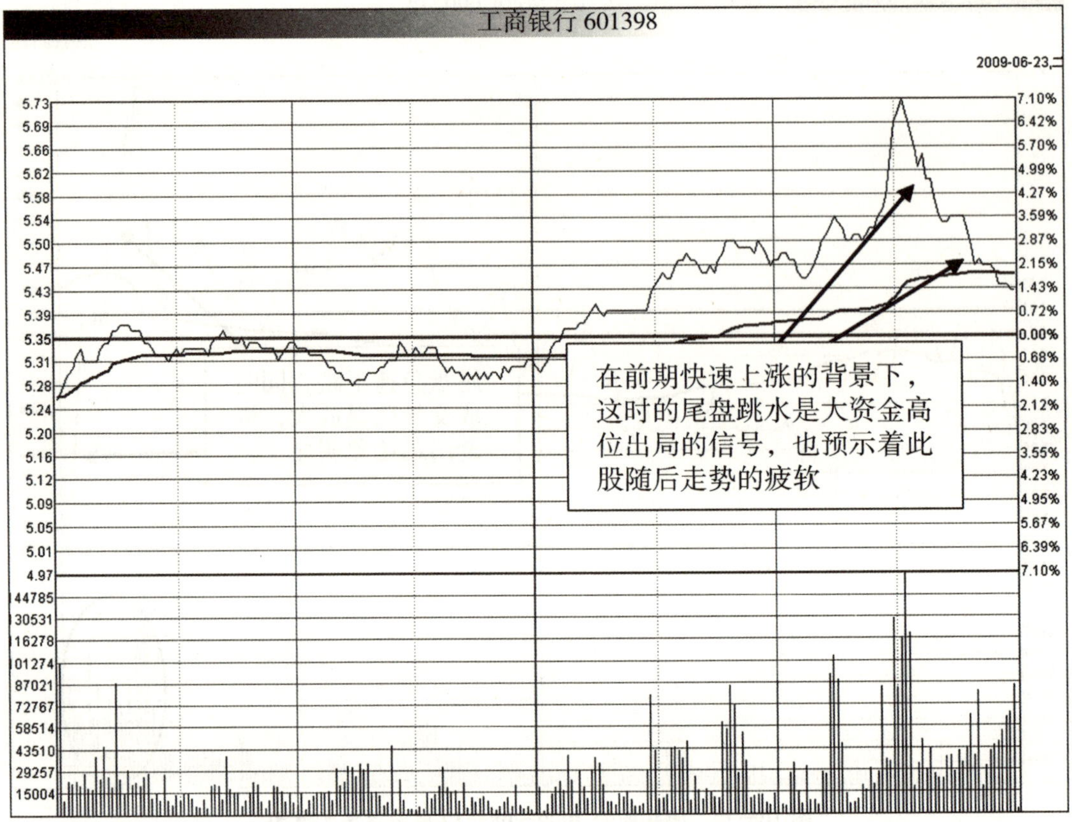

图 10－19　工商银行 2009－06－23 尾盘跳水示意图

第十一天　识别盘面形态，分析主力行为

◆第一节　主力建仓下的盘面形态
◆第二节　主力拉升下的盘面形态
◆第三节　主力洗盘下的盘面形态
◆第四节　主力出货下的盘面形态

第一节　主力建仓下的盘面形态

在股市中把握住主力的动向就是找到了获利的捷径，但是主力的动向绝不是那么容易分析，它既需要投资者良好的盘面感觉、技术功底，也需要投资者良好的心态。本章中我们重点看一下主力各个控盘阶段经常出现的盘面形态有哪些，了解这些，无疑会增强投资者的技术分析水平。但是在实战中，投资者也应注意，盘面形态是五花八门的，投资者在分析主力动向时切不可仅凭某一形态（如K线、成交量、指标等等）就作出判断，而应综合考虑各方面因素，只有这样，才能得到较为准确的推断。本节中，我们先来看看主力建仓下有哪些盘面形态是值得注意的。

一、深幅下跌后，横盘震荡且股价重心缓慢上移的盘面形态

这一盘面形态所指的情况出现在个股的深幅下跌后，据笔者经验，个股在下跌途中即使有途中的横盘整理出现，也是极为短暂的，而且这种途中的横盘整理不仅不会出现股价重心上移，反而会出现股价重心下移的迹象。只有当个股跌到底部区附近时，由于做空动能的枯竭，导致空方再也无力继续向下大幅打低股价，才会出现这种止跌企稳并进行筑底的走势。

主力无论是在对大盘的预测上，还是对个股的走势预测上，其能力都要远强于散户投资者，只有当个股出现了明显的止跌企稳、大盘出现回暖势头时，主力资金才有可能持续流入，而个股也就顺理成章地止住跌势、开始反弹。在主力资金的持续流入下，会使得一只股票的下跌动能被完全抵消，因而股价呈现重心缓慢上移的盘面形态，缓慢上移的盘面形态也是主力尽量控盘以免股价上涨速度过快从而导致吸筹价过高的一种手段，毕竟主力也想在低位区多吸一些筹码。如果投资者将其对比同期大盘，可发现其明显强于大盘走势，日K线图呈现小阴小阳持续向上的形态，很少出现当日大幅拉升的情况。

在这种形态之下，当资金持续流入时，必然要引发市场交投的活跃，因而成交量会出现温和放大形态，温和放大的量能既是主力资金开始介入的信号，也是散户资金获利出局、短线投资者积极参与的信号，它从另一个侧面也说明了市场气氛已经大为改观，跌势行情难以再现。

如图11－1为金地集团（600383）2008－07－23至2009－05－04期间走势图，此股在2008年10月前随大盘出现了大幅下跌的走势，但是这一情况在2008年10月之后出现了改观，随着大盘的止跌，此股也出现了止跌形态，在主力资金持续流入的情况下，我们可以看到它走出了股价重心缓慢上移的盘面形态，且同期的成交量也出现了温和放大的形态。

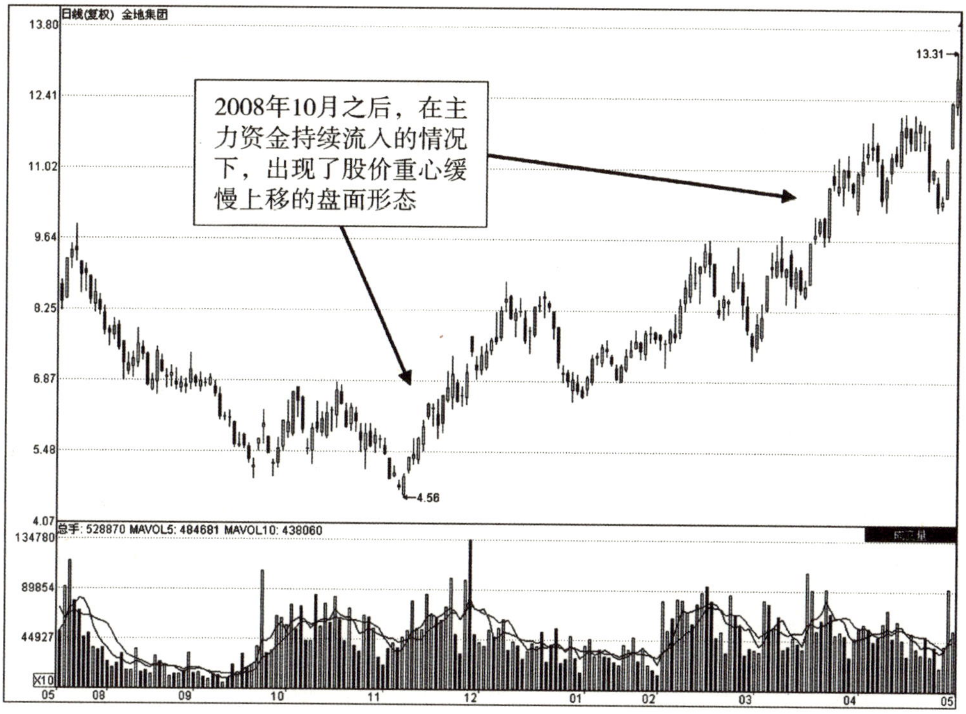

图 11－1　金地集团 2008－07－23 至 2009－05－04 走势图

如图 11－2 为海越股份（600387）2008－08－07 至 2009－05－18 期间走势图，此股前期出现深幅下跌，2008 年 10 月之后，在主力资金持续流入的情况下，它走出了股价重心缓慢上移且成交量开始温和放出的形态，这是主力吸筹下的典型盘面形态之一。

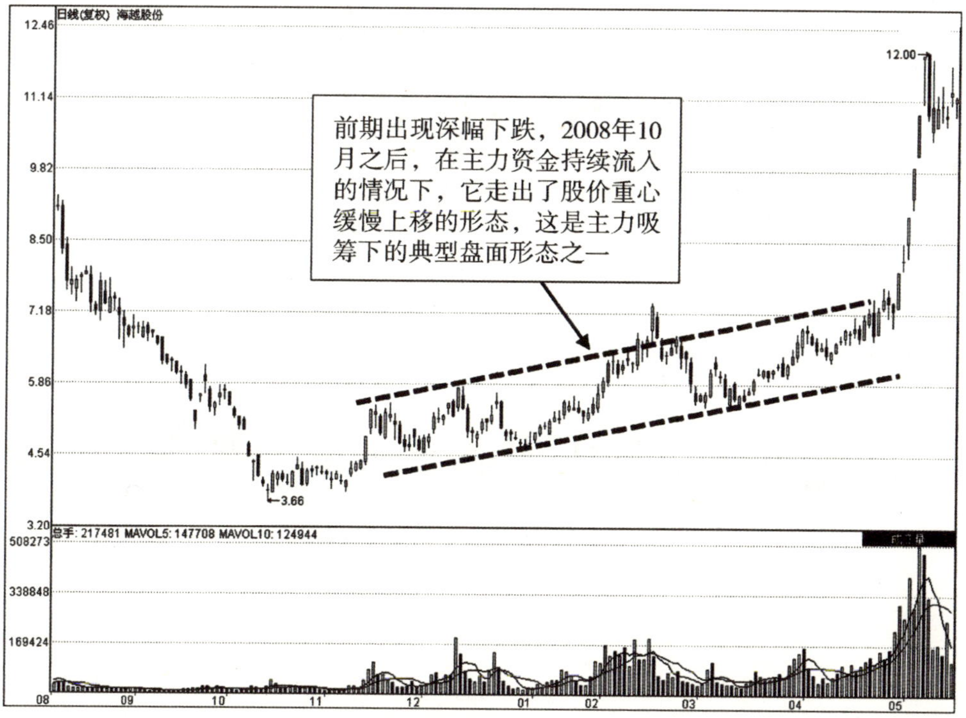

图 11－2　海越股份 2008－08－07 至 2009－05－18 走势图

二、牛长熊短

所谓的牛长熊短是指个股在局部运行中，上涨的天数要明显多于下跌的天数，“牛长”意在指上涨天数多，“熊短”则说明下跌天数少。试想一下，也只有在资金持续流入的背景下，才有可能出现这种局部形态，而资金持续流入就是我们常说的主力建仓。与我们上面讲过的“横盘震荡且股价重心缓慢上移的盘面形态”相比来说，“横盘震荡且股价重心缓慢上移的盘面形态”是一种整体上的盘面形态，而“牛长熊短”则是一种局部运行的形态。

如图 11－3 为东华实业（600393）2008－11－10 至 2009－04－02 期间走势图，此股在此期间由于主力资金的持续流入，出现牛长熊短的盘面形态，它的出现说明买盘的持续性及强度都要明显强于卖盘的持续性及强度，是主力吸筹下的典型盘面形态。

图 11－3　东华实业牛长熊短示意图

三、底部反转时的放量上涨，或长期横盘后的放量上涨

并非所有的主力都是慢慢地在低位区进行吸筹，不同的主力有不同的操盘风格。长线主力更注重吸筹的价位，因而会缓慢吸筹，多走出我们上面讲到的盘面形态；但是短线主力急功近利，多参与题材股的炒作，由于市场热点往往呈现快速切换状态，因而短线主力没有时间低位吸筹，此时，利用股价短期的大幅上扬来拔高建仓就不失为一种好方法，虽然主力建仓成本相对高些，但由于此股后期仍有大幅度的上涨空间，且短线上涨力度大，相比之下，在时间与收益的组合中，它就不失为一种好的建仓方式。这时个股的盘面形态就往往呈现出“底部反转时的放量上涨，或长期横盘后的放量上涨”，出现这种盘面形态的个股也多是主力炒作的题材股。

如图 11－4 为中水渔业（000798）2008－05－06 至 2008－08－08 期间走势图，从图中可以看到此股在前期出现了深幅下跌，深幅下跌后出现了一个止跌平台，由于市场投资者悉数被套，因而主力很难在短期内进行建仓。如图标注，通过让股价急速上涨，而大盘却同期暴跌，此股这种反常走势会让那些信心不足的持股者抛出筹码，而主力则顺势完成了快速建仓任务。

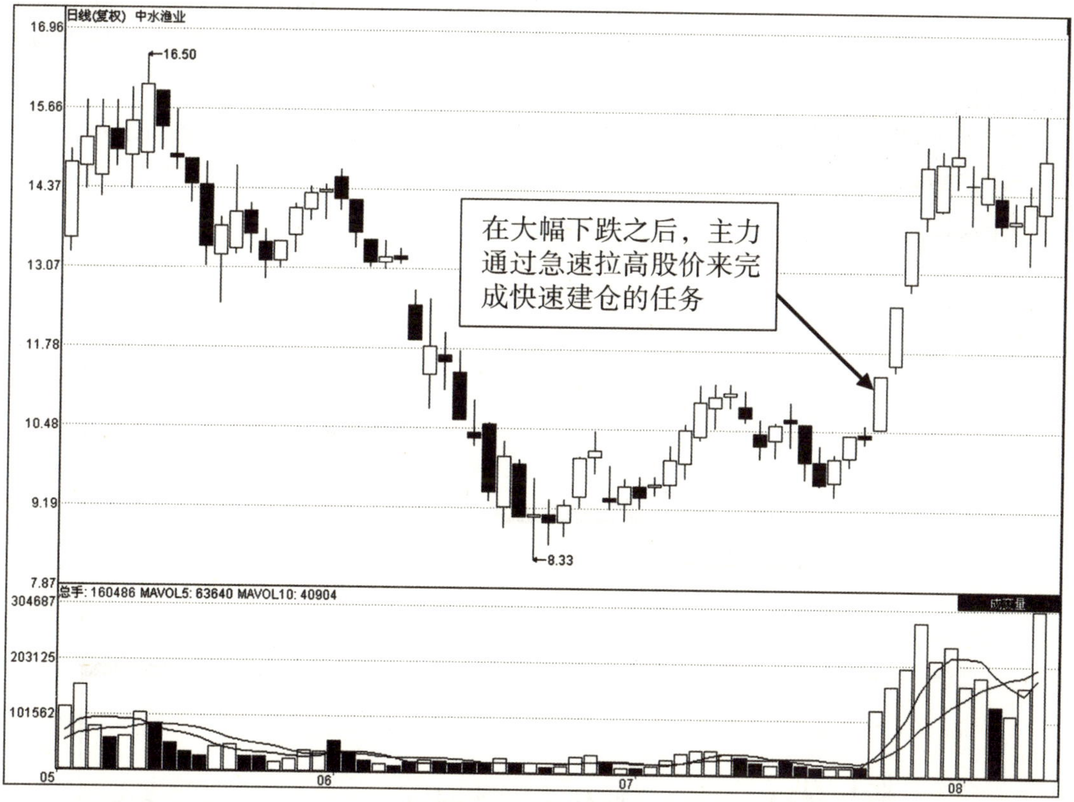

图 11－4 中水渔业底部区放量上涨示意图

第二节　主力拉升下的盘面形态

不同的主力拉升手法会导致不同的盘面形态，拉升方式最能体现主力的控盘方式，有的主力长时间布局，而拉升则是短短数日；有的主力则是一边吸筹，一边拉升，把吸筹与拉升合二为一，这时的拉升时间就要很长。一般来说，在个股处于拉升阶段，我们在盘面上常见的形态多为以下几种：台阶式拉升、波浪式拉升、火箭式拉升。

一、台阶式拉升

台阶式拉升，顾名思义，是股价一个台阶、一个台阶地上涨，当股价在几根大阳线的带动下上升到一个新的高度后，就开始横盘运行，这种横盘运行之所以能得到良好的保持，与主力的积极运作密不可分，其好处就在于：长期的横盘可以让市场前期的获利盘在急躁的心态下抛出筹码，让另一部市场投资者介入，实现换手，从而完成一次拉升途中的洗盘，并为后期的上涨打下基础。台阶式拉升是长线主力经常使用的拉升手法，是一时间跨度长的拉升方式。出现台阶式拉升的个股其总体涨幅往往都很惊人，这种惊人涨幅的背后往往是公司业绩的持续增长，或是市场热点的长期维持。

图 11－5 为中国船舶（600150）2006－12－25 至 2007－09－21 期间走势图，从

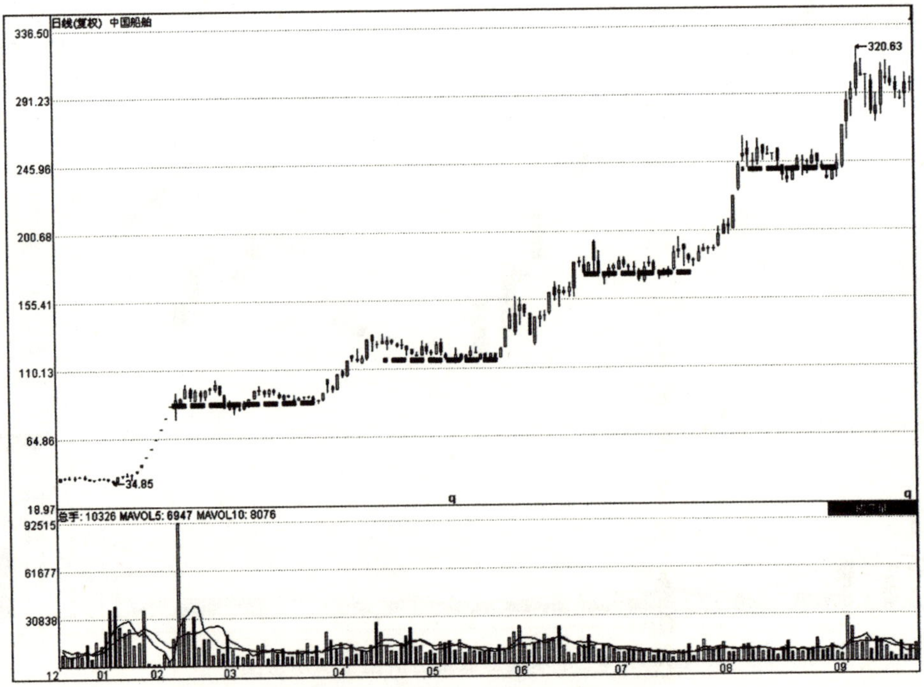

图 11－5　中国船舶台阶式上涨示意图

图中可以看出此股在此期间出现台阶式上涨的盘面形态，股价每上一个台阶后都能稳稳地保持住，这虽然与当时的牛市行情密不可分，但这种上涨形态更多地源于主力的运作，此股从台阶式上涨的起始点到终点，股价整整涨了近10倍，主力之所以敢于这样大幅炒作此股，既与牛市行情相关，也与此股业绩的增长密不可分。

二、波浪式拉升

波浪式拉升是一种较为“自然”的上涨方式，在这种形态中，由于上升浪的时间及幅度均大于回调浪的时间及幅度，因而在这种一浪接一浪的股价运动过程中，实现了逐步拉升。一般来说，波浪式拉升往往是中短线主力或是实力较弱的主力采用的拉升方式，在波浪式拉升过程中，主力可以适当地结合大盘或板块的运行状态，进行高抛低吸的操作，在一波明显的上升浪出现后，主力开始逢高减仓并带动市场获利盘抛出，由此个股开始出现回调浪，在回调浪的低点，主力则适当地加仓，既让股价止跌，又迎合了大盘，为下一波上升浪打下了基础。值得一提的是，如果主力对大盘的走势出现了判断上的失误，则很难通过高抛低吸来获利。

如图11－6为民生银行（600016）2008－12－23至2009－06－24期间走势图，如图标注所示，在此期间此股以波浪式的运行方式实现了上涨，民生银行是一只大

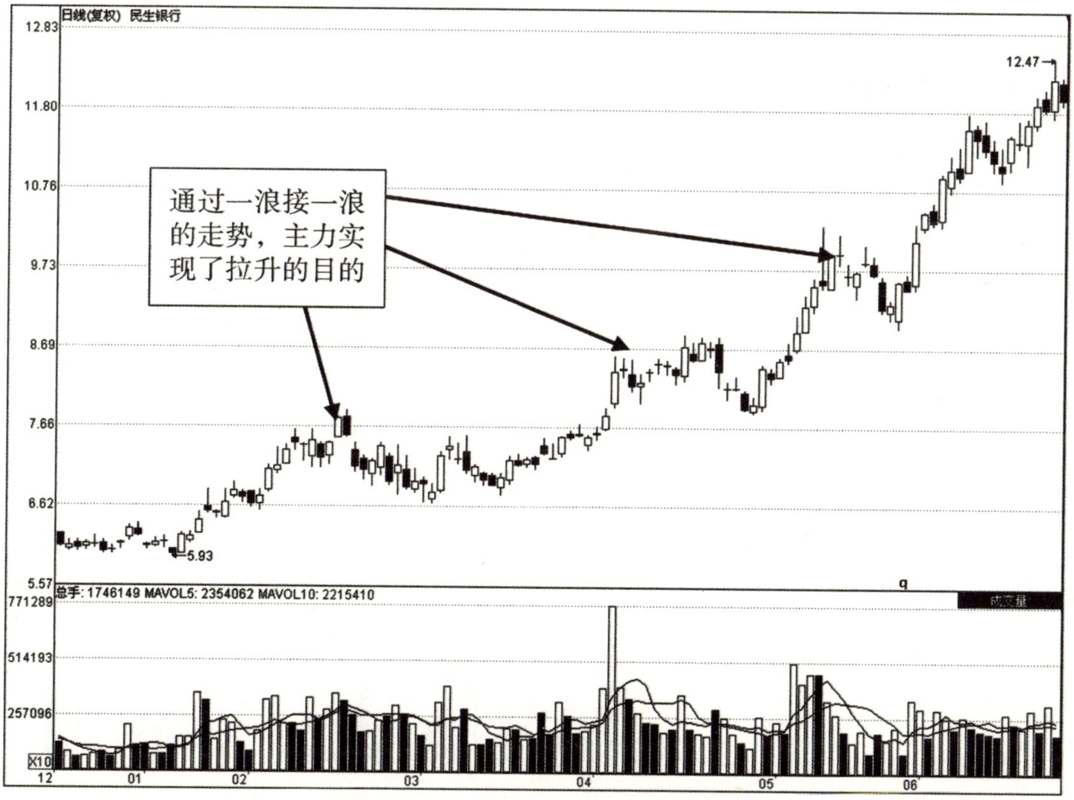

图11－6 民生银行波浪式拉升示意图

盘股，不存在单个主力独立控盘的情况，而波浪式拉升正好反映此股的这种情况，因为波浪式拉升形态更多地出现在多个主力资金同处一只个股且此股的散户人数也较多的情况之下。

三、火箭式拉升

火箭式拉升，是指股价在短时间内如同火箭冲天般发射出去，往往是短线主力炒作个股最常用的操作手法。一般来说，当个股出现火箭式拉升后，其上涨幅度都在30%以上，出现火箭式拉升的个股也是投资者最想捕捉的黑马，因为它创造了时间与收益的完美的组合。在形态上，除了股价的飙升之外，成交量也会出现急剧放大，这体现出主力不怕暴露行踪，并不介意市场跟风盘追涨，反过来说，在市场跟风盘涌入的情况下，主力拉升股价的过程会更为轻松。火箭式拉升与前两种拉升方式的明显不同之处在于，前几种拉升方式要经过反复的拉升，才能完成个股的整个拉升过程，而火箭式拉升往往是一步到位，当股价快速上升到一个新平台后，要在这平台处震荡很久后，主力才会结合当时的具体情况决定是否要再将股价推高。

如图11－7为乐凯胶片（600135）2008－09－23至2009－02－16期间走势图，从图中可以看到，此股在2008－09－23后出现横盘震荡且股价重心上移的走势，并

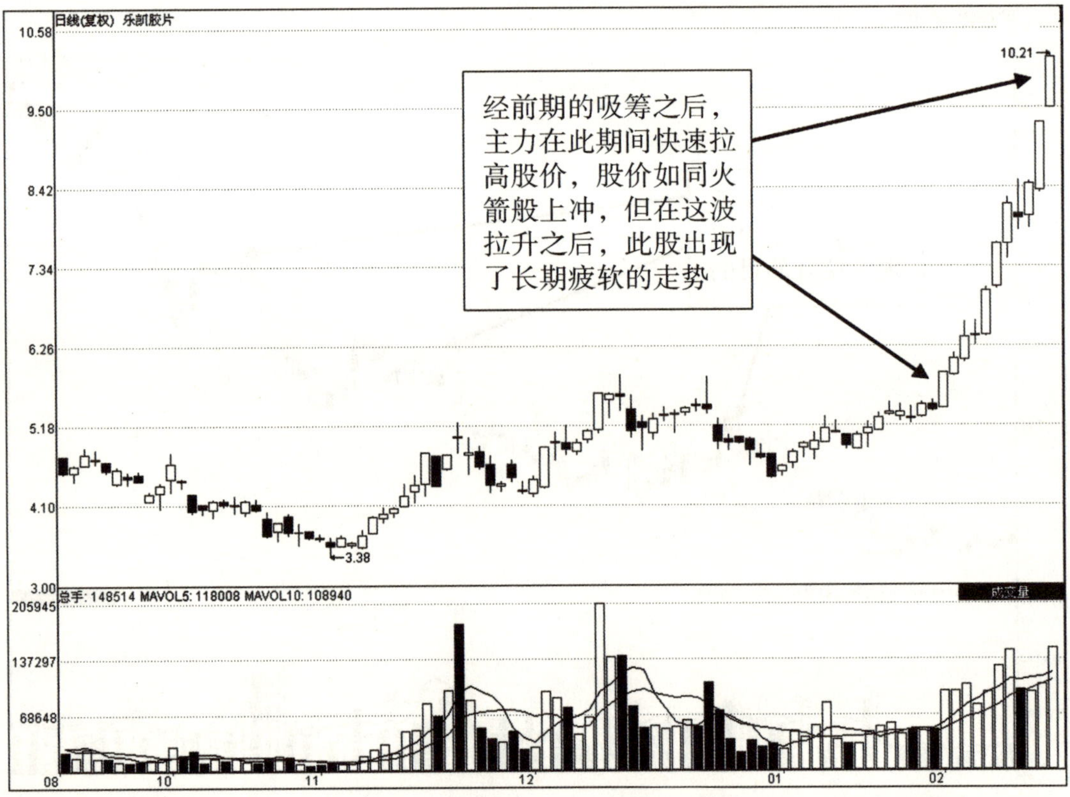

图11－7　乐凯胶片火箭式拉升示意图

且成交量开始放大，这是资金持续流入的迹象。如图标注，我们可以看到在主力吸筹较为充分后，就对此股展开了拉升操作，而其拉升手法正是火箭式拉升手法，股价在短时间内出现暴涨，股价如同坐上了火箭向上冲去。在这种火箭式拉升之后，此股就迎来了长期横盘的疲软走势，看来这一波火箭式拉升不是达到了主力的目标价位，就是消耗了主力过多的能量，从而使得此股后期走势明显弱于同期大盘。

第三节　主力洗盘下的盘面形态

了解主力的洗盘，对于投资者来说有重要意义，这可以让中线投资者不至于中途下车，让短线投资者把握波段机会。不同的主力，其洗盘手法也不尽相同，有的主力采用长期横盘消磨持股者意志的方式，有的主力采用大幅震荡让持股者产生不安情绪，也有的主力干脆让股价在上升过程中出现急转弯，本节中，我们就来看看主力洗盘下的盘面形态有哪些。

一、横盘型

横盘型的洗盘手法多出现于主力控盘能力较强的个股之中，当主力完成了一次拉升后，让个股出现横盘走势，这种走势会让那些没有耐心的投资者抛出手中的获利筹码，也会吸引一部分仍然看好此股后期走势的较为坚定的投资者加入进来，通过较长时间的横盘，市场浮筹在这一横盘期间就完成了一次较为充分的换手，由于市场持仓成本的增加，主力的后期拉升就会更容易，在后期出货过程中也不会面临着投资者与主力争相出货的情况（因为在投资者获利较少的情况下，是不愿抛出手中筹码的）。

如图 11－8 为片仔癀（600436）2008－11－29 至 2009－11－19 期间走势，如图所示，此股在出现一波明显的上涨之后，由于市场获利盘增多，在主力的运作下走出了横盘走势，横盘运行过程中，股价的波动幅度并不大，但由于同期大盘比此股要强，因而对于那些没有耐心的投资者来说，是很容易抛出自己手中已获利的筹码的。从图中可以看出，在这次横盘洗盘之后，此股的走势稳健、良好，主力在其中运作积极，这说明前期的横盘洗盘是较为成功的。

如图 11－9 为四创电子（600990）2008－11－31 至 2009－11－20 期间走势图，从图中可以看到此股在此期间出现的持续上涨的走势，在这种长期的上涨过程中，没有行之有效的洗盘是不行的，如图标注所示，上升途中出现了两次横盘洗盘，通过横盘洗盘让市场浮筹充分换手，股价才得以持续上涨。

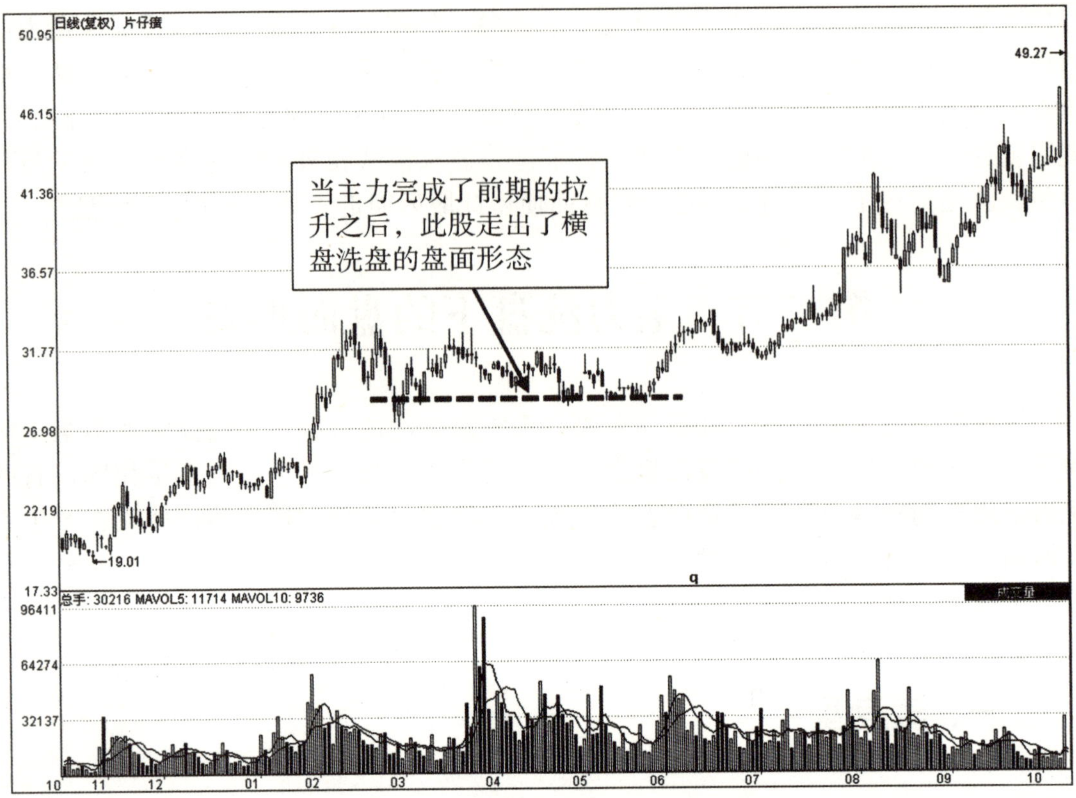

图 11—8　片仔癀横盘洗盘示意图

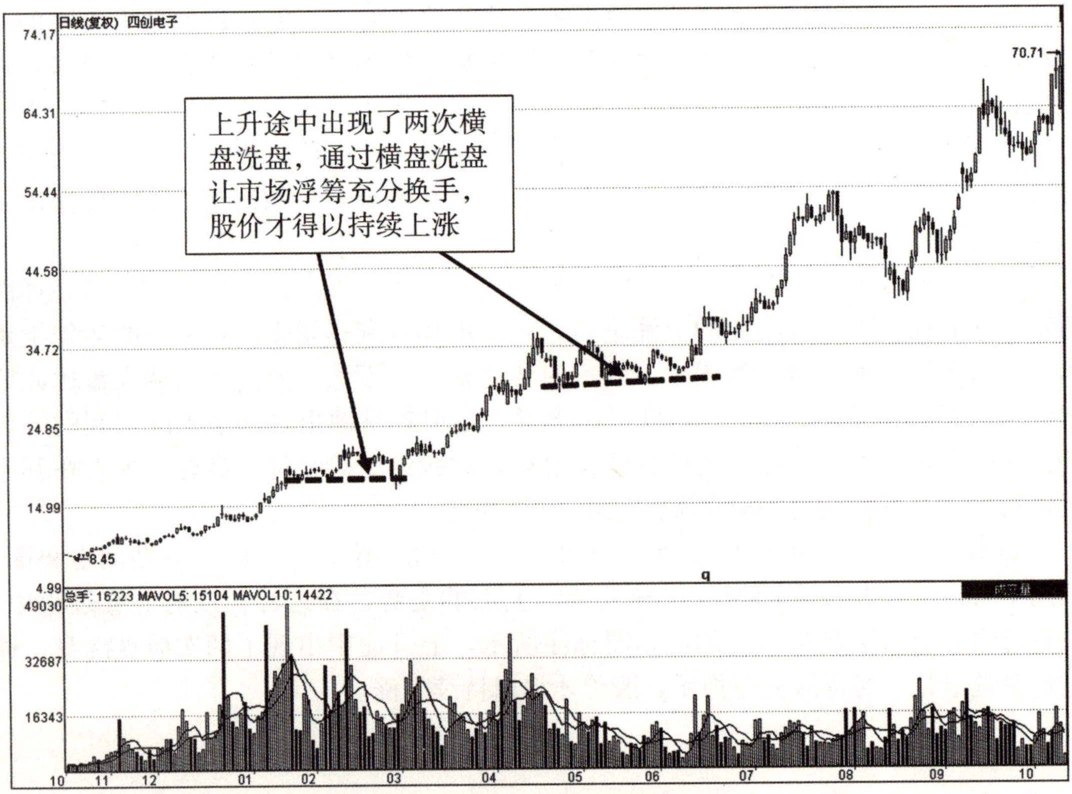

图 11—9　四创电子横盘洗盘示意图

二、箱体震荡型

当个股经历了前期较大幅度的上涨之后，自然会处于一个视觉上的高位区，但这一位置是顶部么？其实也只有运作此股的主力自己才知道，若这时主力结合大盘制造股价大幅振幅的走势，则会使很多获利筹码产生不安情绪，担心顶部已到，担心手中筹码的利润将逐渐消失，因而抛售出去。而短线客见有波段机会可以参与，往往也积极加入进来，这样主力就实现了在高位让市场充分换手、提高市场平均持仓成本的目的。值得一提的是，在这种箱体震荡中，由于主力的引导及对大盘的准确判断，主力往往对箱体的高点及低点把握得更为准确，因而就可以在此期间进行高抛低吸操作，既可以降低持仓成本，也可以根据大势决定是加仓还是减仓。但如果箱体振幅过大（若超过30%）则说明多空双方交锋较为激烈，会影响到主力的控盘，也会影响到后期的拉升操作，这是投资者对于这种形态要关注的另一重点。

如图11—10为株冶集团（600961）2008—11—27至2009—07—31期间走势图，如图标注所示，我们可以看到此股主力在通过前期低位吸筹及小幅拉升后，在此区域出现箱体震荡走势，既是拉升途中的一次洗盘行为，也是主力继续积聚能量的过程。

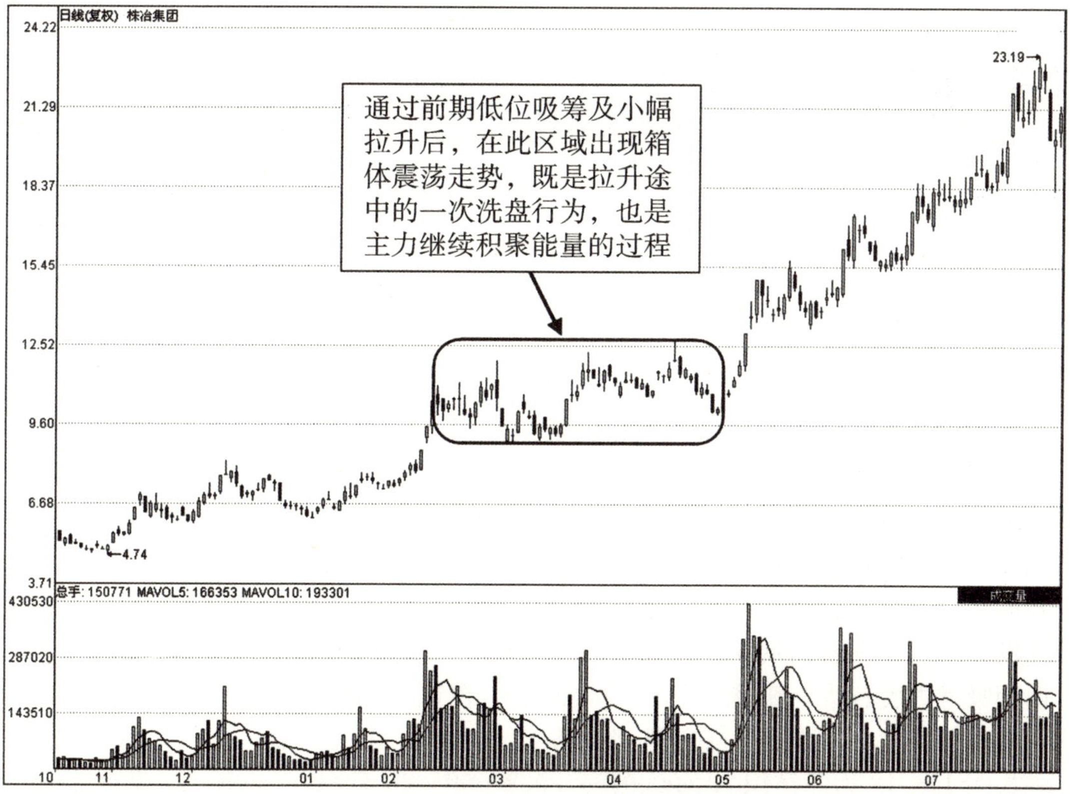

图11—10 株冶集团箱体震荡洗盘示意图

如图 11－11 为航天动力（600343）2008－11－24 至 2009－07－30 期间走势图，从图中此股的走势中可以看出，主力在过了前期低位区的吸筹及幅度较大的拉升之后，于途中出现箱体震荡走势，且箱体下沿越来越靠上，这是多方实力强大的表现，洗盘过后就是继续上涨。

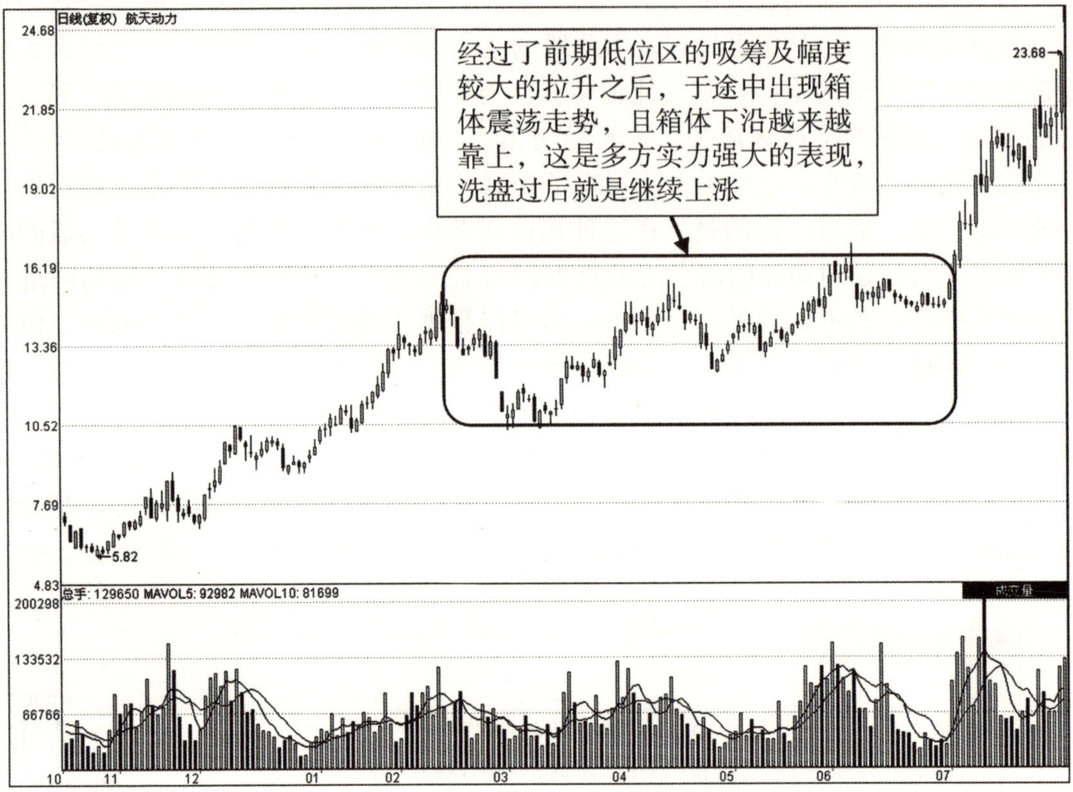

图 11－11　航天动力箱体震荡洗盘示意图

三、缩量跌破平台

在个股上升途中往往会出现短暂的横盘走势，这种数个交易日的横盘所构筑的形态我们可以称之为“平台”，若个股出现跌破横盘的走势，则往往引发投资者的不安情绪，毕竟很多投资者都认为股价在平台短暂停留后就会继续上攻，然而，实际情况却正好与此相反，于是多会选择保住利润、出局观望的策略。在这一形态，值得我们注意的是，虽然散户投资者的抛出心态明确，但是股价在跌破平台后，成交量并没有放大，反而出现了相对的缩小，能够解释这种现象的唯一理由就是：主力在前期吸筹力度较大，市场浮筹较少，而主力在这次的跌破走势中，并没有抛出筹码，故这可能是一次上升途中的洗盘走势。

如图 11－12 为深纺织 A（000045）2008－09－26 至 2009－05－22 期间走势图，如图所示，此股在持续上涨的途中出现了一次缩量跌破平台的走势，这是主力结合当时的大盘震荡所实施的一次洗盘行为，这种洗盘时间也是较短的，经短短两日的洗盘后，主力再次开始持续拉升此股。

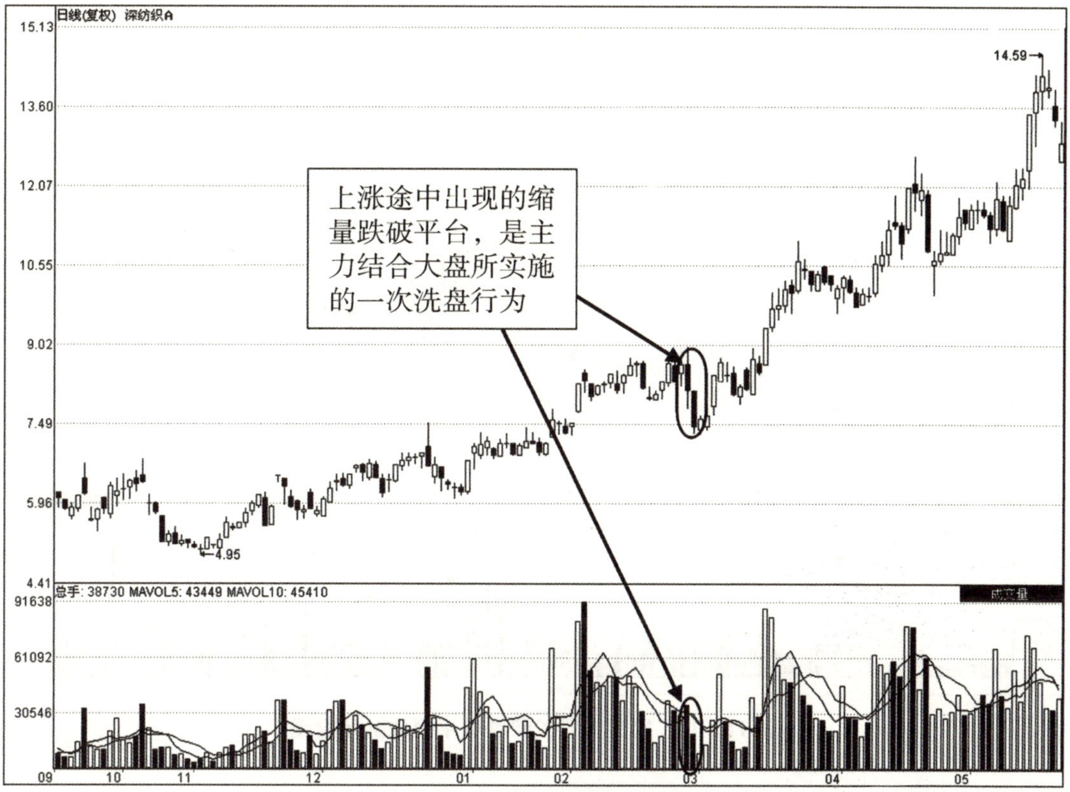

图 11－12　深纺织 A 缩量跌破平台洗盘示意图

如图 11－13 为刚泰控股（600687）2008－11－11 至 2009－07－07 期间走势图，如图标注所示，此股上升途中出现了一个缩量跌破平台的走势，由于这时的位置脱离底部区不是很远，而主力仓位又不够，从图中走势我们可以看出，这种途中的缩量跌破平台洗盘走势既达到了途中清洗市场获利浮筹的目的，也达到了主力继续在相对低位区进行吸筹的目的。

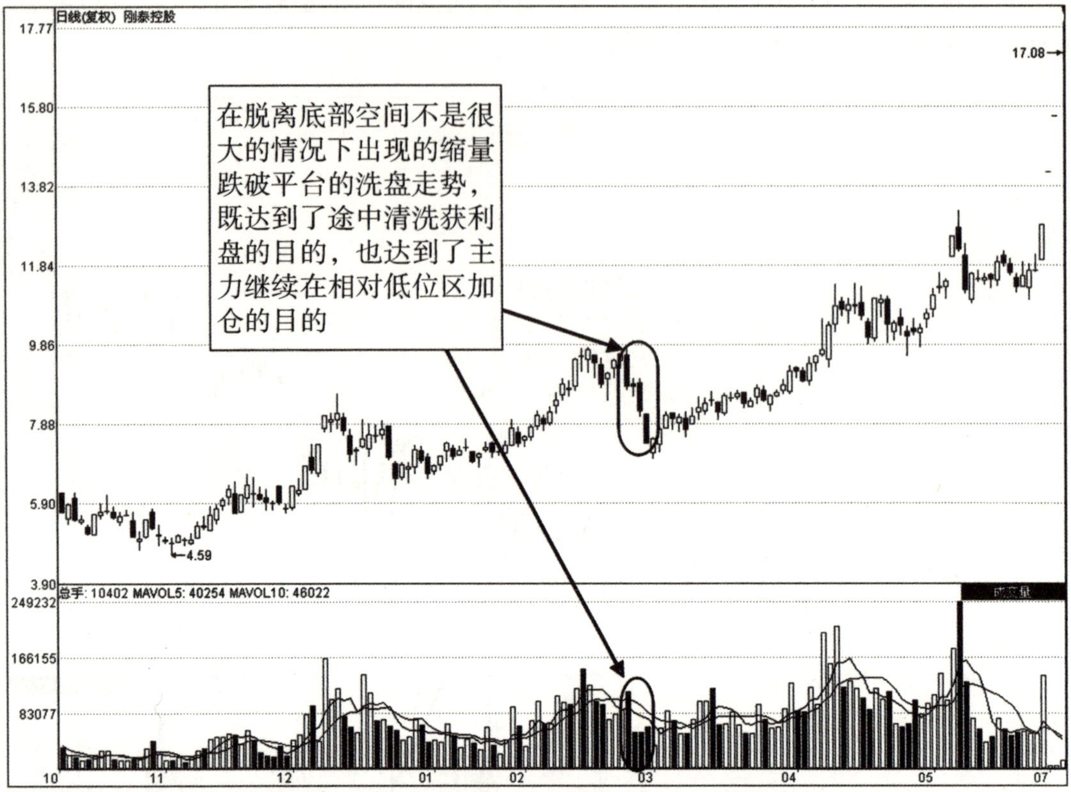

图 11－13　刚泰控股缩量跌破平台洗盘示意图

第四节　主力出货下的盘面形态

出货是主力控盘过程的最后一个环节，它能否成功实施直接关系到主力整个控盘过程的成败。如果说主力在吸筹将会导致二级市场中筹码供应情况出现求大于供的局面，那么在出货时情况则刚好相反，由于主力实力强大且加入到了卖方阵营中，因而当主力出货时，市场会出现明显的供大于求的情况。这一情况将直接反映到股价的走势之中，如果我们发现个股在高位区长期滞涨且股价重心出现下移倾向时，我们就要提防主力出货的行为了。本节中，我们来看看主力出货时有哪些典型的盘面形态。

一、宽幅箱体震荡

上一节中，我们讲到过在个股的上升途中有可能出现箱体振幅的洗盘走势，但是这种箱体震荡的幅度是比较小的，多在 30％以内，因为箱体震荡幅度过大，则说明主力控盘能力已明显减弱，而主力控盘能力之所以会减弱，其原因当然是主力手中的持筹力度大不如前了，因而，我们可以说长期上涨之后的宽幅箱体震荡更是主力出货的一种盘面形态。股价之所以在大幅下跌到箱体下沿后，还能再次涨回到箱体的上沿，是因为主力手中仍有不少筹码且市场出现了不少抄底盘，为了让手中筹码卖个好价钱，在主力的引导、散户的跟风下，个股就走出了反弹走势，当反弹到原来的高度时，由于主力的不作为或出货及抄底盘的获利抛出，双重抛压将使得此股再次经历下跌走势，在这样来回的大幅震荡中，主力手中的筹码越来越少，当主力手中筹码出得差不多时，若大势有转坏倾向，股价就会跌破箱体向下运行，从而开始真正意义上的下跌行情。

如图 11—14 为中储股份（600787）2006—11—16 至 2008—06—17 期间走势图，从图中可以看到，此股在经历了大幅上涨之后，于高位区出现了宽幅箱体震荡形态，这一形态的出现是股价滞涨的迹象，也是主力控盘能力明显减弱的迹象，是主力高位出货的信号，预示随后大幅下跌行情的来临。

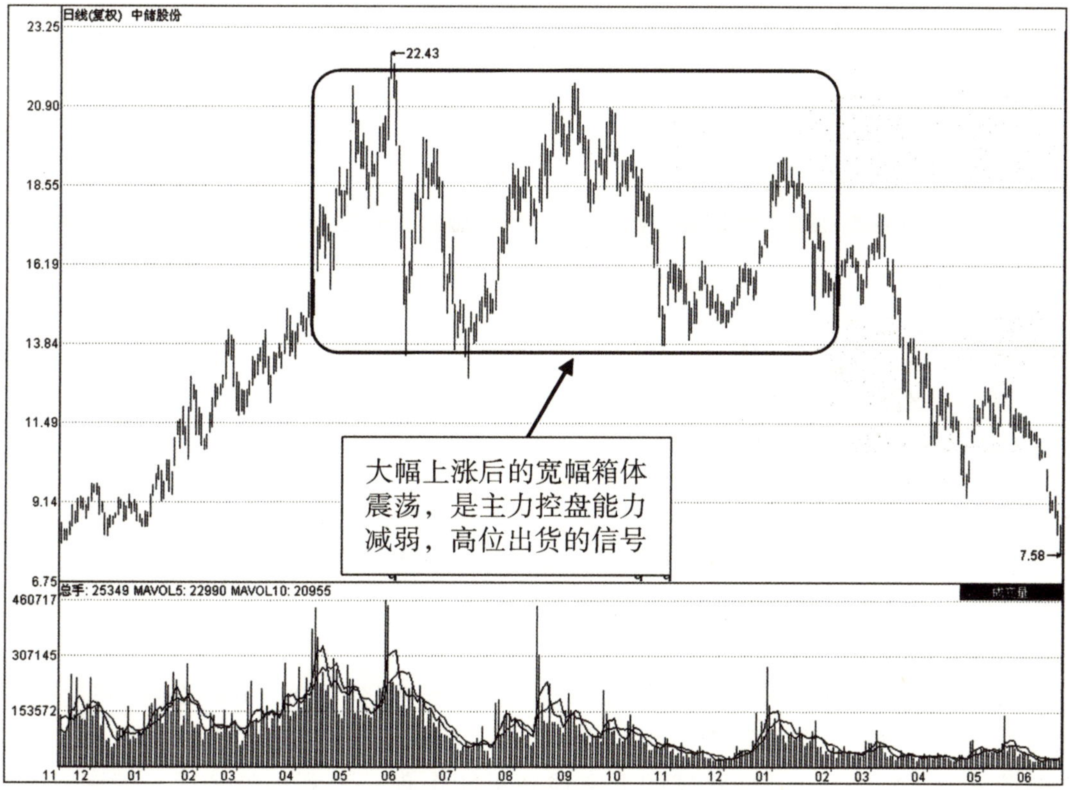

图 11—14 中储股份宽幅箱体震荡出货示意图

如图 11—15 为鼎盛天工（600335）2007—06—05 至 2008—08—27 期间走势图，从图中可以看到，此股在经历了大幅上涨之后，于高位区出现了宽幅箱体震荡形态，这一形态的出现是股价滞涨的迹象，也是主力控盘能力明显减弱的迹象，是主力高位出货的信号，预示随后大幅下跌行情的来临。

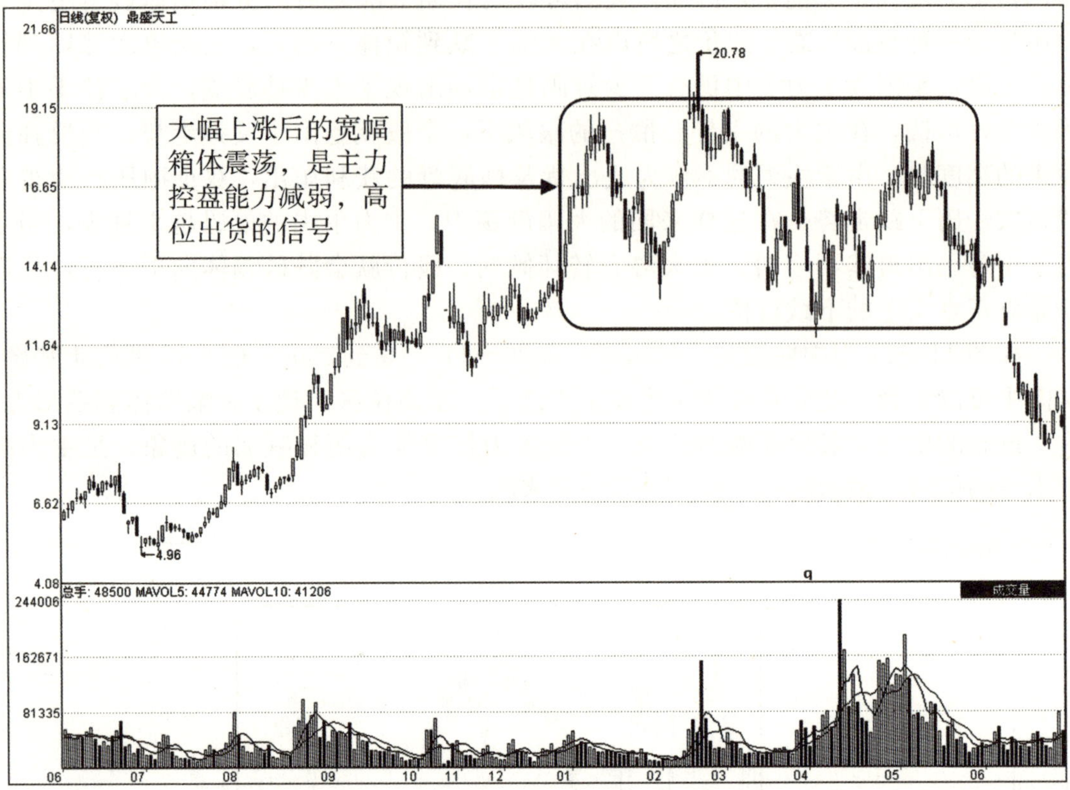

图 11－15　鼎盛天工宽幅箱体震荡出货示意图

二、牛短熊长

所谓的牛短熊长是指个股在局部运行中，下跌的天数要明显多于上涨的天数，“牛短”意在指上涨天数少，“熊长”则说明下跌天数多。试想一下，也只有在资金持续流出的背景下，才有可能出现这种局部形态，而资金持续流出就是我们常说的主力出货。

如图 11－16 为中国软件（600536）2009－03－05 至 2009－08－24 期间走势图，从图中走势可以看出此股前期出现了大幅上涨，股价几乎是坐着火箭向上冲去，前面的章节中我们提到过，火箭式的上涨往往可能出现一涨到顶的情况，特别是在巨量的情况下。让我们看看此股涨到高位后出现了什么走势。如图标注，我们可以看到它在高位横盘区运行时，出现明显的出货形态和“牛短熊长”的走势，这种形态的出现预示着有资金在持续流出，虽然它并不一定是股价见顶的信号，因为股价是否见顶并不完全取决于主力出货（还与大盘的运行有关），但我们可以较有把握地说，在主力资金持续流出的情况下，此股已难再涨。

如图 11－17 为国通管业（600444）2008－12－08 至 2009－11－20 期间走势图，此股在此期间正位于高位区运行，投资者只要看一下此股的 K 线图就可以一目了然

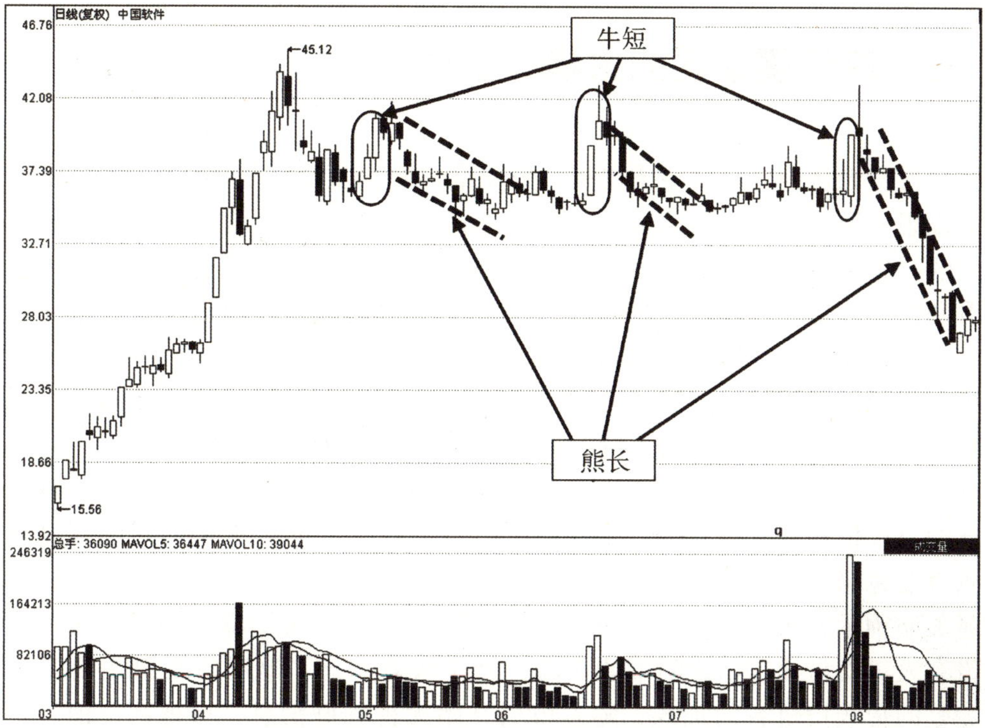

图 11－16　中国软件牛短熊长出货示意图

地看清此股所处位置，如图标注所示，在高位区出现的牛短熊长是主力出货的盘面信号。

图 11－17　国通管业牛短熊长出货示意图

三、高位震荡区的大幅缩量形态

有的投资者认为，只要主力出货，成交量势必会放大，然而实际情况却不尽然，我们可以想一下：若一只股票从3元区涨到了9元区，而主力的建仓成本就在起涨前的3元区，那么当股价到了9元区后，即使主力在拉升过程或中途洗盘过程中，由于要拉升和维护股价，会增加一些持仓成本，但主力的成本一般也不会超过4元，那么，主力只要在9元区出掉一半的仓位就可以收回成本，而余下仓位就全是利润了，可以说，股价的涨幅越大，主力在高位区出回成本时所抛出的筹码就越小，通过上面分析，我们可以看出，主力出货时个股并不一定要出现放量。

那么，在不考虑主力是否于高位区出货的情况下，我们看看高位的缩量反映了什么样的市场信息呢？当市场整体或个股出现了较大的累计涨幅后，愿意追涨买进的投资者会越来越少，这时市场或个股会停止上升趋势，转而走出高位横盘走势，成交量萎缩预示着买方已经入场完毕，无法再次推动股价上涨，同时，缩量也说明暂时没有大量卖盘涌出，说明市场在高位处于胶着状态，这时的买盘主要来自少数自以为是的短线投机者的加入，随着市场开始无视利好消息、重视利空消息，以及某些外界的利空因素“适时”出现，会打破这种高位的“平衡”状态，随之而来的就是趋势的反转。

如图11—18为浙江龙盛（600352）2006—09—27至2008—09—16期间走势图，如图标注所示，我们可以看到高位震荡区的成交量要显著小于前期上涨时的成交量，虽然主力在这一高位区有维护股价的意图，但股价重心震荡下移的走势说明其实际意图是明显的，就是为了手中筹码卖个好价钱，可以说，高位区的缩量既是主力出货的一种信号，也是市场买盘枯竭、趋势反转的信号。

如图11—19为北巴传媒（600386）2006—12—07至2008—04—10期间走势图，从图中可以看到此股在经过持续上涨之后，于高位出现缩量形态，且股价走势滞涨，这是主力放弃拉升、转而出货的表现。

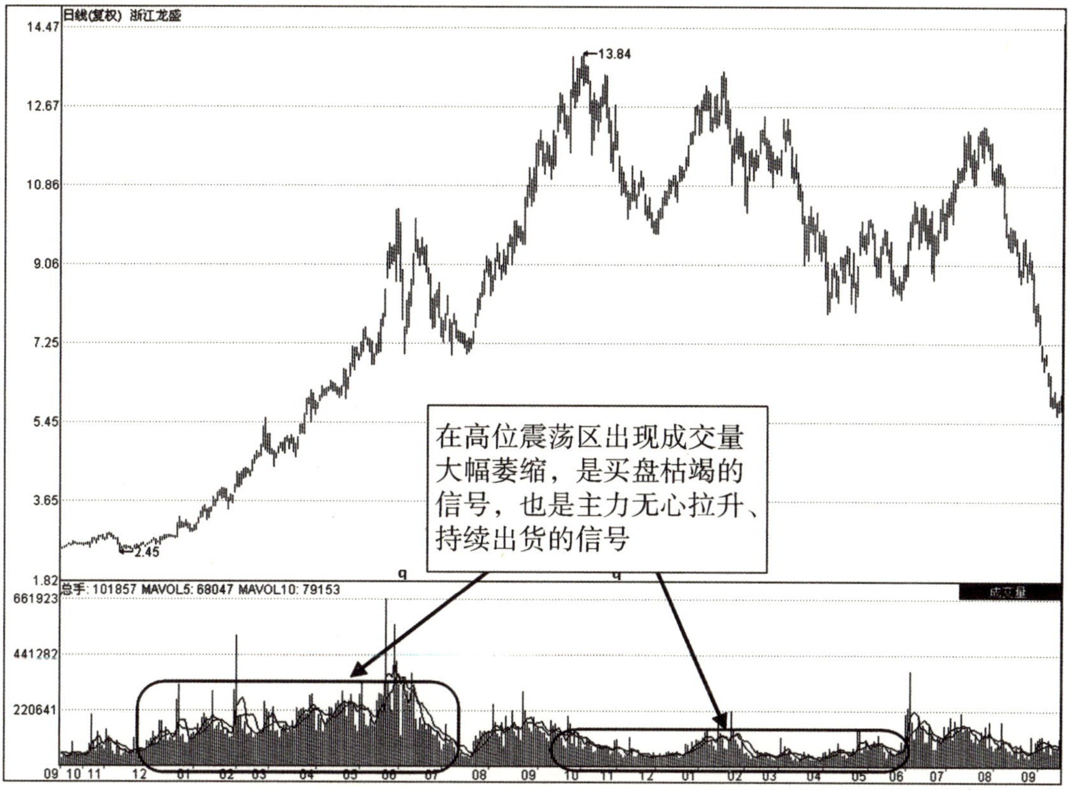

图 11—18 浙江龙盛高位区缩量示意图

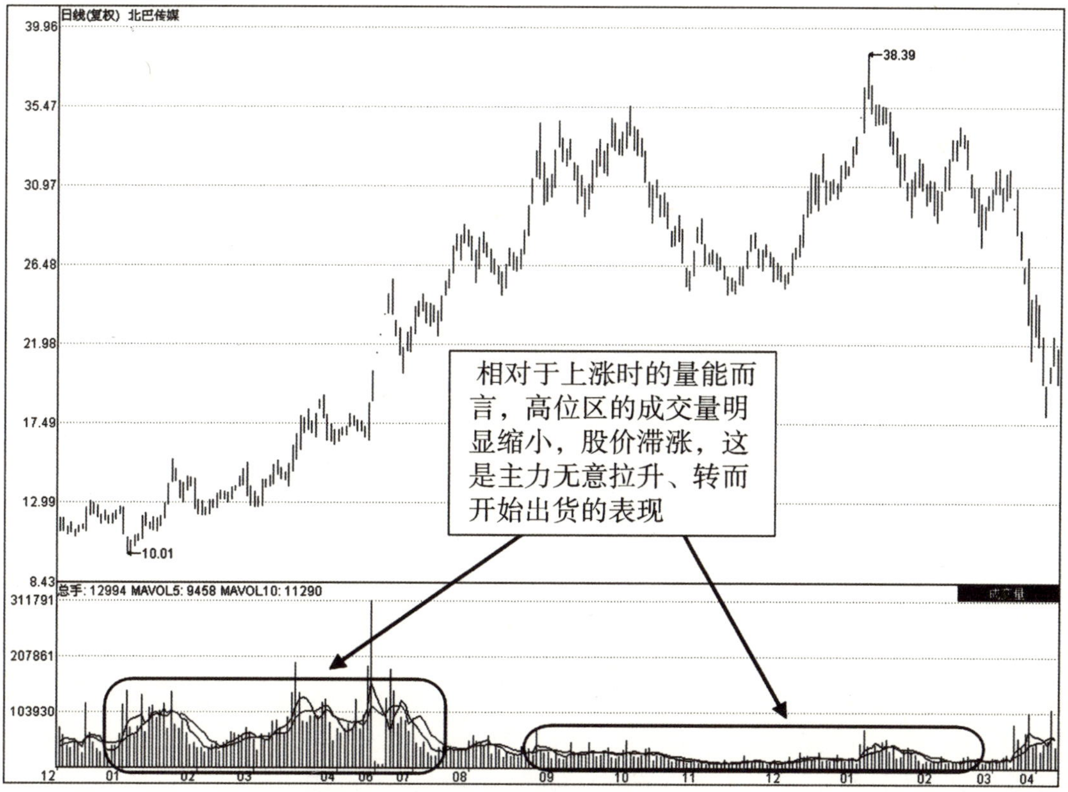

图 11—19 北巴传媒高位区缩量示意图

第十二天　看成交量买股卖股

第一节　底部放量是买股时机

底部形成于深幅下跌之后，是个与顶部相对的概念。一般来说，当个股步入下跌趋势后，下跌途中出现的整理平台时间是较短的，只有真正地步入到底部区后，股价才能在较长的时间内出现止跌企稳的走势。在实盘操作中，我们可以根据两方面来判断当前市场是否处于底部区：一是个股前期是否出现过深幅下跌；二是个股目前的估值情况如何。

当个股在前期出现过较大的跌幅后，在下跌末期很难走出V形反转行情，多是出现底部区的横盘震荡走势，深幅下跌的长期横盘震荡是底部出现的一个显著标志；但个股在这种横盘震荡之后，也有可能再次向下运行，此时我们还应结合基本面情况，看看此股的当前估值状态如何，比照历史上出现过底部区的估值，是相对高估还是相对低估，若是相对低估，则无疑当前市场已基本失去了下跌动能，目前即是底区；若相对高估，高估多少？据笔者经验而言，当市场整体处于20倍静态市盈率下时，如果此时技术面有底部出现的可能，则个股一般很难再向下运行。

在介绍过底部这一概念之后，我们来看看底部区的放量是怎么回事。首先，放量意味着资金的进出速度加快，是市场活跃的表现，在底部放量前，由于个股处于下跌趋势之中，长期的下跌使得投资者观望的多、操作的少，因而出现成交量较小的情况。但是这一情况，在个股步入探底走势后，出现了转变。成交量急骤放大，说明有资金在积极介入，当然也有资金在积极卖出，并且短线客的出入更加频繁了。如果说买盘的介入是因为股价很低的缘故，那么卖盘卖出的理由呢？其实，我们完全可以想象得出，只有个股在底部区的波动幅度较大，卖盘才能有抛出的欲望，而这种幅度较大的波动方向自然是向上的，是买盘大量持续介入的结果，也可以说是先知先觉的资金开始持续介入。基于放量的程度不同，我们可分析出买盘介入的速度及力度，当买盘介入速度较快、力度较大时，底部的构筑时间一般会较短；反之，当买盘介入速度较慢、力度较小时，底部的构筑时间则会相对较长。下面我们通过实例来分析一下底部放量下的买入机会。

如图12－1为华能国际（600011）2003－12－12至2006－10－23期间走势图，从图中可以看出，此股在2004年之后出现大幅下跌行情，下跌途中成交量虽小有异动，但其变化幅度不大，且没有影响到整体的下跌走势，但是这种情况到了2006年3月时出现变化，在2006年3月之前的一段时间内，股价已开始止住跌势横盘运行，而且在2006年3月出现了成交量明显放大的情况，将这时的成交量放大与此股同期的止跌企稳走势相结合，我们可以认为这是一次底部放量形态，它说明有主力资金开始大量介入此股，预示着随后即将出现上涨行情。

如图12－2所示，我们可以看到在经过这次的底部放量之后，此股经过了一段时间的横盘蓄势，就出现了大幅上涨的行情。

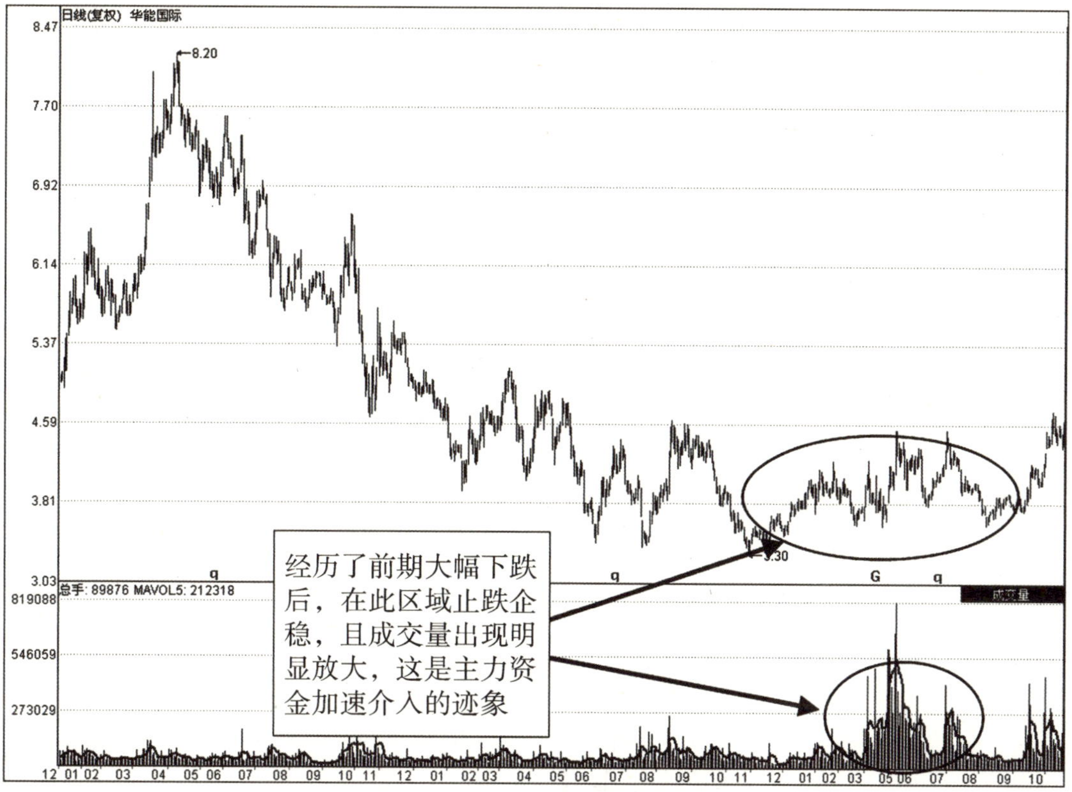

图 12—1　华能国际底部放量示意图

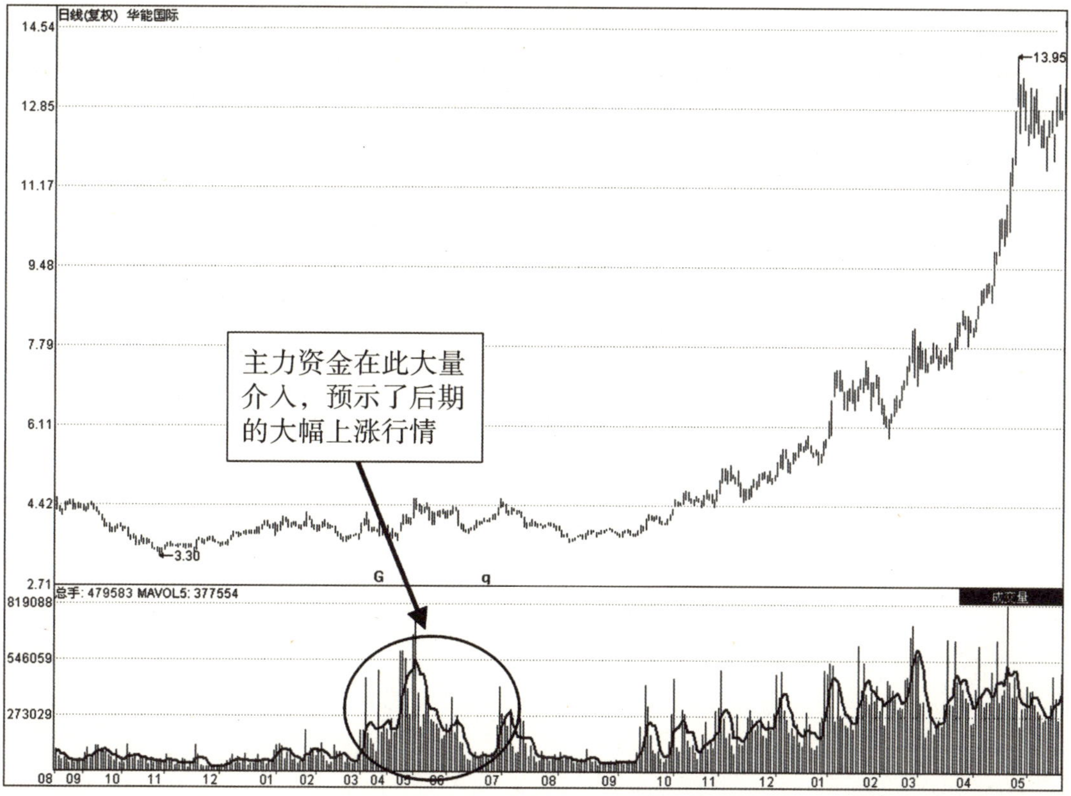

图 12—2　华能国际底部放量后期走势图

如图 12—3 为浙江广厦（600052）2008—07—14 至 2009—07—09 期间走势图，如图所示，此股在前期出现大幅下跌走势，于深幅下跌后出现了底部放量形态，这是主力资金持续介入的信号，也预示着后期将要出现的大幅上涨行情。

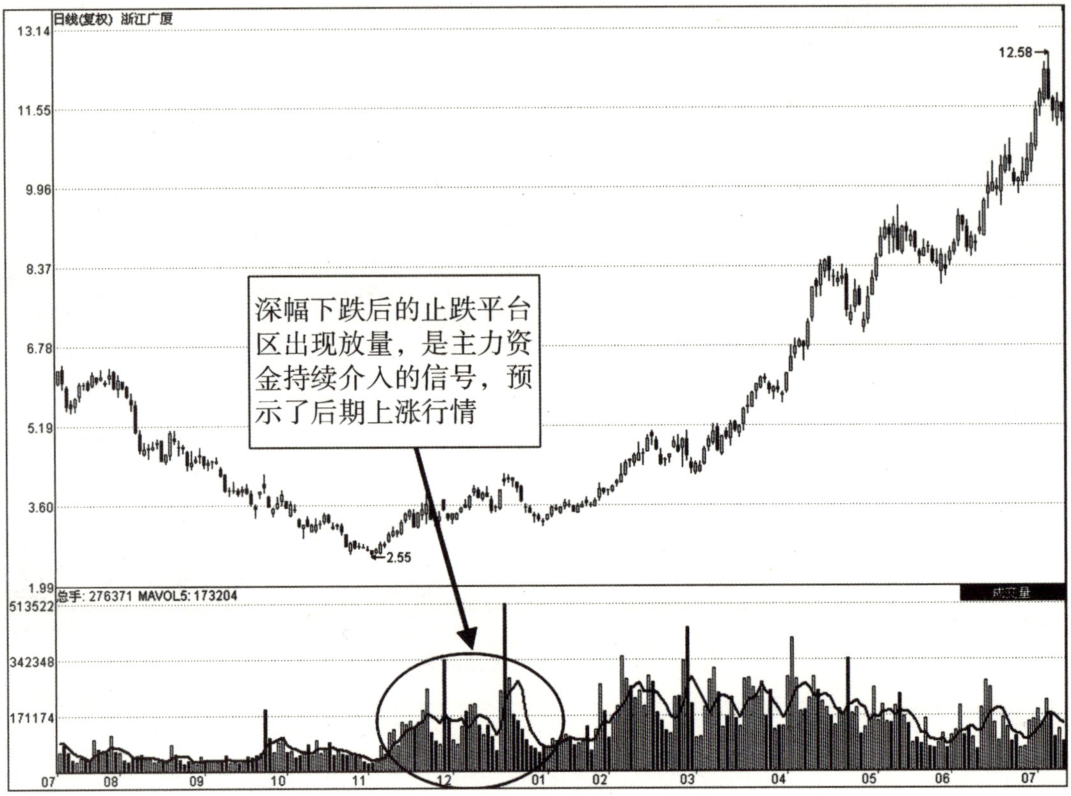

图 12—3　浙江广厦底部放量示意图

如图 12—4 为万通地产（600246）2008—07—08 至 2009—04—21 期间走势图，此股同样在深幅下跌后，出现了底部放量形态，但与上两例不同的是，此股的底部放量较为温和，且横盘时间更长。一般来说，在底部吸筹较长时间并尽量将吸筹价位控制在底部区的主力多是长线主力，这种主力控盘下的个股一旦启动，往往涨幅惊人，从此股的后期走势中，我们也可以看出，同为地产股，此股并不具有什么特色，但是其涨幅却远大于同类的其他地产股。

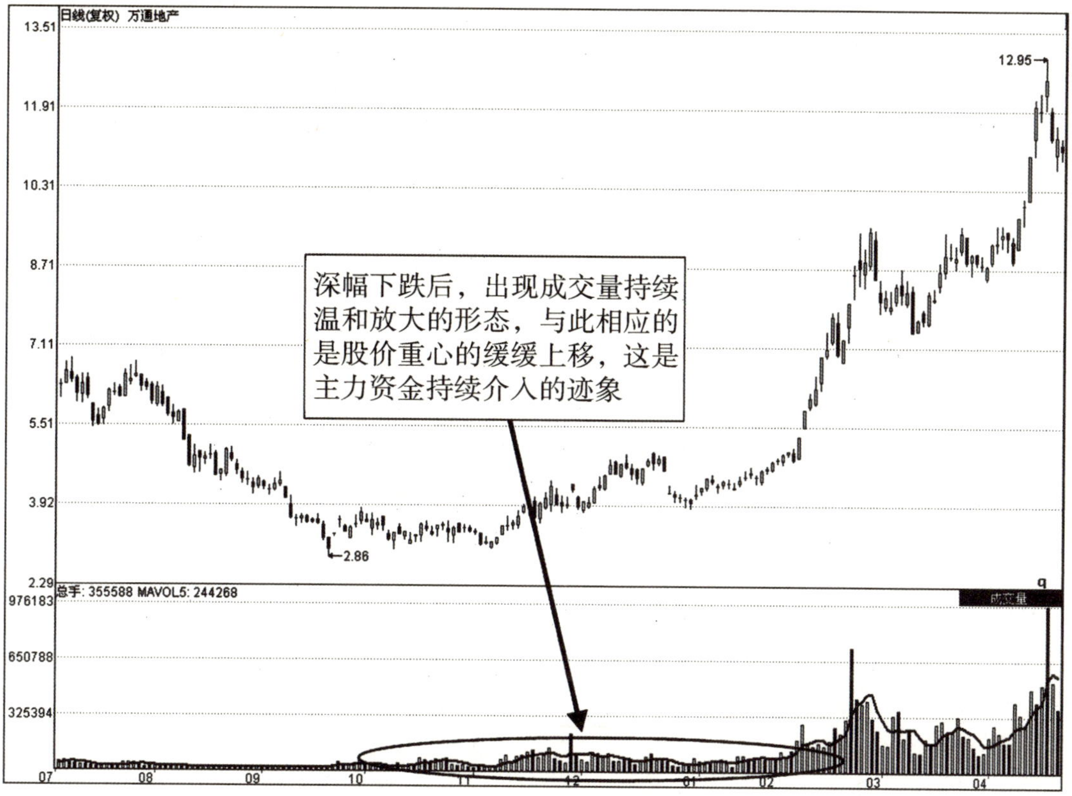

图 12—4　万通地产底部放量示意图

第二节　顶部缩量是卖股时机

上一节，我们介绍了底部的概念，与此相对就是顶部，上一节中我们讲的是买股时机，这一节中，我们将讲解卖股时机。

一般来说，当个股步入上涨趋势后，上涨途中出现的整理平台时间是较短的，只有真正地步入到顶部区后，股价才能在较长的时间内出现顶部区间反复震荡且滞涨的走势。在实盘操作中，我们可以根据两方面来判断当前市场是否处于顶部区：一是个股前期是否出现过大幅上涨；二是个股目前的估值情况如何。

当个股在前期出现过较大的涨幅后，在上涨末期很难走出 V 形反转行情，多是出现高位区的反复震荡走势，长期上涨之后于高位区出现反复震荡的走势是顶部出现的一个显著标志；但个股在这种震荡之后，也有可能再次向上运行，此时我们还应结合基本面情况，看看此股的当前估值状态如何，比照历史上出现过顶部区的估值是相对高估还是相对低估，若是相对低估较小，据笔者经验而言，当市场整体处于 40 倍以上的静态市盈率时，如果此时技术面有见顶迹象，则个股一般很难再向上运行。

在介绍过顶部这一概念之后，我们来看看顶部区的缩量是怎么回事。当市场整体或个股出现了较大的累计涨幅后，愿意追涨买进的投资者会越来越少，这时市场或个股会停止上升趋势，转而走出高位横盘走势，成交量萎缩预示着买方已经入场完毕，无法再次推动股价上涨，同时，缩量也说明暂时没有大量卖盘涌出，说明市场在高位处于胶着状态，这时的买盘主要来自少数自以为是的短线投机者的加入，随着市场开始无视利好消息、重视利空消息，以及某些外界的利空因素“适时”出现，会打破这种高位的“平衡”状态，随之而来的就是趋势的反转。

如图12—5为中联重科（000157）2006—12—23至2008—09—03期间走势图，如图所示，此股在经历大幅上涨之后，于高位区出现了明显的缩量形态，成交量萎缩预示着买方已经入场完毕，无法再次推动股价上涨，同时，缩量也说明暂时没有大量卖盘涌出，说明市场在高位处于胶着状态，可以预料的是，个股已失去了上涨的动力，但却隐藏着巨大的下跌动力，一旦某个时机卖盘涌出，此股迎来的就将是下跌走势。可以看出，高位缩量是一个较为保险的卖股时机，它可以让我们保住利润、回避风险。

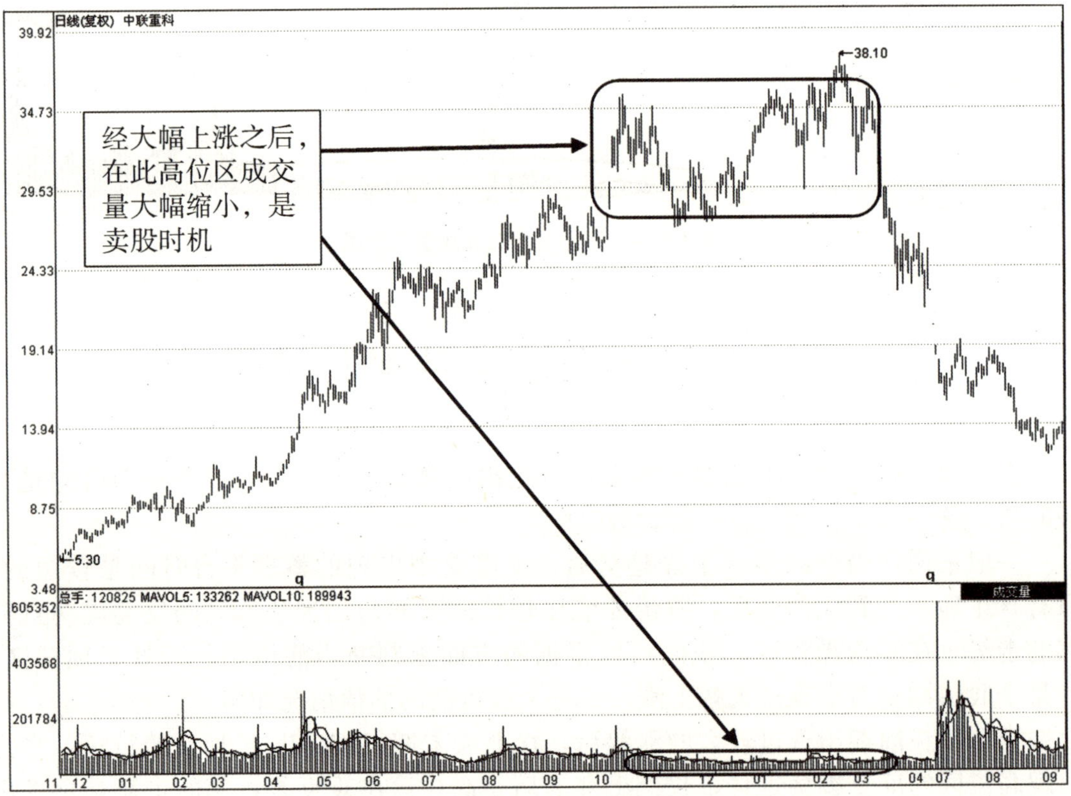

图12—5 中联重科高位缩量示意图

如图12—6为华发股份（600325）2006—10—27至2008—06—16期间走势图，从图中可以看出，在此股经历大幅上涨之后，于高位区出现股价滞涨走势，且成交量出现急剧的萎缩，这是个股走势见顶的信号，也是我们卖出的信号。

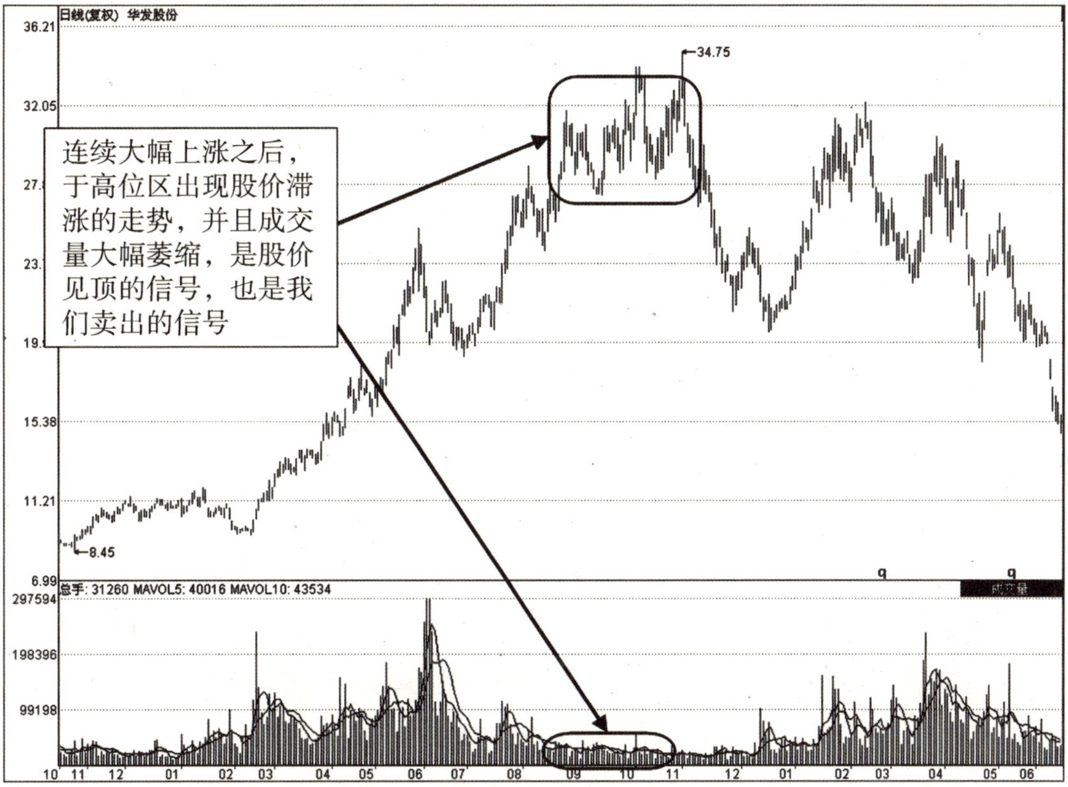

图 12－6　华发股份高位缩量示意图

第三节　放量后的急速缩量是买股时机

放量后的急速缩量是一种常见的成交量形态，当这一形态出现于深幅下跌后的趋势反转中，或个股刚刚步入升势之中时是买入时机，反之，当出现在个股大幅上涨之后则是卖出时机（如上一节中我们讲的顶部缩量往往就是在放量上涨之后出现的）。同一成交量形态之所以给出了不同的买卖信号，是因为出现在不同阶段时，成交量形态虽然有所相同，但其反映的市场含义是完全不同的。

当这一形态出现在深幅下跌后的趋势反转中，或个股刚刚步入升势之中时，它所反映的市场信息是：主力在股价上涨时吸筹，在回调时则积极锁仓；当这一形态出现在股价大幅上涨之后，它所反映的市场信息是买盘的枯竭。由于反映了不同的市场含义，所以其后期走势是完全不同的。

如图 12－7 为深天健（000090）2008－08－19 至 2009－05－05 期间走势图，此股在经历了 2008 年的深幅下跌后，于 9 月之后开始筑底并走出反转势头，如图标注所示，在趋势反转初期出现的这种放量后又急速缩量的形态，反映了主力先吸筹、再锁仓的控盘行为，它预示着个股后期的上涨，是我们的买股时机。

如图 12－8 为 TCL 集团（000100）2008－07－28 至 2009－03－23 期间走势图，

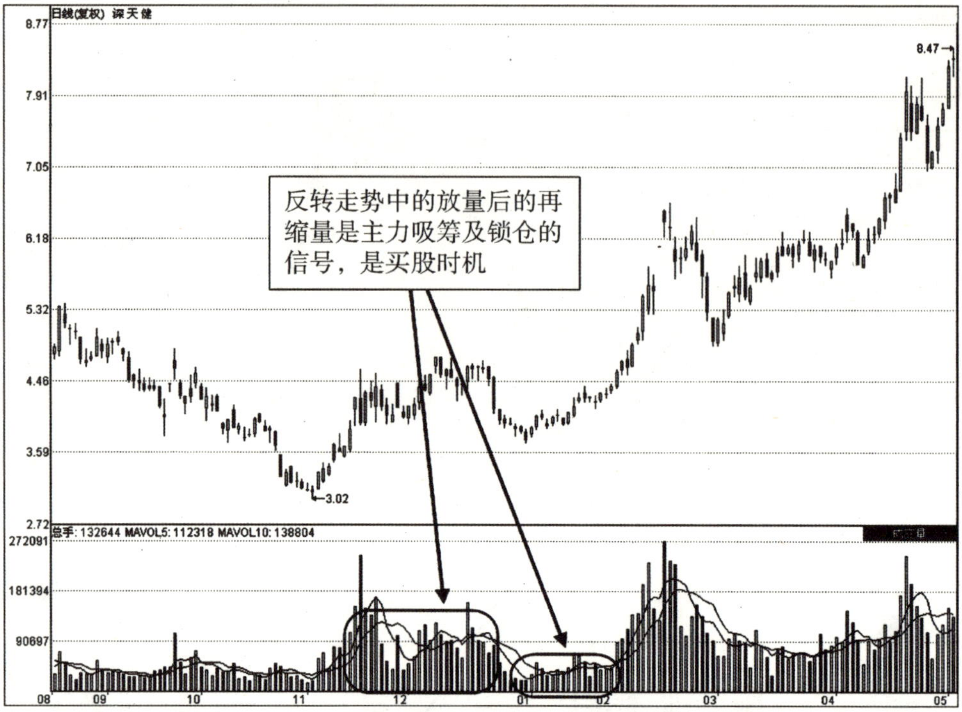

图 12—7　深天健放量再缩量示意图

从图中可以看出，在此股经历了大幅下跌走势之后，在趋势的反转时，出现了这种放量后再急速缩量的形态，这一形态说明了主力在股价上涨时吸筹，在回调时则积极锁仓，是此股后期将要上涨的预示，也是我们的买股时机。

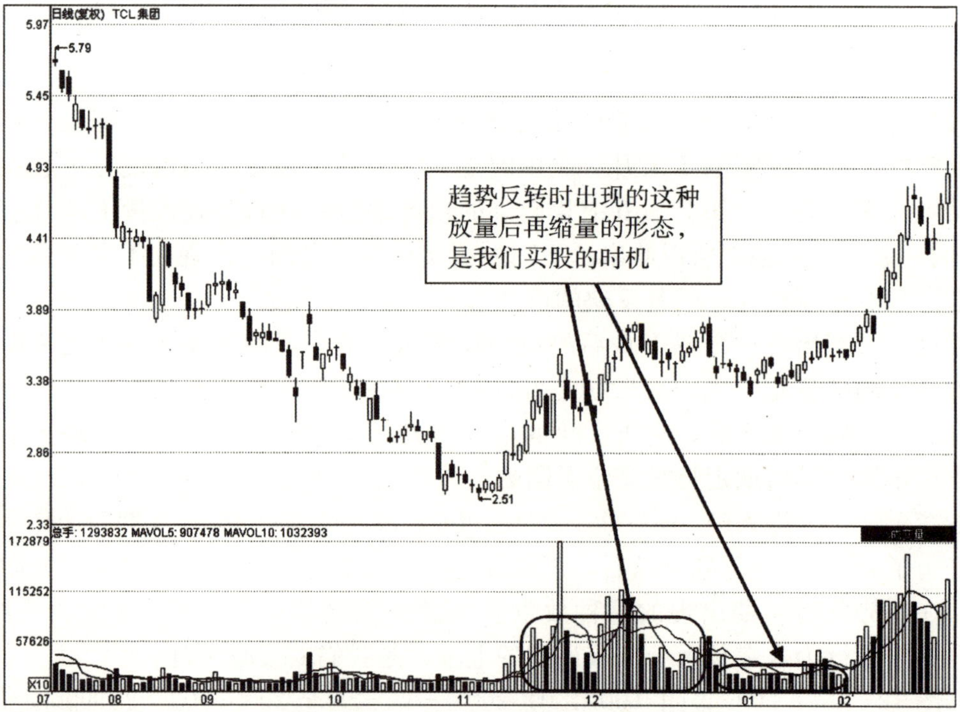

图 12—8　TCL 集团放量再缩量示意图

如图 12－9 为交运股份（600676）2008－12－05 至 2009－05－22 期间走势图，此股在此期间处于上升趋势中，如图标注所示，在上升途中出现的这种放量之后再急速缩量的形态，说明主力控盘能力强，并且没有出货行为，缩量时出现的回调就是我们的买股时机。

图 12－9 交运股价放量再缩量示意图

第四节 脉冲式放量是卖股时机

在第三天关于成交量的学习中，我们介绍了脉冲式放量这种形态，并且给出结论：出现在上涨途中的脉冲式放量意味着阶段性回调走势的出现；出现在顶部横盘区的脉冲式放量意味着主力的对倒拉高出货行为；出现在下跌途中的脉冲式放量是空方集中抛出的信号，预示了空方力量强大，后势仍将下跌。可以说，虽然脉冲式放量未改变大趋势的运行，但是它对个股局部走势却影响很大，据笔者经验，每当脉冲式放量形态出现时，股价在随后的数日走势多会呈现疲软下跌势头，因而对于投资者而言，若要掌握好短线操作中的“高抛低吸”，就必须要领会脉冲式放量这一形态下的卖股时机。

如图 12－10 为精伦电子（600355）2008－12－19 至 2009－07－10 期间走势图，从图中我们可以清晰地看出此股在此期间正处于上升趋势中，但这种上升趋势只是一个大趋势，在这个大趋势行进过程中，不时地出现脉冲式放量，虽然脉冲式放量并没有使上升趋势发生转向，但是每一次的脉冲式放量过后，股价都出现了一波较为明显的回调，可以说，每当这一形态出现时都是一个很好的短线卖股时机。

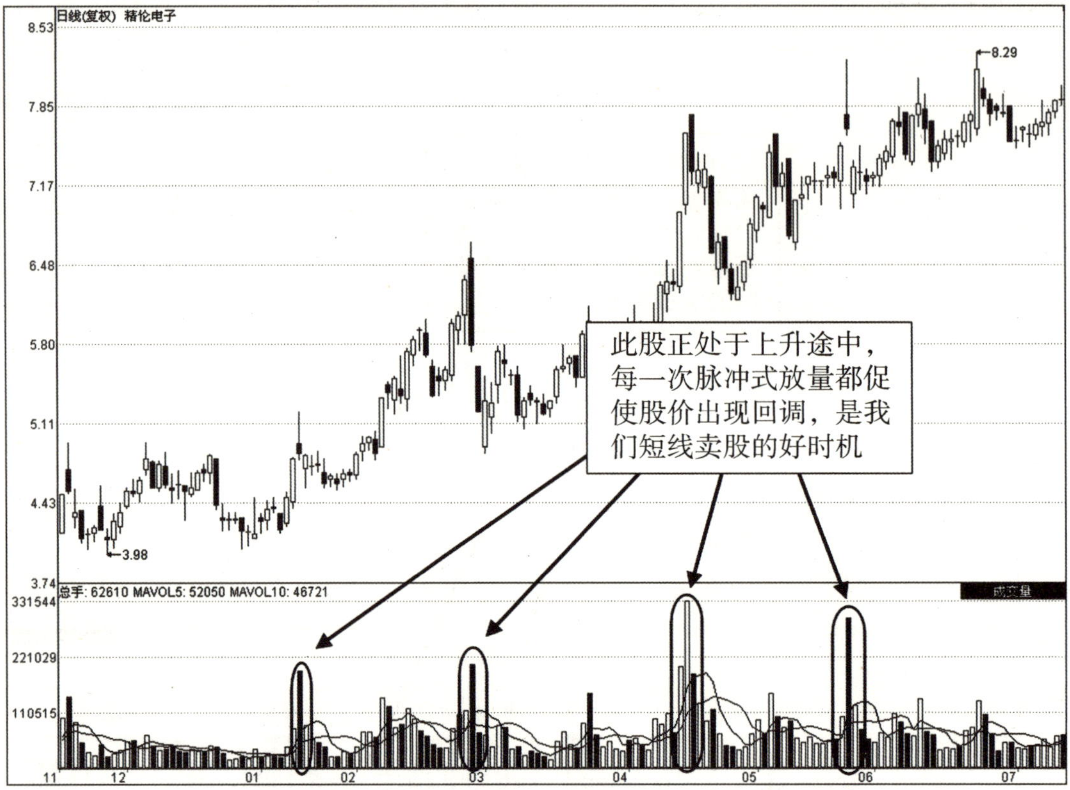

图 12—10　精伦电子上升途中脉冲放量示意图

如图 12—11 为京能热电（600578）2008—10—23 至 2009—07—30 期间走势图，从图中可以看到此股在此期间正处于上升趋势中，在这个大趋势行进过程中，不时地出现脉冲式放量，虽然脉冲式放量并没有使上升趋势发生转向，但是每一次的脉冲式放量过后，股价都出现了一波较为明显的回调，结合个股运行大趋势及脉冲式放量形态，我们不必一直持股待涨，可更为积极参与高抛低吸的操作，让自己的利润最大化。

如图 12—12 为安琪酵母（600298）2007—05—10 至 2008—04—23 期间走势图，此股在经历了之前的大涨后，在此期间处于高位区的宽幅震荡之中，如图标注所示，在高位区出现了脉冲式放量的形态，这种成交量形态出现在高位区往往意味着主力对倒出货行为，不仅是我们短线的卖股时机，也是我们中长线的卖股时机。

如图 12—13 为青山纸业（600103）2007—09—04 至 2008—07—16 期间走势图，如图所示，此股在长时间的高位区运行之后出现了一个规模极大的脉冲式放量形态，它的出现说明主力的对倒已近乎疯狂，是主力不遗余力对倒出货的信号，一旦这种形态出现在高位长期间的震荡之后，往往预示着后期大幅下跌行情的开始，是风险的象征，也是我们中长线的卖股时机。

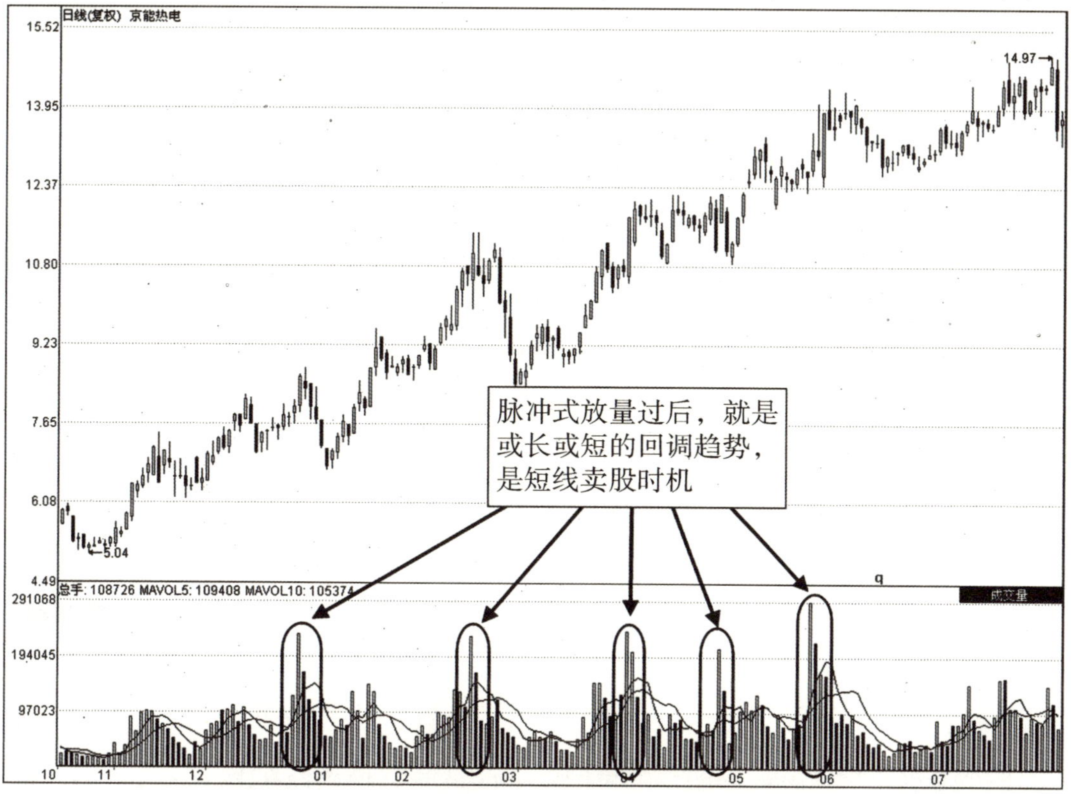

图 12—11　京能热电上升途中脉冲式放量示意图

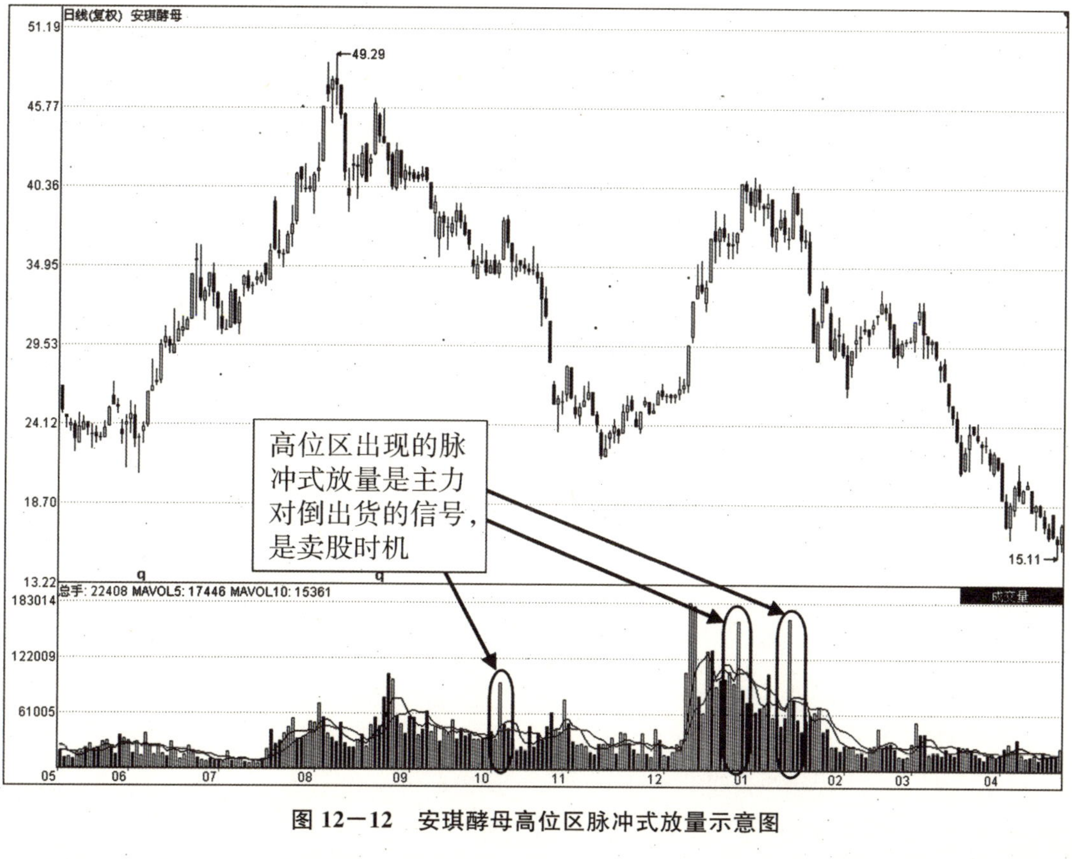

图 12—12　安琪酵母高位区脉冲式放量示意图

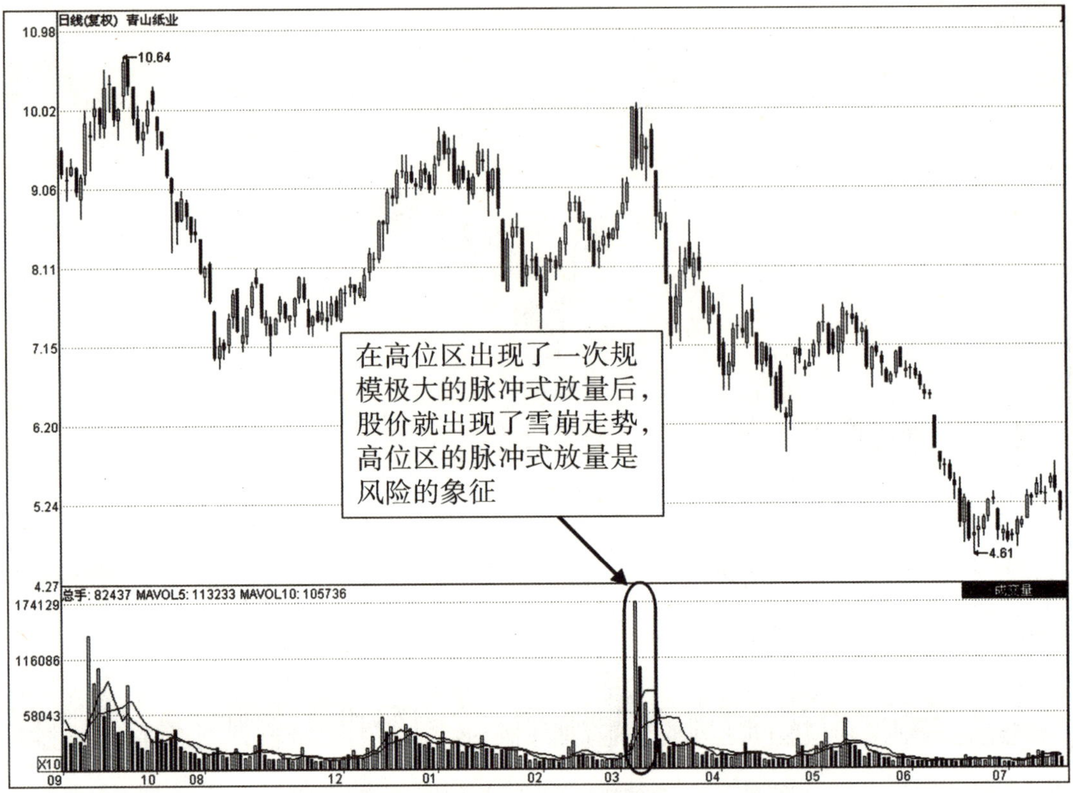

图 12—13　青山纸业高位区脉冲式放量示意图

如图 12—14 为凌钢股份（600231）2009—02—17 至 2009—09—29 期间走势图，如图所示，此股在前期处于上涨趋势，但是随着连续阴线的出现，趋势出现了反转迹象，如图标注，在这一波大幅下跌途中出现了一个明显的单日脉冲式放量形态，它的出现是主力对倒出货的体现，也是个股仍将继续下跌的信号，出现这种形态时，无论当日是收阴线还是收阳线，都是我们的短线卖股时机。

如图 12—15 为宏达股份（600331）2007—05—29 至 2008—08—26 期间走势图，如图所示，可以看到在一串的大幅下跌后，此股于下跌途中出现了脉冲式放量的形态，这一形态的出现是空方力量集中释放的信号，它说明空方力量强大，是个股下跌趋势仍将继续的信号。

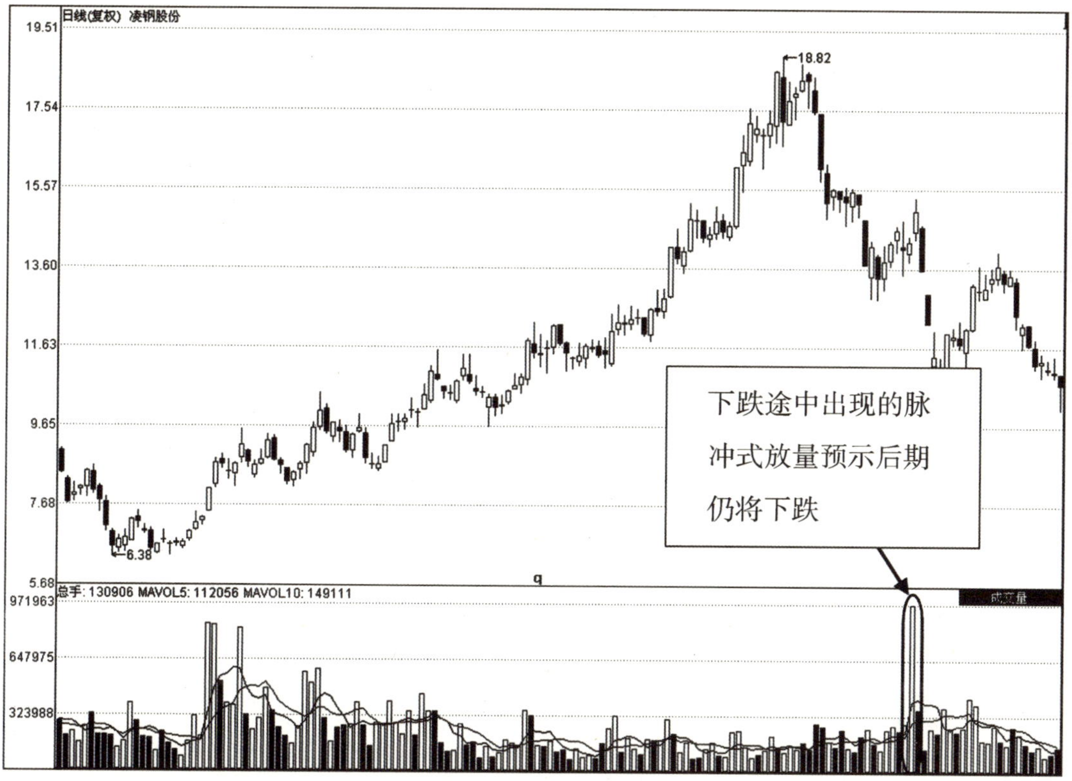

图 12－14　凌钢股份下跌途中脉冲式放量示意图

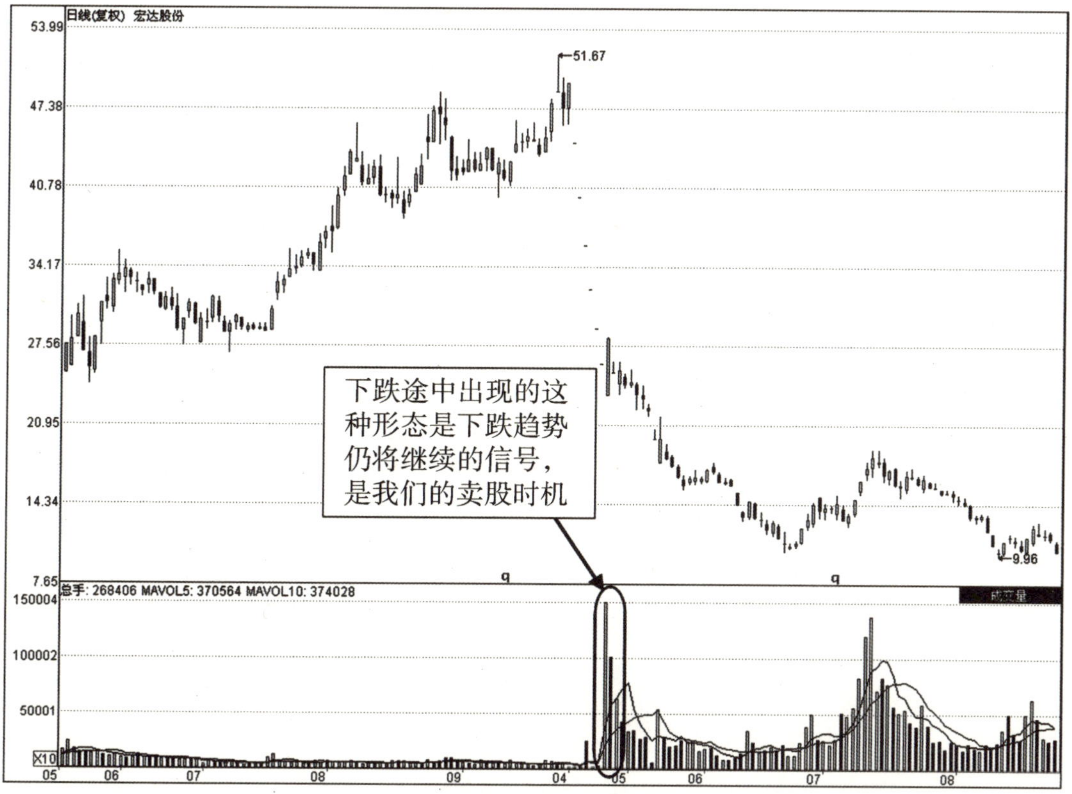

图 12－15　宏达股份下跌途中脉冲式放量示意图

第十三天　看均线和趋势线买股卖股

第一节　了解均线与趋势线

一、什么是均线

均线，即我们所说的移动平均线，它以道琼斯的“平均成本概念”为基础，通过对近期数个交易日的指数或股价加以平均，连成平滑曲线，以观察市场整体及个股走势的特点。在一般的股票行情软件中，以英文简写“MA”来指代均线，如：MA5 代表 5 日均线（表示均线的计算周期是 5 个交易日），MA30 代表 30 日均线（表示均线的计算周期是 30 个交易日），在计算均线数值时一般以每一交易日的收盘价为依据。下面以 Cn 来代表第 n 日的收盘价，以计算周期 5 天为例，来看看为 5 日均线 MA5 的计算公式：第 n 日的 5 日均线 MA5 在当日的数值为：

$$MA5(n)=(Cn+Cn_{-1}+Cn_{-2}+Cn_{-3}+Cn_{-4})\div 5$$

将每一日这些数值连成曲线，便得到了我们经常见到的移动平均线。

如图 13－1 为移动平均线示意图，为了方便本章中实例的讲解，我们主要列出了四个时间周期的均线即：5 日均线 MA5、15 日均线 MA15、30 日均线 MA30、60

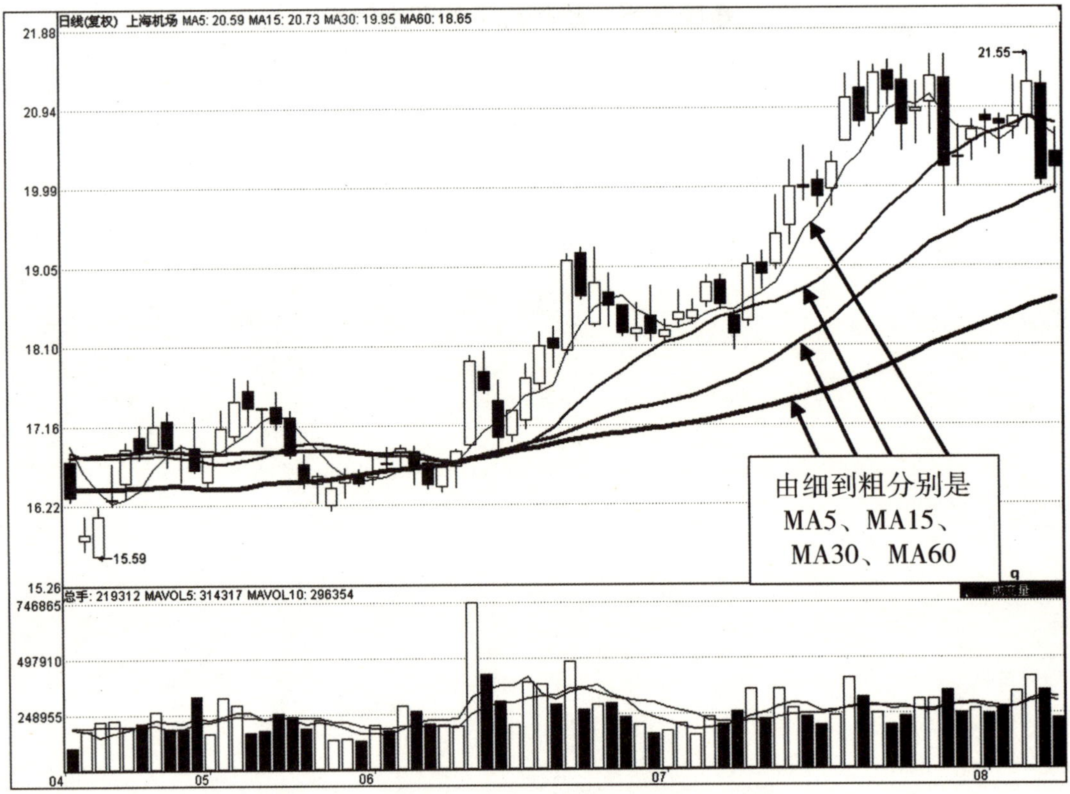

图 13－1　移动平均线示意图

日均线 MA60。一般来说，我们可以把 MA5 称作短线移动平均线，把 MA30 称作中期移动平均线，把 MA60 称作长期移动平均线。

移动平均线的原理与盘中的均价线是相同的，是市场平均持仓成本的一种体现。一般来说，市场的成本状态对于市场或个股未来走势有 50%的影响力，另外 50%由场外陆续进场交易的多空双方决定，而均线正是形象化地反映出了当前市场的成本状态，因而，可以说移动平均线对市场或个股走势其影响力是显而易见的。在多头行情（牛市）中，随着买方的持续进场、股价的持续上涨，移动平均线会呈现多头排列特征（即周期较短的移动平均线处于周期较长的移动平均线上方）；在空头行情（熊市）中，随着卖方的持续抛出、股价持续下跌，移动平均线会呈现出空头排列特征（即周期较短的移动平均线处于周期较长的移动平均线下方）；在持续横盘震荡的走势中，移动平均线则呈现出横向运行且相互缠绕的特性。由此可见，通过移动平均线，我们可以对市场整体或个股运行趋势一目了然。

如图 13－2 为华能国际（600011）2009－03－03 至 2009－10－21 期间走势图，从图中可以看到此股在此期间处于横盘震荡走势之中，而均线则呈现相互缠绕的形态，这是均线对于个股横盘震荡走势的直观反映。

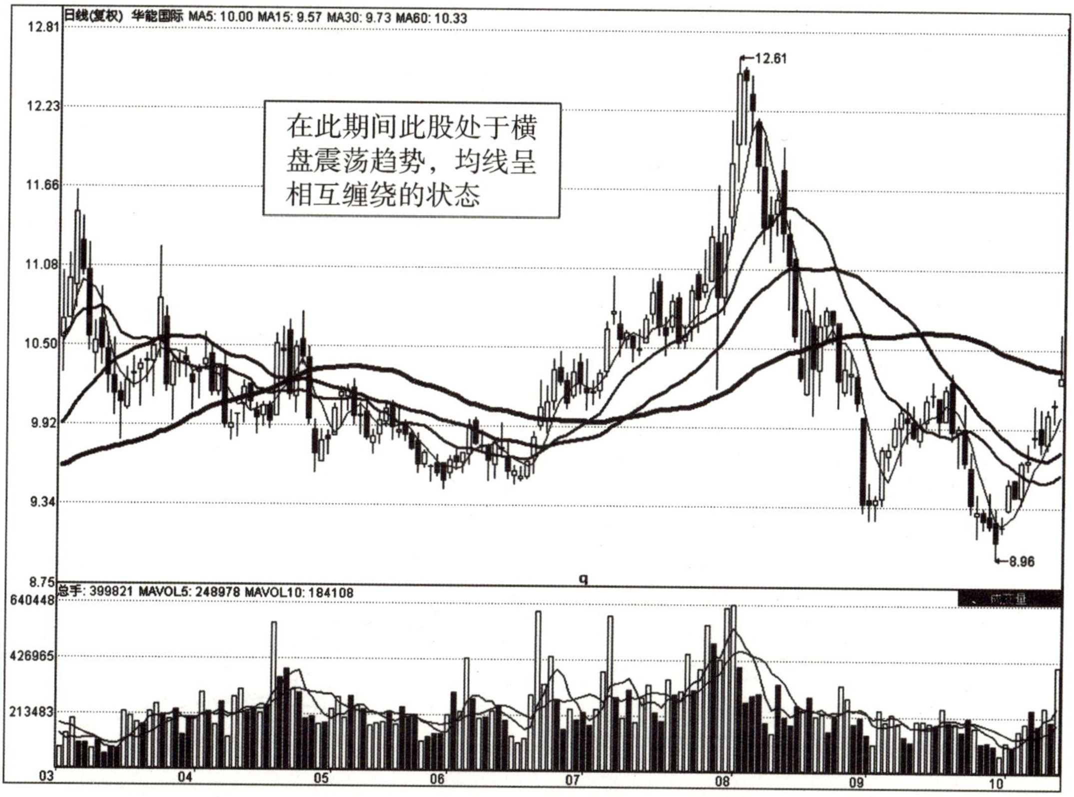

图 13－2　华能国际横盘震荡均线示意图

如图 13－3 为北方国际（000065）2008－10－15 至 2009－04－10 期间走势图，从图中可以看到，在此股脱离底部区并开始步入上升趋势后，移动平均线出现了多头排列特征（即周期较短的移动平均线位于周期较长的移动平均线上方），这是均线对于个股上升趋势的直观反映。

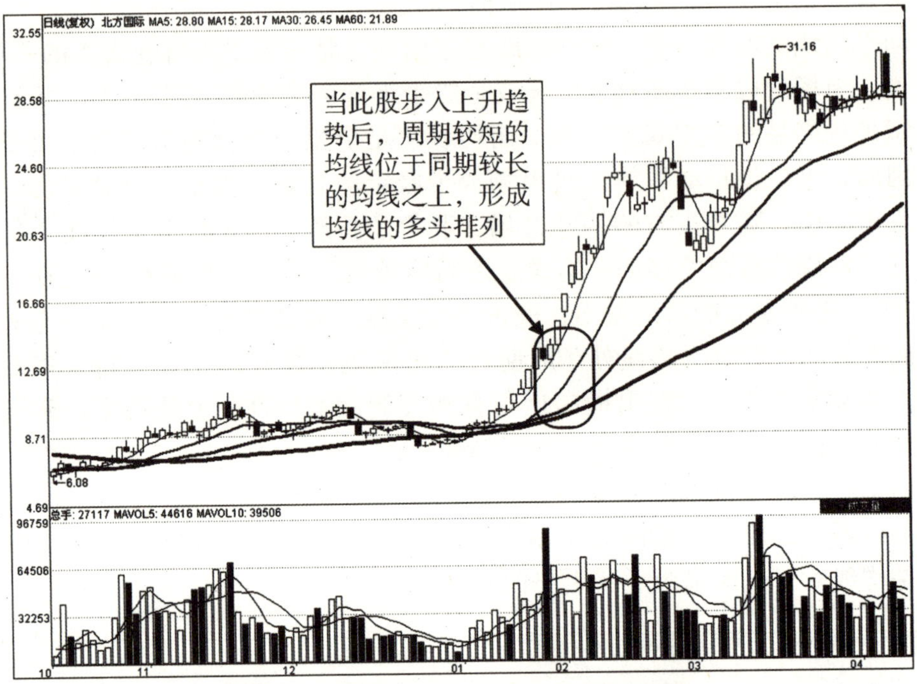

图 13—3 北方国际上升趋势均线示意图

如图 13—4 为长城电脑（000066）2007—11—13 至 2008—09—19 期间走势图，从图中可以看到，在此股脱离顶部横盘区并开始步入下跌趋势后，移动平均线出现了空头排列特征（即周期较短的移动平均线位于周期较长的移动平均线下方），这是均线对于个股下跌趋势的直观反映。

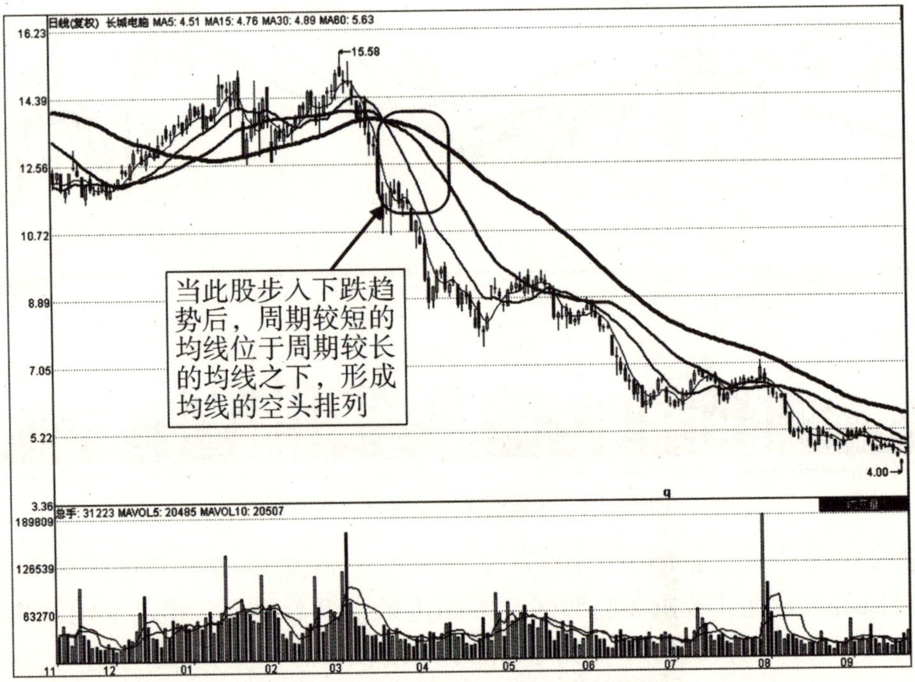

图 13—4 长城电脑下跌趋势均线示意图

二、什么是趋势线

趋势线分为上升趋势线与下降趋势线。上升趋势线即我们常说的支撑线，这条线对个股的上涨起到了支撑作用，每当股价由上至下回落到支撑线附近时，就会在买盘的介入下，重拾升势。上升趋势线即我们常说的阻线，这条线对个股的下跌起到了压力作用，每当股价由下向上反弹到阻力线附近时，就会在卖盘的抛出下，重拾跌势。在实际的画法中，上升趋势线可以通过连接两个以上的低点（回调后的低点）得到，其功能在于能够显示出股价上升的支撑位，一旦股价在波动过程中跌破此线并且在较长时间停留在趋势线下方，则意味着行情可能出现反转；下降趋势线可以通过连接两个以上的高点（反弹后的高点）得到，其功能在于能够显示出股价反弹时的压力位，一旦股价在波动过程中向上突破此线并且在较长时间停留在趋势线上方，则意味着行情可能出现反转。

如图 13－5 为龙元建设（600491）2008－11－21 至 2009－08－26 期间走势图，通过图中画出的上升趋势线，我们可以对此股在此期间的上升趋势一目了然，趋势线是一个极好的工具，它有助于我们认清市场或个股的大趋势，也只有认清了大趋势，我们的短线操作或中线操作胜算概率才会更大。

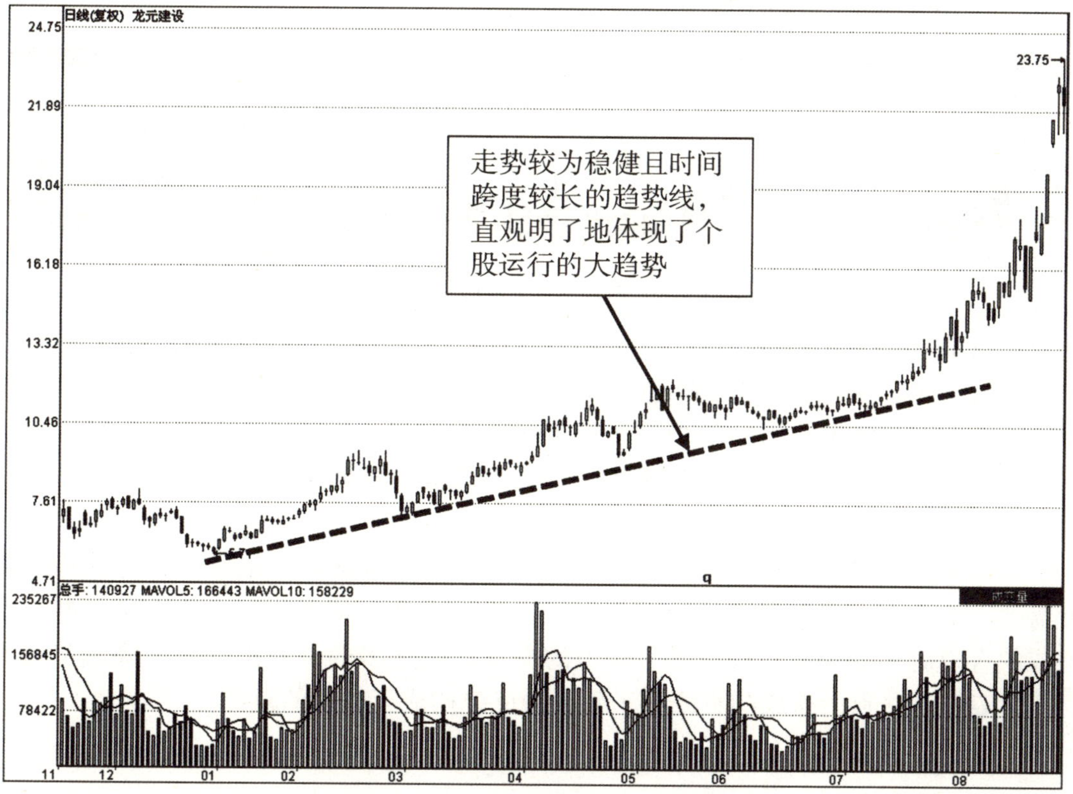

图 13－5　龙元建设上升趋势线示意图

如图 13－6 为大元股份（600146）2008－12－08 至 2009－07－30 期间走势图，此股在此期间处于上升趋势中，图中标注出了上升趋势中的四条趋势线，值得注意的是，随着股价向上运行的加速，我们可以看到趋势的角度也是越来越陡，而且每一条新形成的趋势线都对股价的上涨起到了极好的支撑作用，在实际运用中，我们要注意这种趋势线的变化，并要及时做到用新形成的趋势线来研判个股的未来走势。

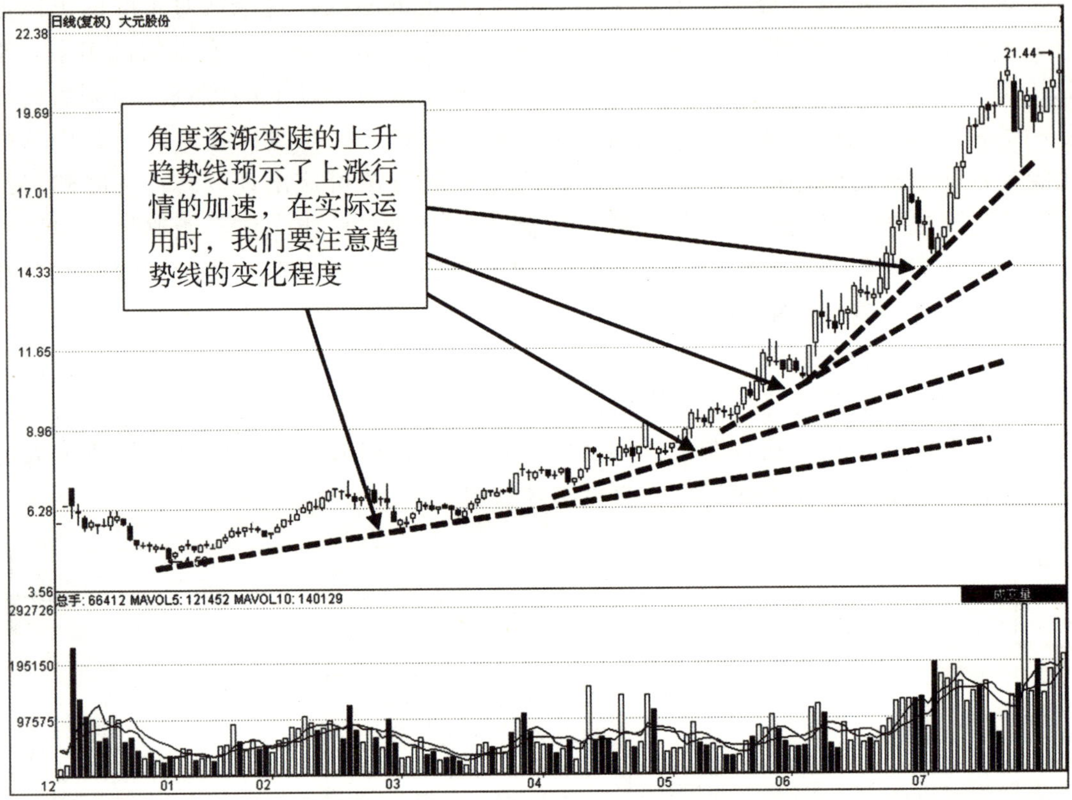

图 13－6　大元股份上升趋势线示意图

如图 13－7 为烽火通信（600498）2007－09－20 至 2008－10－31 期间走势图，图中画出了此股在这期间的下降趋势线，从图中此股的走势可以看到，下降趋势线对股价的反弹构成了有力的阻挡，在趋势线的压力下，股价逐波走低。而且通过下降趋势线，我们也可以认清在此期间此股的大趋势，从而可以避免盲目抄底，出现亏损。

一般来说，趋势线连接的点数越多，其可靠性就越强，一条好的趋势线应该能覆盖 80％以上的行情走势，当更多的点数出现在上升趋势线中时，代表了这些点所连成的直线对于股价的下跌构成了有力的支撑；当更多的点数出现在下降趋势线中时，代表了这些点所连成的直线对于股价的反弹构成了有力的阻挡。

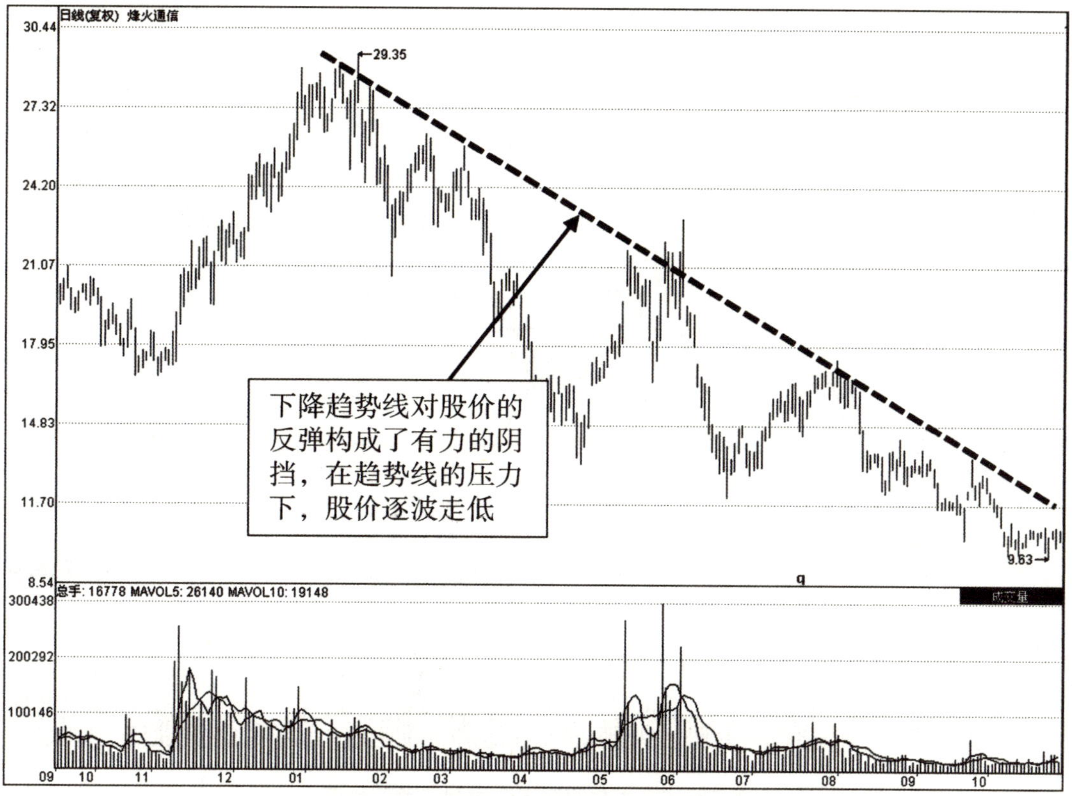

图 13－7　烽火通信下降趋势线示意图

第二节　均线下的买卖时机

一、多头排列下的买股时机

图 13－8 为中化国际（600500）2008－11－03 至 2009－08－06 期间走势图，如图标注所示，在此股形成均线多头排列后，股价即步入上升趋势，但是大盘的震荡使得此股出现了一波幅度较深的回调，由于均线的多头排列一旦形成，就说明大趋势已形成，短期的震荡是无法改变整体运行的，因而当股价回调至中长期均线 MA60 附近时，就是我们买入的好时机。

图 13－9 为航天晨光（600501）2008－10－30 至 2009－08－05 期间走势图，如图标注所示，在此股形成均线多头排列后，股价即步入上升趋势，但是大盘的震荡使得此股出现了一波幅度较深的回调，由于均线的多头排列一旦形成，就说明大趋势已形成，短期的震荡是无法改变整体运行的，因而当股价回调至中长期均线 MA60 附近时，就是我们买入的好时机。

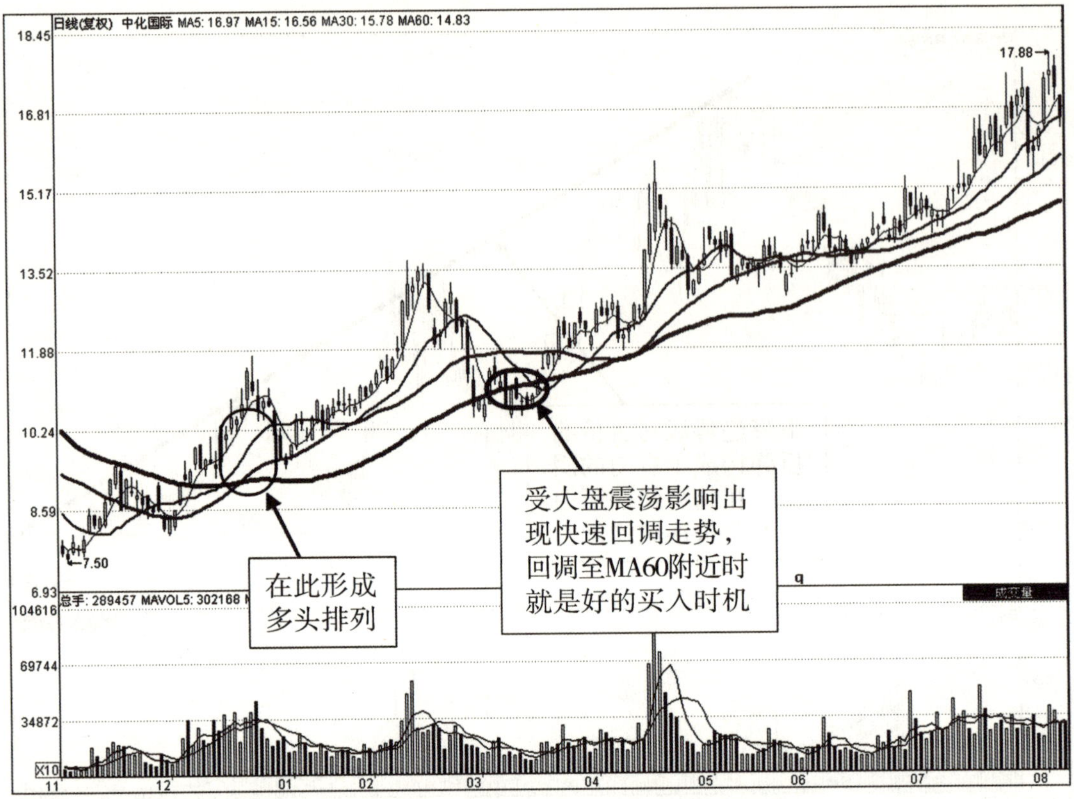

图 13—8　中化国际多头排列买股示意图

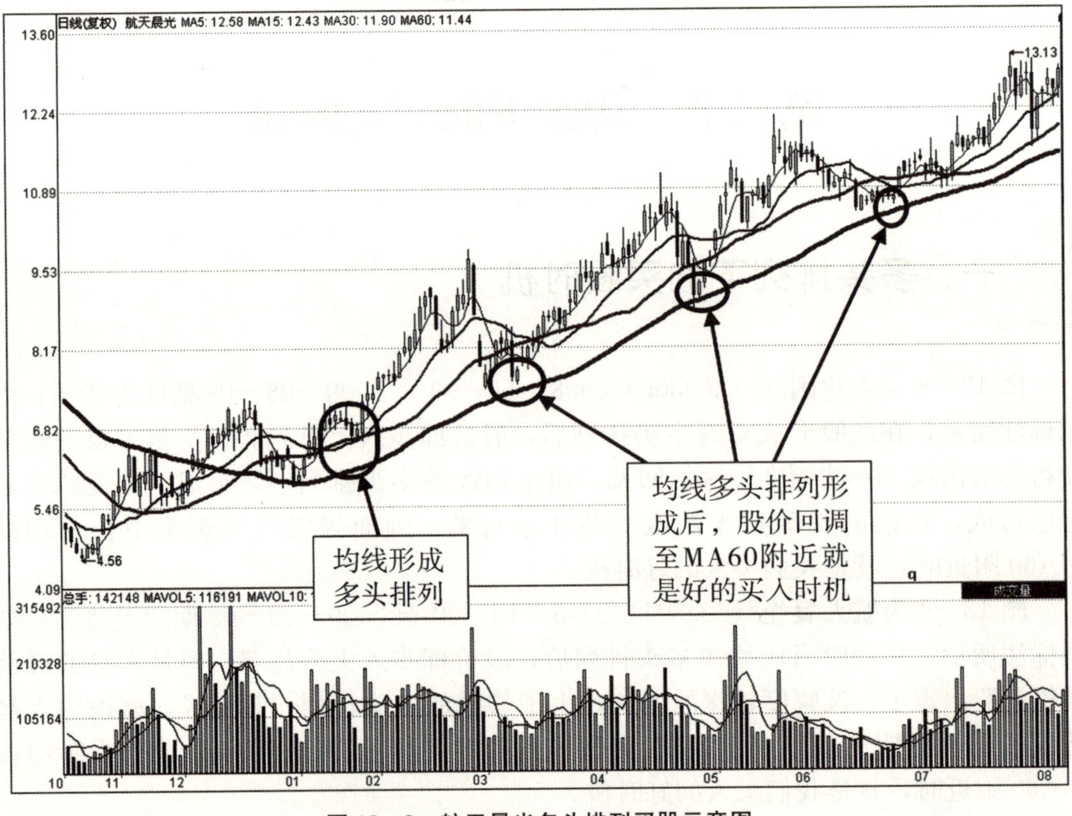

图 13—9　航天晨光多头排列买股示意图

二、多头排列下的卖股时机

如图13—10为安徽水利（600502）2009—03—12至2009—09—01期间走势图，如图所示此股在大幅上涨前，均线呈多头排列，随着股价短期的急速上涨，MA5也快速向上运行并逐渐脱离中长期均线，但是这种上涨不可能一直持续下去，暴涨之后多半会迎来一次短期的深幅下跌走势，此时我们可以通过均线准确的卖在这一波行情中的高点，即MA5出现掉头迹象时。

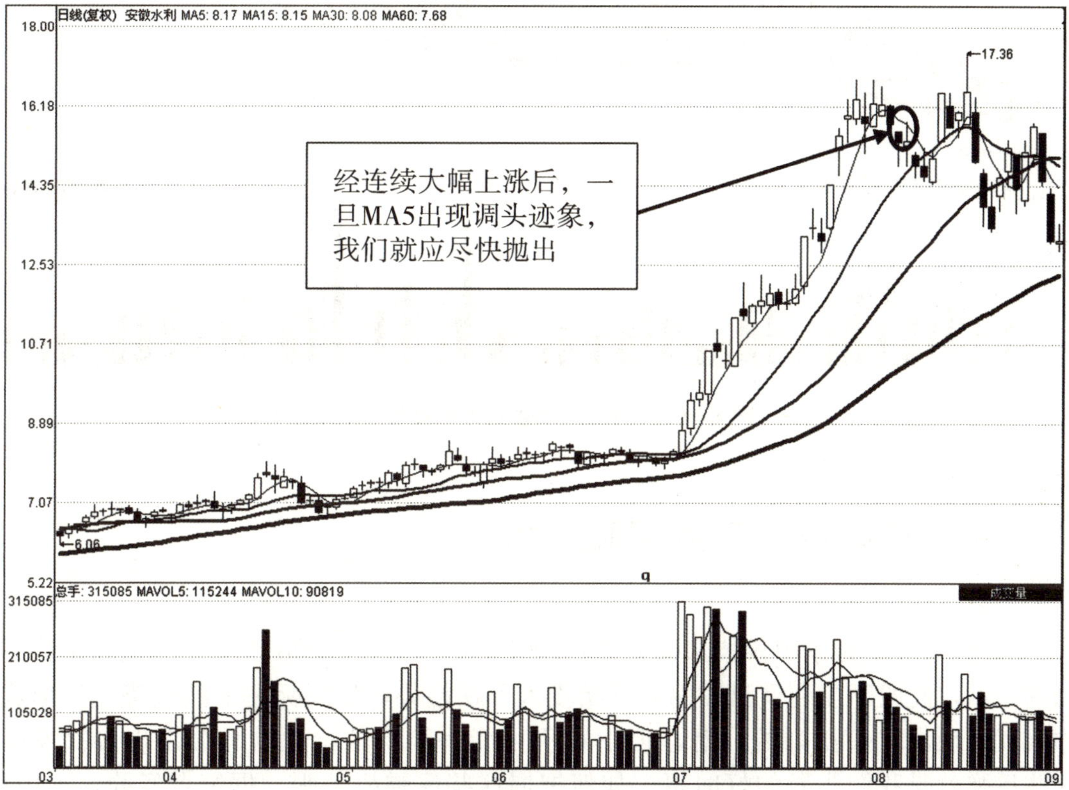

图13—10 安徽水利多头排列卖股示意图

如图13—11为中铁二局（600528）2009—03—09至2009—08—25期间走势图，如图所示，此股在大幅上涨前，均线呈多头排列，随着股价短期的急速上涨，MA5也快速向上运行并逐渐脱离中长期均线，当MA5出现掉头迹象时，我们就应及时卖出保住利润，因为短期的大幅上涨往往也预示着短期内可能出现深幅回调，在这种暴涨暴跌的走势中，我们只有尽力保住利润才是上策。

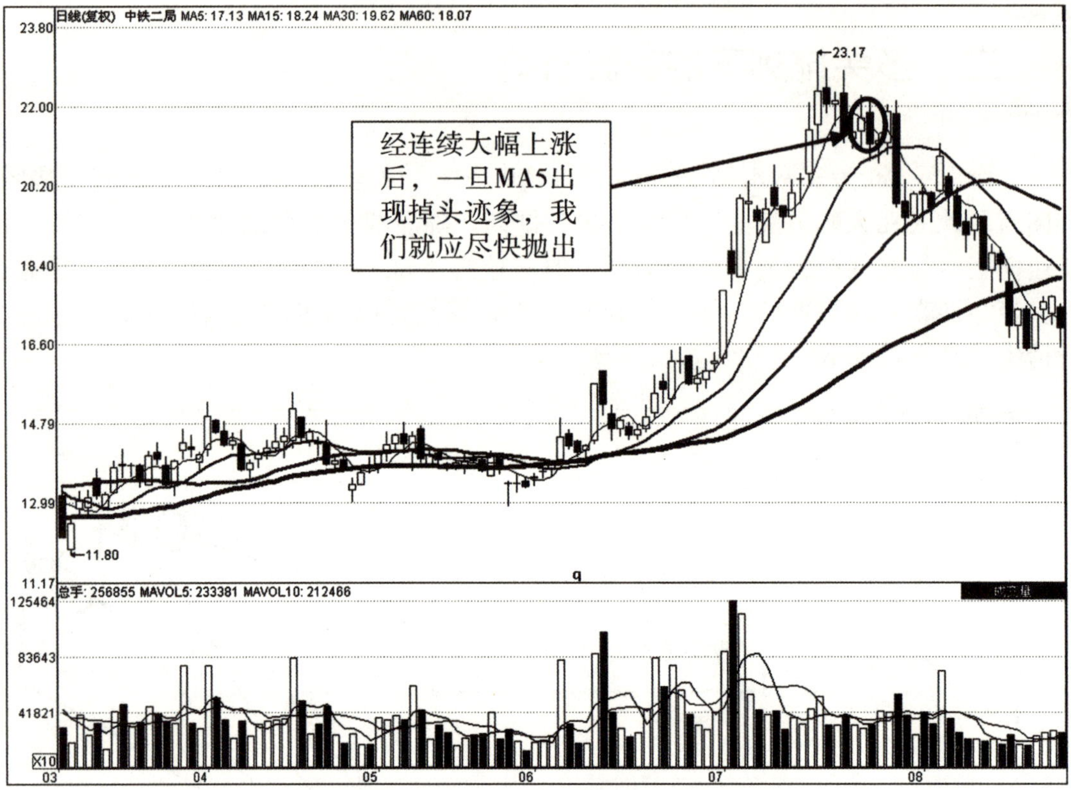

图 13—11　中铁二局多头排列卖股示意图

三、空头排列下的买股时机

如图 13—12 为华阳科技（600532）2007—12—04 至 2008—10—14 期间走势图，如图所示，此股经前期横盘震荡后开始步入下跌趋势，如图标注下跌趋势一旦形成，均线就呈现出空头排列的形态。但下跌不可能一步到位，途中总会出现多次反弹，这些反弹就是我们买股的好时机。如何把握这些反弹机会呢，据笔者经验，运用移动平均线就是一个极好的方法，如图所示，在一波快速且幅度较大的下跌之后，若个股有反弹行情出现，那 MA5 一般会出现走平现象，此时就是我们的买股时机。

如图 13—13 为天士力（600535）2008—01—25 至 2008—08—28 期间走势图，随着下跌趋势及空头排列的形成，意味着我们随后的操作只能以短线反弹为主基调。如图标注，在一波快速且幅度较大的下跌之后，MA5 出现走平现象，此时就是我们的买股时机。

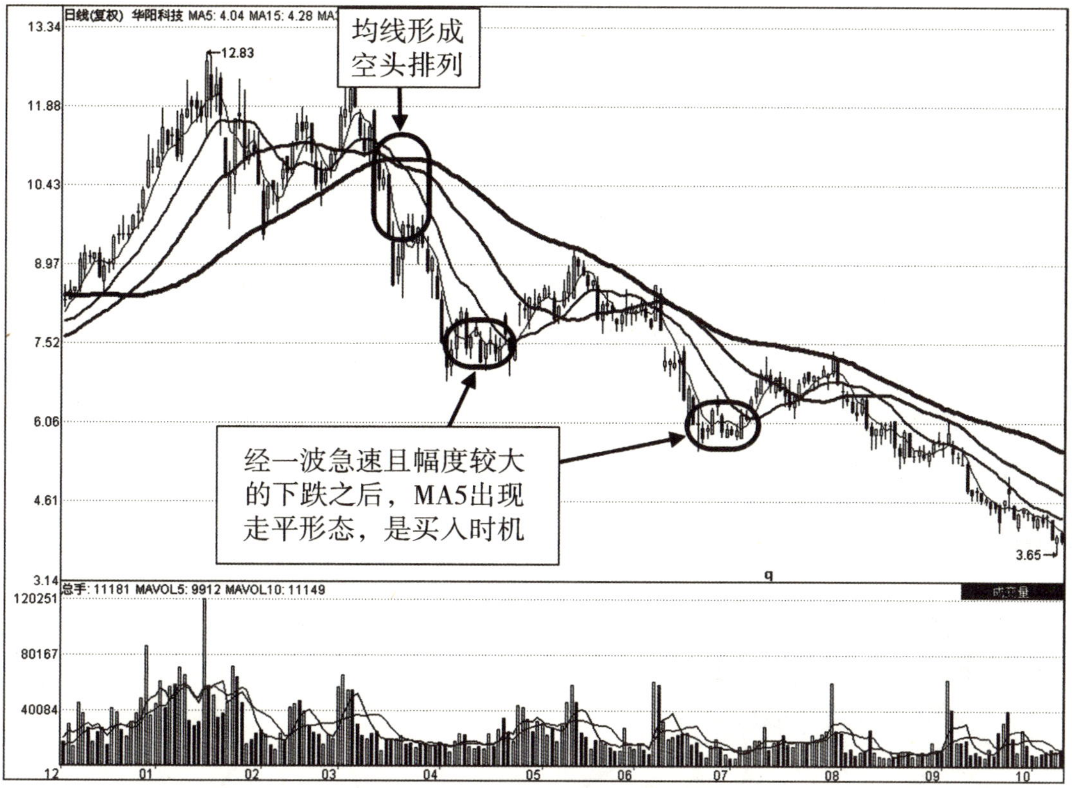

图 13－12 华阳科技空头排列买股示意图

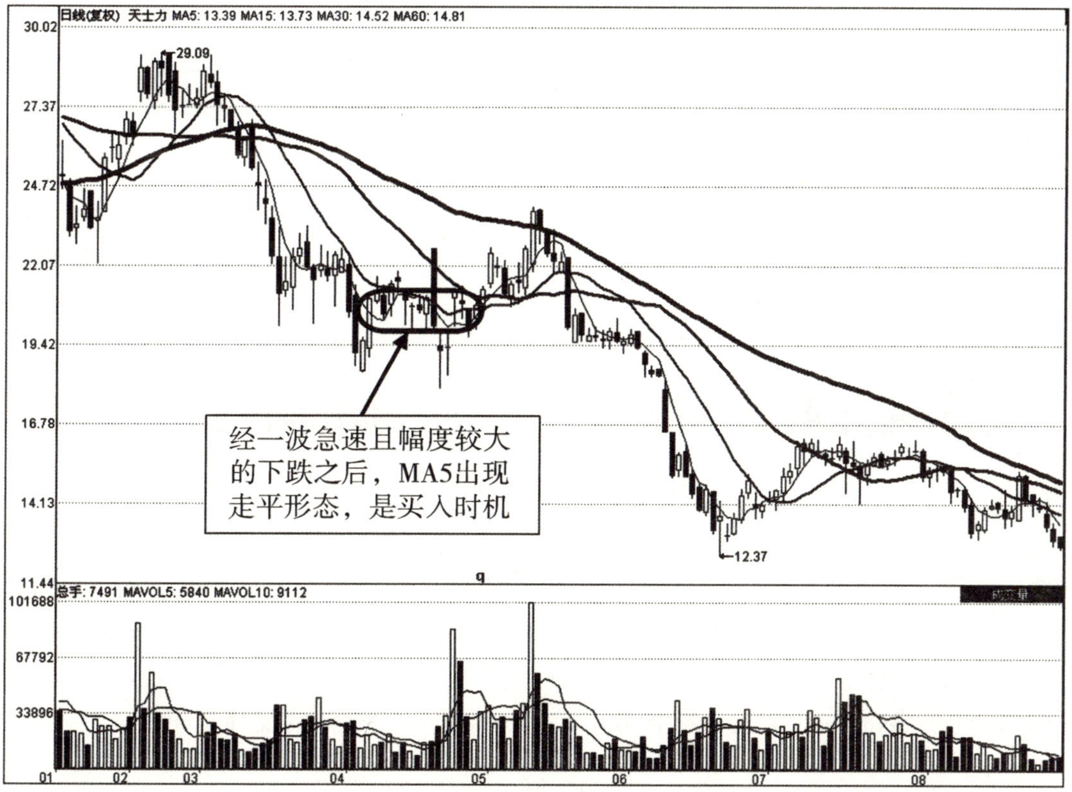

图 13－13 天士力空头排列买股示意图

四、空头排列下的卖股时机

如图 13－14 为交大昂立（600530）2008－01－01 至 2008－08－29 期间走势图，如图所示，随着顶部横盘的结束，此股步入了下跌趋势并形成均线空头排列。如果说，上面讲到的“空头排列下的买股时机”是我们做反弹的第一步，那么，“空头排列下的卖股时机”则是我们做反弹的第二步。只有把握好卖的节拍，我们才能保住反弹行情中的利润，因为在熊市中是不能中长线持股的。那么，我们应在何处卖出呢？据笔者经验，当一波反弹出现后，若股价反弹至 MA60 附近时，就往往意味着这一波反弹行情已接近尾声了，此时就是我们的卖出时机。

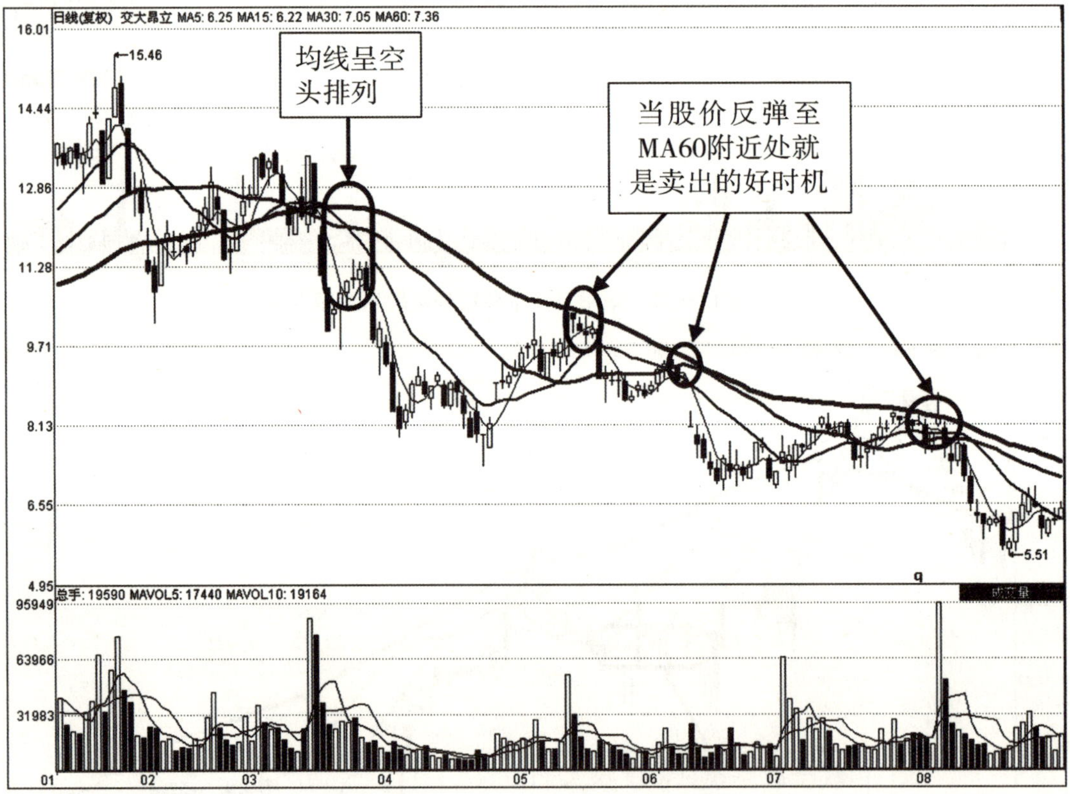

图 13－14　交大昂立空头排列卖股示意图

如图 13－15 为豫光金铅（600531）2007－08－16 至 2009－08－04 期间走势图，如图标注所示，在下跌途中，当股价反弹至 MA60 处时就是极好的卖出时机，此时卖出，虽然不一定能卖在一波反弹中的最高点位，但这一点位无疑是“收益与风险”组合中的最佳点位，而且熊市中的股价下跌速度极快，若我们卖得较晚，很可能让反弹时出现的利润快速消失，综合分析，MA60 是一个极佳的反弹卖出点。

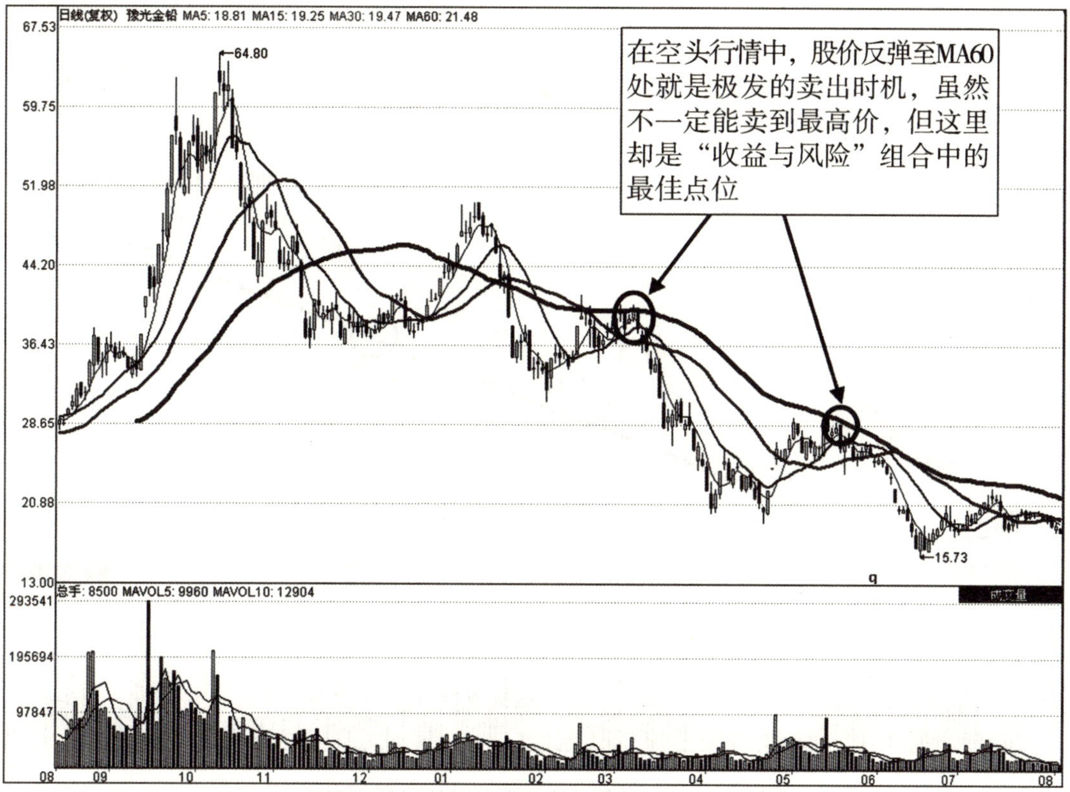

图 13－15　豫光金铅空头排列卖股示意图

第三节　趋势线下的买卖时机

一、上升趋势线下的买股时机

如图 13－16 为栖霞建设（600533）2008－10－30 至 2009－08－01 期间走势图，此股在此期间处于上升趋势中，图中画出它的上升趋势线，可以看出，当股价回调至上升趋势线附近时就是我们的买股时机。

如图 13－17 为狮头股份（600539）2008－10－13 至 2009－07－16 期间走势图，如图标注所示，我们可以清楚地看到，当股价回调至趋势线附近时就是很好的买股时机。

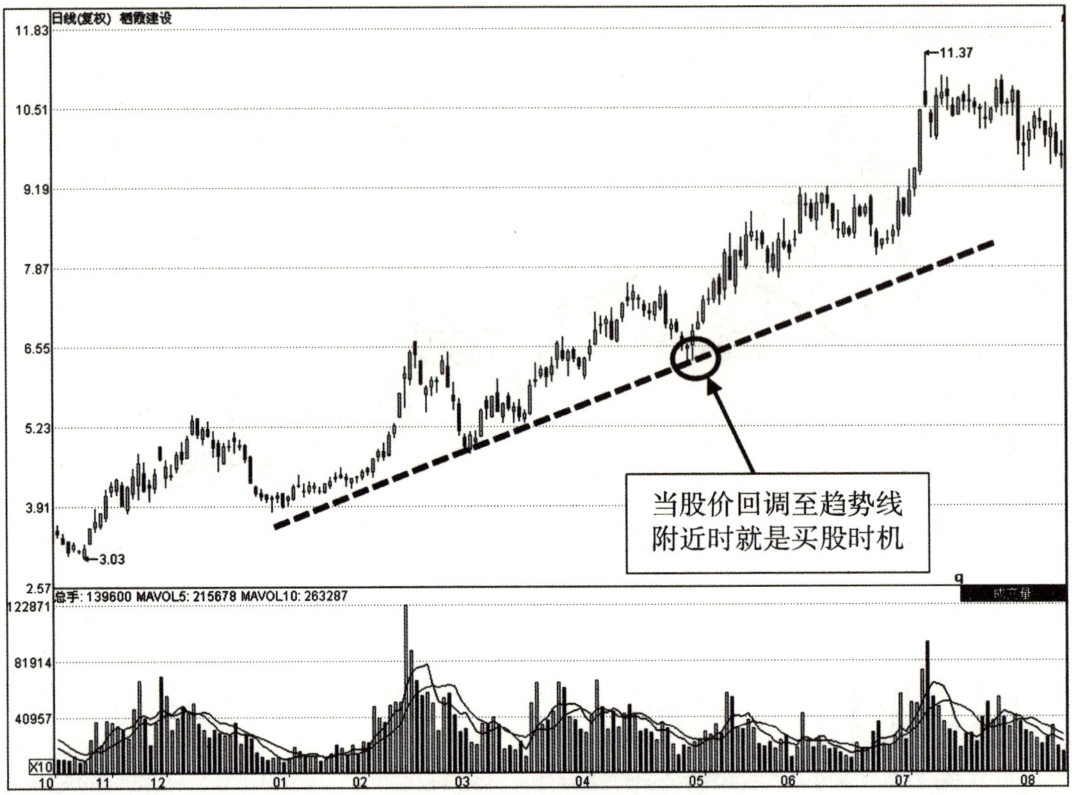

图 13－16　栖霞建设上升趋势线买股示意图

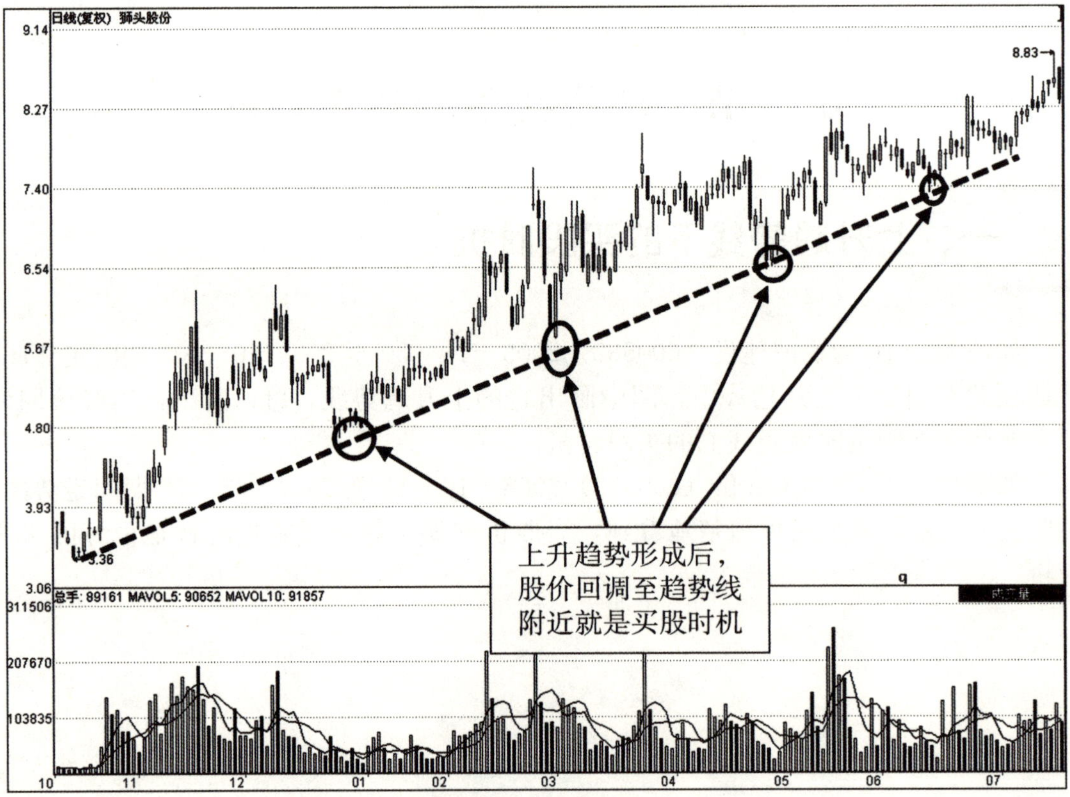

图 13－17　狮头股份上升趋势线买股示意图

二、上升趋势线下的卖股时机

如图 13—18 为山西汾酒（600809）2008—11—12 至 2009—08—17 期间走势图，从图中可以看到此股前期一直处于稳步上升趋势中，但随着股价的急速上涨，原有的趋势线已不能及时反映股价走势了，这时就要画出一条新的趋势线，而当股价在大幅上扬后出现滞涨迹象且向下跌破这根新的趋势线，就意味着短期大幅下跌的开始，是我们的卖出时机。

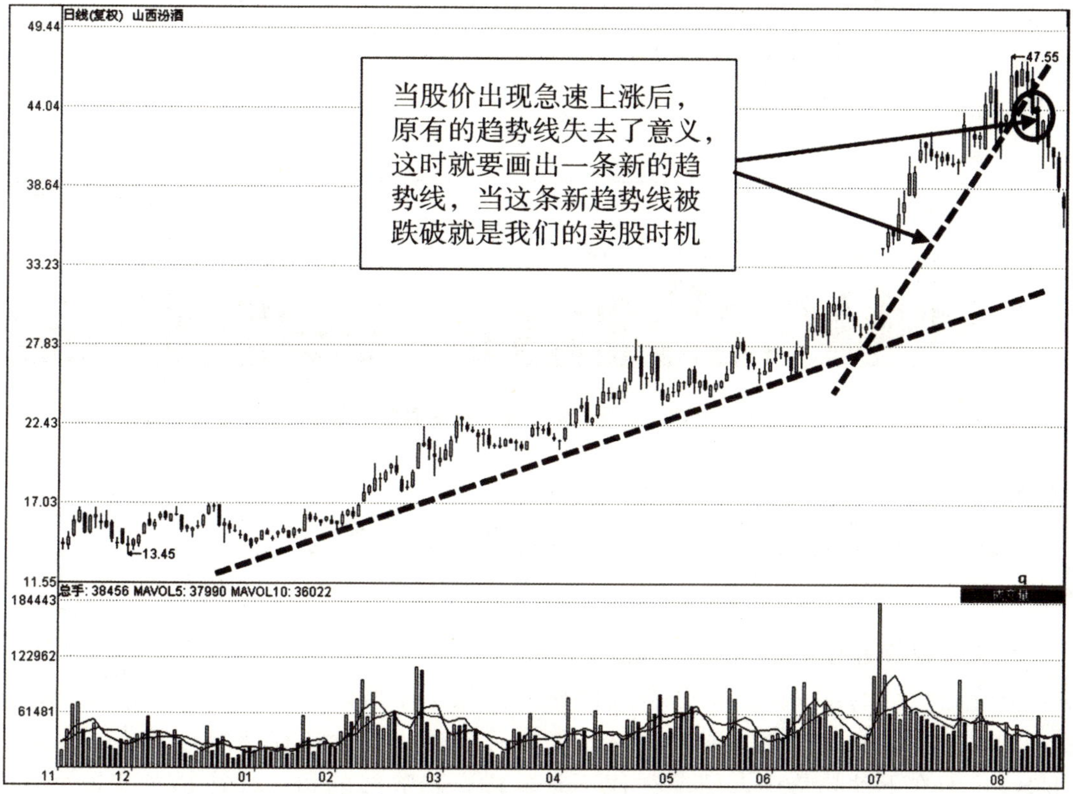

图 13—18 山西汾酒上升趋势线卖股示意图

如图 13—19 为华泰股份（600308）2009—01—13 至 2009—09—01 期间走势图，如图标注所示，在一波强势上涨后，若股价出现跌破新画出的趋势线的迹象时，则是我们的卖股时机。

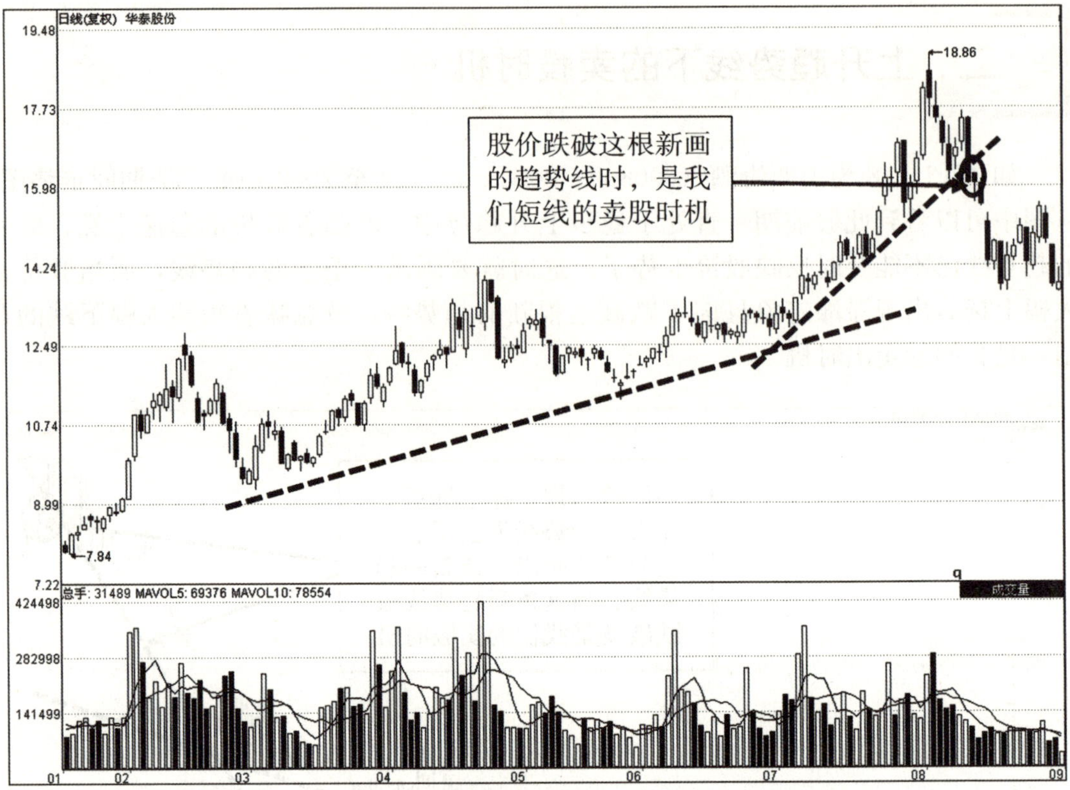

图 13—19 华泰股份上升趋势线卖股示意图

三、是否应使用下降趋势线来买卖个股

在实操盘操作中，上升趋势线的买卖时机对我们而言，其实战性更强，相对来说，下降趋势线的意义则主要是形象直观地反映了个股的下跌趋势，方便我们理解趋势的运行。我们常常会发现个股的上涨较有规律，股价能在反复运动中经常触及趋势线，但在下跌趋势中，情况往往不是这样，趋势线的角度往往是一变再变，对于实盘经验不是很丰富的投资者来说，是较难以把握的。依笔者经验来说，在具体买卖操作中，不建议投资者根据下降趋势线展开实盘操作。

第十四天　积累经验，提高盘感

第一节 关于盘感

好的篮球运动员总能更为准确地投篮命中，这与其自身良好的“手感”是分不开的。同样，在股市实战中，好的投资者能屡战屡胜的原因也是得益于其良好的盘感。那么，什么是盘感呢?

“盘感”，顾名思义，就是对于盘面形态的一种感觉，但这种感觉并不是盲目的，它是知识在不断地积累、实盘操作、看盘复盘中形成的，是看盘过程中的综合素质体现。好的台球选手，不经意的一击就可以让球轻松落袋，而业余选手即使集中全力去瞄准，也很容易失手，原因何在呢？只要我们对比一下双方的统计数据就可以明白了：顶尖的台球运动员，在训练上是系统性的，会针对自身的弱点不断地进行强化训练，而普通爱好者则纯粹是由于兴趣使然；顶尖的台球运动员每天要练习 8 个小时左右，而普通爱好者一个月可能也不到 8 个小时；顶尖的台球运动员，要参加各种大赛的磨炼，其球技与实力才能得到升华；而普通爱好者则只是与自己水平相近的朋友互相切磋。通过这些对比，我们可以发现要成为好的球手，实属不易，除了要有必然的努力付出外，还要有一个良好的天赋。成功方式往往极其相似，要拥有好的盘感也绝非一朝一夕的事，盘感的高低是与我们所付出的努力成正比的。

短线行情飘忽不定，没有好的盘感是难以短线制胜的，这也注定只有少数肯下工夫的投资者才能成为真正的短线高手。大部分短线高手，之所以能在短线操作中做得漂亮，多数是因为他们的盘感了得。

第二节 如何快速提高你的盘感

一、增强短识储备

“机会偏爱有准备的头脑”，在提高盘感的旅程中，我们首先要积累知识，一般来说，技术分析理论、各种经典技术形态、金融心理分析方法等都是我们应了解的。

二、坚持每天复盘

复盘的目的不仅是对当天的走势进行一次回顾和总结，我们也可以在复盘中找到那些盘中没有注意到的异动个股，还可以根据复盘后所得到的结论开展随后的实盘操作，可以说，复盘意义重大。

在复盘过程中，我们可以对大盘走势、沪深两市涨跌幅排行榜、量比排行榜等内容积极关注，大盘走势反映了市场整体运行的情况，是我们研判大势走向的依据，而沪深两市涨跌幅排行榜、量比排行榜，则是我们捕捉短线黑马、理解指数异动的依据，它们相辅相成，可以帮助我们更好地看清整体市场、板块异动及个股走势。

三、积极展开实盘操作

仅有理论，而不去实践，是难以理解理论精髓的。积极地展开实战操作，可以让我们对理论理解得更深，也可以让我们在实盘中检查自己的技术能力和心态，有利于我们走向成熟。